本书系河南省社科规划课题委托重点项目"新发展格局下米字形高
助推现代化河南建设研究"（2022DWT014）之成果

米字形高铁
赋能中国式现代化建设河南实践

悦国勇 主编

经济管理出版社
ECONOMY & MANAGEMENT PUBLISHING HOUSE

图书在版编目（CIP）数据

米字形高铁赋能中国式现代化建设河南实践/悦国勇主编．—北京：经济管理出版社，2023.11
ISBN 978-7-5096-9483-1

Ⅰ.①米…　Ⅱ.①悦…　Ⅲ.①高速铁路—铁路运输发展—研究—河南　Ⅳ.①F532.3

中国国家版本馆 CIP 数据核字（2023）第 227859 号

组稿编辑：杨　雪
责任编辑：杨　雪
助理编辑：王　慧
责任印制：黄章平
责任校对：张晓燕

出版发行：经济管理出版社
　　　　　（北京市海淀区北蜂窝 8 号中雅大厦 A 座 11 层　100038）
网　　　址：www. E-mp. com. cn
电　　　话：(010) 51915602
印　　　刷：唐山玺诚印务有限公司
经　　　销：新华书店
开　　　本：787mm×1092mm/16
印　　　张：21.5
字　　　数：364 千字
版　　　次：2023 年 12 月第 1 版　　2023 年 12 月第 1 次印刷
书　　　号：ISBN 978-7-5096-9483-1
定　　　价：118.00 元

谨以此书献给河南米字形高铁的规划建设者们，献给所有关心、支持和热爱河南高铁事业发展的人们，向你们致敬！正是高铁规划建设者们发扬"敢想敢干、敢为人先，善作善成、善挑重担"的米字形高铁精神，最终在全国率先建成米字形高铁网，成就"高铁汇中原""米字通八方"！

前　　言

　　铁路作为国民经济大动脉，在交通运输市场中占主导力量，在国民经济建设中起着不可替代的作用。河南地处中原，具有便捷联系东中西、顺畅沟通南北方的区位优势，是构建新发展格局的重要支点。2014 年，习近平总书记在郑州考察时，作出"建成连通境内外、辐射东中西的物流通道枢纽，为丝绸之路经济带建设多作贡献"的重要指示。自 2005 年郑西高铁开建以来，在党中央、国务院的坚强领导下，在国家有关部委和国铁集团的大力支持下，河南省历届领导班子接续奋斗，以"功成不必在我"的精神一张蓝图绘到底，团结带领全省人民奋发作为，建成了全国首个米字形高铁网，进一步巩固提升了河南的区位优势和枢纽地位，也为中国式现代化建设河南实践打下了坚实的基础。2022 年 6 月，河南基本建成米字形高铁网，实现 17 个省辖市全部通高铁，全省时速 350 公里的高速铁路里程达到 1925 公里，居全国第 1 位，交通区位优势进一步巩固提升，河南成为名副其实的高铁大省、高铁强省。2023 年，随着济郑高铁全线开通，河南在全国率先全面建成米字形高铁网，这是全国铁路发展史上的重要成就，也成为河南现代化建设进程中的重要发展节点。

　　但同时我们也要清楚地看到，河南的区位优势和枢纽优势并非一成不变，国家在加快打造"八纵八横"高铁网，周边省份也在加快建设和完善现代化高铁网，通过大力发展时速 350 公里的干线铁路和时速 250 公里的城际铁路，在经济和社会发展方面呈现出崛起发展势头。以安徽为例，安徽省以六千万人口、四万亿元 GDP 的体量，建设的高铁铁路总里程达到 2522 公里，覆盖 16 个市 34 个县，里程居全国第一，有力支撑了安徽省经济较快增长势头。近年来，多个省份持续加大铁路建设投入，相继出台系列新政策新举措——山东省创新高速铁路建设管理模式开展铁路领域交通强国试点，江苏省印发《交通强国江苏方案》，浙江省印发《关于深入贯彻〈交通强国建设纲要〉建设高水平交通强省的实施意见》，广东省推动《粤港澳大湾区城际铁路建设规划》获批，四川、重庆、湖北、湖南等地持续加快对城际铁路、市域（郊）铁路公交化改造等。我国有影响力的城市纷纷提出建设米字形高铁网，武汉、西安、合肥、重庆、济南等多个大城市也加快了米字形高铁网的建设进程，河南米字形高铁网和郑州米字形高铁枢纽的先发优势面临挑战。河南省铁路发展将持续面临"千帆竞渡、百舸争流"的竞争态势，正如楼阳生书记所说的"不进则退、慢进亦退"。正是在这种激烈竞争形势下，河南省人民和铁路建设者们的使命感、责任感和荣誉感十分强烈。

高铁建设与区域经济社会发展有着紧密的关系，既有相关研究已证实了高铁建设对经济发展、产业升级等的促进作用。党的二十大提出党要团结带领全国各族人民全面建成社会主义现代化强国、实现第二个百年奋斗目标，以中国式现代化全面推进中华民族伟大复兴。但面对中国式现代化这样一个宏伟议题，当前学术界还鲜少有针对高铁如何支撑中国式现代化的系统研究。在中国式现代化以及构建新发展格局的时代背景下，我国高铁赋能中国式现代化的理论机理如何刻画？高铁赋能中国式现代化的成效如何系统评估？在中国式现代化新的要求下，高铁进一步发展的要求与内涵是什么？这些关键问题都值得高铁从业人员与学术界深入研究，探究其深层次机理，为高铁发展理论与实践体系提供有益借鉴和支撑。基于对高铁赋能中国式现代化理论创新重要意义的逐步深入认识，2020 年至今，河南铁建投集团先后主持开展了河南省社科规划办委托重点项目"新发展格局下米字形高铁拓展成网助推现代化河南建设研究（2022DWT014）"等研究项目，立足高铁建设事业，以河南为研究样本，深入研究米字形高铁建设赋能中国式现代化建设河南实践的促进机理与发展成效，相关研究已取得了较好的理论创新成果。本书融合了上述相关研究项目在米字形高铁赋能中国式现代化建设河南实践的成果，重点围绕米字形高铁赋能现代化建设这一主线开展系统论述，包括米字形高铁规划与建设历程、米字形高铁赋能中国式现代化建设河南实践促进机理、米字形高铁赋能中国式现代化建设河南实践成效评估，以及米字形高铁拓展成网发展内涵、发展定位、发展目标、实现路径、保障措施等方面，以期对河南省加快由交通区位优势向枢纽经济优势转变提供有益借鉴。

本书对高铁经济以及高铁服务中国式现代化建设、服务新发展格局构建等研究领域进行了多维度的探索研究，可能产生的研究价值有以下四点：第一，本书较为全面地研究并提出了米字形高铁赋能中国式现代化建设河南实践的理论体系，在深入研究解读中国式现代化建设河南实践内涵的基础上，从区位交通优势、经济高质量发展、社会高质量发展等维度，深入阐释了米字形高铁赋能中国式现代化建设河南实践的促进机理。第二，结合米字形高铁赋能中国式现代化建设河南实践的理论体系，本书构建了一套米字形高铁赋能中国式现代化建设河南实践成效综合评估模型，实现了从经济发展、社会发展、交通优势、区域协调、开放合作、绿色发展等维度，定量评估米字形高铁为中国式现代化建设河南实践带来的成效，在一定程度上丰富了相关领域的研究成果，也为米字形高铁拓展成网发展提供了数据支撑。第三，在充分梳理中国式现代化建设河南实践内涵、目标与要求的基础上，本书系统提出了米字形高铁拓展成网发展的内涵及其目标与要求，以服务河南省发展大局为方向，对后续高铁建设和发展进行了系统思考，提出了若干建议，也为其他省份高铁发展提供了有益参考。第四，本书还从"线（网）、效（率）、能（级）、质（量）、融（合）"五大方面进一步研究明确了米字形高铁拓展成网赋能中国式现代化建设河南实践的具体路径，并提出了相关保障政策措施建议。总体上看，研究成果为河南高铁高质量发展提供了借鉴思路，希望对高铁建设和枢纽经济发展事业有所借鉴。在今后的工作和研究中，可以立足中国高铁建设成就和河南米字形高铁建设基础，进一步探索高铁未来发展方向和河南优化提升空间，系统挖掘高铁的经济社会发展价值，在高铁枢纽经济发展及赋能现代化建设研究上注重与时俱进，更好地服务于河南省优势再造战略，助力河南省由交通区位优势向枢纽经济优势转变。

本书是河南省社科规划办委托重点项目"新发展格局下米字形高铁拓展成网助推现代化河南建设研究"（2022DWT014）的研究成果，由悦国勇同志主持编写，由河南铁建投集团、上海交通大学、中铁第四勘察设计院集团有限公司联合开展课题研究，相关单位研究人员参与了编写工作。以下是著作的编者信息：

主编：

悦国勇

参编单位：

河南省铁路建设投资集团有限公司

上海交通大学

中铁第四勘察设计院集团有限公司

参编人员：

孙伟良（河南省铁路建设投资集团有限公司）

胡　昊（上海交通大学）

晏仁先（河南省铁路建设投资集团有限公司）

陶志祥（中铁第四勘察设计院集团有限公司）

戴　磊（上海交通大学）

陈　旭（中铁第四勘察设计院集团有限公司）

乔　柱（河南省铁路建设投资集团有限公司）

齐键旭（河南省铁路建设投资集团有限公司）

郭帅新（河南省铁路建设投资集团有限公司）

王梦珂（河南省铁路建设投资集团有限公司）

景　礼（河南省铁路建设投资集团有限公司）

李建斌（中铁第四勘察设计院集团有限公司）

陶　钰（上海交通大学）

王玉冰（上海交通大学）

编者

2023 年 12 月

目　　录

第二篇

米字形高铁建设成效

第三篇

米字形高铁拓展成网

第四篇

高铁赋能现代化建设路径

米字形高铁赋能中国式现代化

党的二十大报告提出，建设现代化产业体系，坚持把发展经济的着力点放在实体经济上，推进新型工业化，加快建设制造强国、质量强国、航天强国、交通强国、网络强国、数字中国。交通强国，铁路先行。铁路作为国家重要基础设施、经济发展的先行官，建设交通强国是其矢志不渝的使命。21世纪以来，高铁作为国民经济大动脉，是国家战略性、先导性、关键性重大基础设施，与中国式现代化建设始终紧密关联。高铁高质量发展在服务经济建设、促进社会发展、提高人民生活水平和服务构建新发展格局中发挥着重要作用，是民生之期盼、经济之动能、中国速度之见证，在服务和支撑中国式现代化建设中肩负着重要使命。

第一节　高铁与中国式现代化

习近平总书记在党的二十大报告中明确提出，中国共产党的中心任务就是团结带领全国各族人民全面建设社会主义现代化强国、实现第二个百年奋斗目标，以中国式现代化全面推进中华民族伟大复兴。在这一历史使命的引领下，中国式现代化成为一项恢宏独特的创新理论实践，不仅为人类社会走向现代化开辟了新的途径，也在创造人类文明新形态的同时，对世界社会主义做出了重大贡献。

习近平总书记提出，"我们建设的现代化必须是具有中国特色、符合中国实际的"，强调必须坚持"以中国式现代化全面推进中华民族伟大复兴"，这需要国家在不同领域不断取得实质性的发展成就。具体而言，在经济发展方面，中国式现代化强调推动创新驱动发展，加强科技创新，培养高水平人才，推动实体经济和数字经济的融合，实现经济高质量发展。在政治体制改革方面，中国式现代化要求加强党的领导，提升党的建设质量，推动政治体制的现代化和科学化，保障人民的合法权益，建设社会主义法治国家。在文化领域方面，中国式现代化要弘扬中华优秀传统文化，同时吸收借鉴国际先进文化成果，促进文化多样性和创新性。在社会建设方面，中国式现代化注重教育、医疗、社会保障等社会事业的全面发展，提高人民的综合素质，确保人民共享现代化成果。在生态文明建设方面，中国式现代化倡导绿色发展，推动生态环保，实现经济增长与生态环境的协调发展。

中国式现代化，正引领着中国迈向全面现代化的新征程。在这个时代背景下，高铁作为国家战略性、先导性、关键性重大基础设施，承担着重要的历史使命，将在推进中国式现代化建设中贡献巨大力量。改革开放以来，中国铁路经历了一系列历史性变革，从技术水平到服务品质，都实现了质的飞跃。特别是近十年来，我国高铁现代化建设取得了举世瞩目的成就。从高速动车组到轨道交通信号系统，从智能调度系统到轨道设备创新，中国高铁的科技创新正不断引领着行业的发展方向。特别是以复兴号为代表的高速动车组，不仅在速度上创下了惊人的纪录，更在技术上实现了多项突破（见图0-1）。中国的智能高铁技术全面实现自主化，高速铁路、高原铁路、高寒铁路以及重载铁路等技术达到世界领先水平。中国高铁由"追赶"向"领跑"的转变，标志着中国铁路技术进入崭新时代。

图 0-1 停靠在郑州东动车所的复兴号动车组

资料来源：河南铁建投集团。

中国高铁建设助推中国式现代化建设。高铁是交通运输现代化的重要标志，也是一个国家工业化水平的重要体现。习近平总书记对我国高铁发展极为关怀，也给予了高度肯定，指出"复兴号奔驰在祖国广袤的大地上""复兴号高速列车迈出从追赶到领跑的关键一步""高铁动车体现了中国装备制造业水平""是一张亮丽的名片"。2021年1月19日，习近平总书记乘坐京张高铁在太子城站考察时强调，"我国自主创新的一个成功范例就是高铁，从无到有，从引进、消化、吸收再创新到自主创新，现在已经领跑世界，要总结经验，继续努力，争取在'十四五'期间有更大发展"。图0-2展示了京张高铁北京北动车所检修库动车组图景。

目前，我国已经成功建设了世界上规模最大、现代化水平最高的高速铁路网。根据国家铁路集团有关数据，以2008年我国第一条设计时速350公里的京津城际铁路建成运营为标志，一大批高铁相继建成投产。尤其是党的十八大以来，我国高铁建设发展进入快车道，年均投产3500公里，发

图 0-2　京张高铁北京北动车所检修库动车组图景

资料来源：河南铁建投集团。

展速度之快、质量之高，令世界惊叹。截至 2022 年底，我国高铁营业里程达到 4.2 万公里，稳居世界第一。新时代十年，全国高铁里程增长 351.4%。我国是世界上唯一实现高铁时速 350 公里商业运营的国家，以冠绝全球的高铁速度向全世界展示我国的发展速度。我国高铁跨越大江大河、穿越崇山峻岭、通达四面八方，"四纵四横"高铁网已经形成，"八纵八横"高铁网正加密成形，高铁已覆盖全国 92% 的拥有 50 万人口以上的城市。我国高铁网络的建设，构建了覆盖全国大部分地区的高效联通的基础设施，方便了人民群众的出行与生产要素流通，带动了产业发展，有效助推了中国式现代化建设。图 0-3 为郑州东动车所夜间图。

习近平总书记强调，新发展阶段贯彻新发展理念，必然要求构建新发展格局。服务构建新发展格局是现代化高铁网络建设的根本要求。构建以国内大循环为主体、国内国际双循环相互促进的新发展格局，这就要求建设完善的综合交通网络，助力扩大循环规模。现代化高铁网络的规划建设旨在完善交通基础设施，提升城市群、都市圈交通承载能力，推进综合交通枢纽提档升级，稳定和拓展交通投资空间，促进形成优势互补的区域格局。

图 0-3　郑州东动车所夜间图

资料来源：河南广播电视台和河南铁建投集团联合推出的系列融媒体报道《坐着高铁看河南》截图。

现代化高铁网络是服务构建新发展格局的重要支撑。习近平总书记强调，"基础设施是经济社会发展的重要支撑，要统筹发展和安全，优化基础设施布局、结构、功能和发展模式，构建现代化基础设施体系，为全面建设社会主义现代化国家打下坚实基础"。现代化高铁网络是构建现代化基础设施体系的重要组成部分，在畅通扩大市场、促进区域产业分工协作和资源配置优化等方面发挥巨大作用，有利于推动全国统一大市场建设。

第二节　高铁赋能发展的理论支撑

高铁有别于其他运输方式，如飞机、轮船、汽车等，具有运能大、舒适性高等综合特点，不仅影响着人们的交通出行，还影响着沿线区域及周边区域的经济社会发展。关于高铁建设与发展的影响，国内外众多学者早已在理论层面和实践层面进行了研究。基于此，本节将分别对高铁赋能空间布局、经济发展、社会发展、对外开放、区域协调、绿色发展六个层面的相关研究进行综述，为后续理论和计量分析提供依据。

一、空间布局

高铁对区域空间布局发展的影响具有两重性。一方面，高铁网的完善将缩短城市间的通行时间，加强区域的"时空收敛"效应，强化交通区位优势；另一方面，高铁的运行可能会加快促使核心城市对高铁沿线不发达城市的虹吸，带来非均衡的"时空收敛"。

1. 交通可达性

可达性（Accessibility）的概念最早于 1959 年由美国学者汉森（Hansen）提出，并将其定义为交通网络中各枢纽节点间相互作用的可能性。国内外学者对可达性的概念、定义及计算方法进行了相应的研究，但结论略有差异。例如，Shen（1998）认为，可达性反映了一个城市和其他城市或者区域之间在空间层面上的互动难易程度。在本书中，主要讨论的是时间可达性（即旅行时间）和空间可达性（即加权平均旅行时间）。

传统研究倾向于高铁在实际上缩小了地理空间的大小，从而提高了竞争力和凝聚力。大部分学者认为高铁对可达性有明显提升，并给区域发展带来了积极影响。Gutiérrez 等（1996）指出，高铁显著提升了欧盟地区的可达性水平，对减轻区域交通不均衡性具有重要意义。Holl（2007）分析了西班牙境内的高铁对沿线区域可达性的影响，指出高铁能够显著提高沿线区域的可达性水平。Ureña 等（2009）以高铁沿线的大中型城市为研究对象，从国家、区域和城市三个层面上展开分析，结果表明高铁网络辐射范围的可达性差异渐渐缩小。Shen 等（2014）认为，高铁开通后可达性提升较明显，能够使沿线区域的城市化进程加快。胡煜和李红昌（2017）在城市可达性理论的基础上，基于加权平均旅行时间模型分析了石武高速铁路对沿线十个区域可达性的影响，结果表明，石武客专的运营使沿线区域可达性水平提升明显。曹小曙和徐建斌（2018）基于加权平均旅行时间、尺度方差与分解等测度方法，以 2010 年、2015 年及 2020 年高铁修建后对天水经济区交通可达性的变化进行分析，结果表明高速铁路修建初期对市域尺度可达性影响尤为可观。高尚和薛东前（2017）采用加权平均旅行时间等方法，测度了河南省 17 个地级市的交通可达性和经济潜力的时空规律，研究结果表明高铁开通让有高铁城市和无高铁城市的可达性和经济潜力的差距加大。

早期学者的研究表明，交通可达性与区域经济增长趋势具有明显的一致性，与此同时，新建高铁的周边主要城市，以牺牲更多中心地区的次要中心为代价，使得空间进一步发展。

2. 交通公平性

由前述文献可知，高铁网建设可能会加剧站点城市与非站点城市空间不平衡，导致空间发展模式更加极化，带来交通公平性问题。部分学者就交通可达性和空间公平性的结合展开了研究。

基于理论与实证结合的方法，相关学者就区域可达性对公平性的影响展开研究。Vickerman（1997）指出，高铁的开通可能会导致区域发展更加集中，未来在高铁站点周边的区域发展将会更具优势，这将会导致研究区域的发展不均衡。Wu 等（2014）探讨了新建高铁是否是解决运力问题最为经济有效的方法，结果表明在中国最富裕、人口最稠密的地区进行有限数量的高速铁路建设是合理的，但在其他区域对普速铁路进行扩能或是更优方案。Litman（2002）指出，高铁对可达性改善受城市自身属性影响，因此对交通公平性具有不利影响。Kim 和 Sultana（2015）从高铁网络扩展不同阶段出发，基于加权平均旅行时间、潜在可达性及变异系数等指标对可达性及其对空间分布的影响进行了评价，结果发现高铁延伸各阶段的可达性对公平性的影响各不相同。文嫣和韩旭（2017）从中心城市小时经济圈层面分析了高铁对城市可达性的影响，认为开通后的高铁提升了城市日常可达性水平，改善了城市交通发展不均衡的现象，重塑了我国区域经济发展格局。

随着实证研究方法的进一步发展，尤其是空间计量模型的广泛应用，学者为避免估计结果出现严重偏误，将城市经济的空间相关性纳入考虑范畴。高铁可达性的改善加速优势资源向中心城市流动，有利于该区域的经济集聚和产业发展，然而欠发达地区却有可能出现高铁建设负向的溢出效应。何天祥和黄琳雅（2020）的研究表明高铁网络对本地的市场、产业、交通和创新等功能结构协同既存在显著正向促进作用，也存在负向溢出的"马太效应"。

一方面，高铁使发达城市通过"扩散效应"带动欠发达城市，呈现出正向的溢出效应；另一方面，高铁通过"集聚效应"使生产要素更方便地流向经济发达城市，呈现出负向的溢出效应。王姣娥等（2014）发现在高铁作用下，城市空间相互作用呈现出明显的地域性和显著的"廊道效应"，而京津冀地区、长三角地区和珠三角地区城市群依然是最大获益地区。文嫮和韩旭（2017）基于引力模型对城市可达性和经济联系强度进行了分析，发现高铁提高了城市可达性，城市间经济联系广度、强度和区域平衡性也都得到了优化。

二、经济发展

1. 技术创新

伴随我国经济向高质量发展转型，创新在国民经济发展进程中被推到了前所未有的重要地位。部分学者关注到交通基础设施改善对创新水平的影响，并就此展开了研究。Garrison 和 Souleyrette（1994）指出，促进创新是交通基础设施推动经济发展的非常重要的作用机制，后来学者对部分地区的铁路、机场和公路基础设施等的实证研究结果也验证了这一假说。

部分学者基于实证分析展开研究。Garrison 和 Souleyrette（1994）认为，提升铁路可达性会促进不同区域之间共享劳动力、扩大企业市场规模和增强企业竞争，进而促进不同城市和企业的创新能力，并基于美国数据进行了实证分析。Mellat 等（2014）基于瑞典长期的研发活动和专利产出数据，通过面板数据模型工具变量法证实了铁路建设加强了企业参与研发和持续增加研发投入二元边际活动，进而增加高质量的专利产出。国内学者也试图探究高铁开通与专利产出增长之间是否存在因果关系以及其内在的作用机理。高铁加速了创新研发人才和知识流动，加快了经济投资流速，基于双重差分法（Differences-in-Differences，DID）估计方法和我国城市面板数据，郭立宏和冯婷（2019）、徐旭等（2019）、余泳泽和潘妍（2019）、杨思莹和李政（2019）分别从人才、经济等多元视角进行了一系列实证研究，结果表明高铁开通可以显著促进城市专利产出，但对中西部地区有明显的异质性效应，产生异质性问题的主要原因可能是高铁开通加强了东部地区对中西部地区创新要素的虹吸作用。叶德珠等（2020）基于"中心-外围"理论，采用 PSM-DID 方法和城市专利申请数据进行实证研究，结果表明高速铁路发展抑制了中心城市周围 100 公里中小城市的创新，发现 200 公里是省会城市通过高铁促进城市创新的最优作用半径。Gao 等（2020）基于对长三角地区制造业企业数据的实证分析，发现县市区开通高铁也促进了授权专利产出。高铁助力了人与人之间跨区域面对面的交流，对新的科学想法、数据和科研设备共享具有积极意义。Dong 等（2020）基于实证研究分析不同城市的学者联合署名发表文章数据，结果表明高铁开通提高了沿途二线、三线城市的学者的科研产出速度、质量和效率。

2. 产业分布

资本投资对经济增长具有短期影响，高铁的建设和开通在宏观层面上引导了投资流向，并在中观层面上影响了产业集聚。高铁的开通促进了资本跨地区流动，而资本积累过程中所产生的"集聚效应"将会进一步吸引更多企业进驻，进而影响本地区产业集聚水平。

近年来，越来越多的学者开始关注高铁开通对城市产业结构优化升级的影响。有学者认为，高铁开通可以通过促进企业生产率、制造业集聚和旅游出行等方面，间接促进城市内部的产业结构优化升级。Pol（2003）指出，高铁开通提升了城市可达性，也使得旅游服务业等第三产业得到了快速发展。王丽等（2017）对高铁开通对城市产业空间格局的变化的影响展开分析，结果表明高铁站区产业的空间圈层结构产生了明显的分层集聚特征，其中服务业的空间集聚处于最高水平。具体而言，高铁开通降低了企业重新选址的机会成本，推动了城市间产业的专业化分工，促进了产业的空间集聚。Giroud（2013）认为，快速交通（如高铁）显著加强，位于中心城市的企业总部对周边城市分公司的管理和与其他地区的生产经营商的沟通，推动企业在城市间合理选址，进而形成更高效的专业化分工布局。同时，高铁网络可以拓宽企业面对的劳动力市场范围，进而降低企业选址的机会成本，并促使形成更高效的区域产业布局。Dong 等（2018a）认为，城际间客运速度的提升显著提高面对面交流的频率和深度，有助于知识外溢。这使得即便在市场分割存在条件下，边缘城市的企业也可以较低的成本获得高生产率城市的知识和技术，进而提升区域整体的劳动生产率水平，并且在一定程度上规避了市场分割造成的摩擦成本。高铁对城市产业溢出效应也不可忽视。开通高铁的城市之间时间距离的缩短，可有效强化城市经济增长的溢出效应，促进区域经济的协调发展。对产业类别的研究发现，生产性服务业专业化集聚的负外部性逐步增强，而生产性服务业多样化集聚强化了正外部性。例如，黄振宇和吴立春（2020）认为，京沪高铁对沿线城市发展具有溢出效应，主要表现在沿线一线城市第二产业明显地向沿线其他城市的溢出。

三、社会发展

服务民生福祉是社会发展的重要使命，其中就业是重中之重。基于一般均衡理论，劳动生产率收敛的过程即劳动力要素为追求更高的工资和边际产出而在城市间自发流动的过程，因此这也是高铁连通影响劳动力空间分配最直接的作用机制。高铁凭借运量大、速度快的优势以及对城市相对区位条件的改变，可以削弱现实中各类阻碍流通的交易成本对劳动力空间再配置的不利影响，促进各类人才在市场的自发调节下实现空间区位的转移。

开通高铁改善了城市的相对区位条件，城市内的企业和劳动者的生产和生活环境均会受此影响。随着我国高铁网的快速扩张，人口流动的频次以及人口的空间集聚也有所增加（李祥妹等，2014）。颜银根等（2020）基于实证分析认为，高铁可直接或间接促进人口的跨地区自发流动，且其影响范围从直接影响的劳动力群体间接扩散开来。由于高铁的影响范围并不局限于特定行业或群体，因此其促进劳动力和人口流动的方式和途径也是多元化的。

第一，高铁对交通可达性的改善显著扩大了沿线区域的市场辐射范围（张梦婷等，2018；唐宜红等，2019；Lin，2017），提高了劳动力要素以及知识、信息等人力资本要素在城市间的流动性，进而有利于改善要素空间错配。第二，高铁开通为劳动力异地通勤创造了条件。一方面，劳动者的职住空间分布模式优化可以显著规避市场对劳动力转移成本的影响，高铁产生的就业层面的虹吸效应，使得一些人口大省的劳动力转向发达城市就业；另一方面，高铁带来的通勤便利性使劳动力可以选择在周边低居住成本的城市内居住，通过高铁实现城市之间高效的钟摆式通勤，显著改善了因居住成本带来的劳动力空间错配。Fan 等（2014）、Dong 等（2018b）的研究表明城际高铁网络可以改善周边城市的居住吸引力，有效重塑职住分布模式。第三，高铁开通直接提高了沿线城市的就业弹性，在市场资源不变的情况下扩大了劳动力市场范围。Michaels（2016）认为，高效的交通运输网络提高了技能密集型市场对熟练制造业劳动力的需求，并促使劳动力在城市间迁移。

四、对外开放

出口是经济增长的重要动力之一，出口规模的大小直接决定了对外开放的发展格局。从传统理论来看，中国积极融入国际市场，尤其是参与国际垂直专业化分工，为中国出口能力提升提供了重要保障。学界关于交通基础设施建设影响国际贸易的研究结论较为一致，即高质量的交通基础设施会推动企业和区域贸易，并从宏观到微观、从定性到定量层面展开深入分析。例如，盛丹等（2011）认为，基础设施是考察企业是否偏好出口决策的重要因素，基础设施的完善显著增强了企业出口决策意愿，显著提高了出口数量。白重恩和冀东星（2018）认为，完善的交通基础设施改善了产品由内陆地区运输至边境和港口的链路，提高了商品运输的效率，因此也增强了产品在国际市场上的成本优势。

随后，关于高铁建设与出口贸易的研究也逐渐显现，相关学者基于实证分析认为，高铁开通对加快对外贸易具有积极影响。Xu 等（2017）基于中间商关联视角，探讨了高铁的建设与开通对出口贸易的影响机制。孙浦阳等（2019）基于实证分析从关税传导角度探讨高铁建设对对外开放的影响，结果表明高铁建设显著促进了对外开放。唐宜红等（2019）基于贸易成本视角考察高铁开通对企业出口的影响，发现相较于未开通高铁的城市，开通高铁城市的企业出口份额显著提高了 12.7%。

部分学者直接研究了高铁开通和区域外商投资之间的关系。梁莹莹（2017）认为，交通基础设施通过改善社会发展条件直接影响外商投资的流入。刘芳等（2020）基于对影响外商投资流入的因素的研究，发现基础设施建设对外资流入具有正向作用。韦朕韬和孙晋云（2020）基于理论与实证分析，利用城市面板数据进行实证研究，证明了高铁开通有利于中西部地区引入外资。

五、区域协调

区域协调发展与交通基础设施建设相伴相生。具体到区域经济学领域，最初的研究更多地集中于交通基础设施建设对旅游业、制造业、物流业等具体行业的影响，之后深入到交通基础设施对技术、资本、人口等生产要素的影响并逐渐扩展到对区域产业和韧性的影响等方面的研究。

一般来说，高铁通过集聚力与扩散力对欠发达区域（如县域等）产生积极影响，其影响包含直接和间接层面。高铁开通后，区域间的相对距离缩短，欠发达地区与远距离地区的商贸往来成为可能，从而打破了地域空间限制和地理黏性束缚，实现了经济增长。不仅如此，高铁的网络建设将显著带动区域经济连片式发展，即在开通区域的辐射范围内，未开通高铁的欠发达区域也会受到区域向心力和离心力的影响，表现出溢出联动效应。随着交通可达性的增强，各类经济生产要素资源进一步重构，有利于区域间协调发展。

然而，一些学者的研究结果表明，在不同的时间区域尺度下，其影响不尽相同。例如，张光南等（2011）基于铁路、公路的长度和密度对2008年以前的数据进行实证分析，结果表明交通基础设施建设与开通可能会放缓区域经济的趋同速度。卞元超等（2018）基于2004~2014年的面板数据进行实证分析，结果表明高铁开通会扩大区域经济差距，加剧省会城市的极化效应。朱琳（2017）、陈明生等（2022）则将研究期扩展到2019年，实证分析结果表明高铁开通可扩大劳动力范围进而减小区域间经济差距，同时，在东部和中西部地区其开通存在明显的异质性，东部区域的经济差距呈逐步扩大趋势。岳明珠（2023）的实证研究结果表明，高铁建设与开通初期可能会进一步扩大区域经济差距，但开通一段时间后将对减小区域经济差距具有显著作用。

六、绿色发展

高铁对环境绿色生态发展的影响主要体现在高铁建设和运营对环境所产生的负外部效应以及高铁对其他交通方式的替代作用。

高铁在建设过程中对绿色发展有一定的负面影响。首先，高铁在建设过程中产生了大量对建设材料和生产装备的需求，其生产过程对环境具有影响。高铁在建设中所涉及的水泥、钢材等原材料来自高耗能生产部门，从而对环境和生态造成不利影响。而高铁的装备制造和加工等都会消耗能源，对环境会造成进一步的影响。其次，高铁在建设过程中产生的材料和设备运输需求会进一步增加污染和排放。最后，高铁在建设施工过程中会对周边居民造成噪音污染等环境问题，影响沿线地区的生态环境。

高铁开通改变了人们的出行选择，从而产生交通替代效应，优化了区域整体的交通运输结构，降低了城市污染水平。高铁的运行主要消耗电能，产生环境污染程度较小，且其排放量与高铁运行速度、线路条件以及客运量等因素密切相关。相比普速铁路和公路运输，高铁不仅能耗最低、污染最小，在准时率、安全舒适性和运输效率等方面均具有不可替代的比较优势。国际铁路联盟称，高铁每百人每公里大约产生 4 千克的排放，而汽车和飞机分别是 14 千克和 17 千克。Song 等（2016）基于非径向数据包络分析的研究表明，铁路运输对我国环境效率具有显著的积极影响，并且对铁路运输使用率较高地区的影响还在增强。许多学者从全生命周期角度分析了高铁开通的替代效应对气候变化的积极作用。马晓元（2016）的研究认为，从全生命周期来看，尽管用于高铁建设与施工的材料大多具有高能耗和高污染，但其运营维护阶段的能耗占全生命周期的 78% 以上，且其带来的间接正面环境影响可能高于建造施工的负面影响。Chester 和 Horvath（2010）以加利福尼亚走廊为对象评估了高铁系统对环境污染的影响，研究发现即使考虑新能源汽车引入以及高铁建设和运营供应链全生命周期的影响，高铁对公路出行的替代效应也会对温室气体排放产生明显的改善作用，在中短途路线上用高铁代替航空服务能够有效减少空气污染，对环境改善具有显著的正向作用。Sun 等（2020）、Zhang 等（2021）、Yang 等（2019）基于异质随机前沿模型、广义空间最小二乘法、双重差分模型等对高铁对环境影响的时空特性进行了分析，结果表明高铁对环境效率的影响具有地区、经济发展差异，特别是对已有普速铁路的地区影响较小，但不同城市的分析结果均表明其可有效降低雾霾排放，考虑间接效应，高铁建设可显著降低约 7.35% 的环境污染。基于双重差分模型的实证分析，祝树金等（2019）、范小敏和徐盈之（2020）、李凯和陈珂（2022）等证明高铁对西部地区环境污染的抑制效应尤为明显。

七、总结与评述

基于学者在高铁网络对城市交通可达性与公平性、创新与产业发展、劳动力流动、出口和引进外资、促进县域发展和缩小区域经济差距、推动减排和降低污染等相关研究的梳理，可以看出，高铁凭借其运量大、速度快等诸多优势，在我国政策的大力扶持下实现了飞速发展，其建设和运营在空间布局、经济发展、社会发展、对外开放、区域协调、绿色发展等领域发挥了重要作用，在实践和理论层面都具有重要意义。

从研究深度来看，国外的研究理论更为成熟，其研究体系更具有指导意义；从研究数据范围来看，国内的研究主要以面板数据研究为主，主要针对全国范围的某一层面（如就业）的影响进行研究，缺少对特定区域的全面深入的分析；从研究方法来看，主要采取定性和定量相结合的方法，其中与交通相关的多用加权平均旅行时间、变异系数等定量方法，与区域相关的多采用引力模型等方法，其他多采用实证分析中的双重差分模型进行研究。然而，目前的研究大多聚焦于单一维度，对高铁对各维度的全面作用和影响分析比较有限，对空间区位与经济、社会、开放等耦合关系的探究不够深入，且对于高铁网络下整个城市群范围的综合评价分析较少，只局限在是否具有正向作用的基本探究，忽视了政策等多元因素对结果的间接影响。

第三节　中国式现代化的河南实践

党的二十大报告明确指出："中国式现代化，是中国共产党领导的社会主义现代化"。在党中央的坚强领导下，中国式现代化深入推进，各地积极践行，以实际行动将党中央精神贯彻落实到位。习近平总书记提出的"五位一体"总体布局和"四个全面"战略布局，为中国式现代化提供了科学指引。河南省坚定不移贯彻落实党中央决策部署，积极探索中国式现代化的"河南方案"，确保高质量建设现代化河南、确保高水平实现现代化河南。

党的二十大报告提出，从现在起，中国共产党的中心任务就是团结带领全国各族人民全面建成社会主义现代化强国、实现第二个百年奋斗目标，以中国式现代化全面推进中华民族伟大复兴。习近平总书记对河南提出的"四个着力""四张牌""三结合""三起来"等重大要求，是河南现代化建设的总纲领、总遵循、总指引，是中国式现代化建设河南实践要一以贯之的重要发展方向。河南省委、省政府牢牢把握"奋勇争先、更加出彩"的殷切嘱托，提出"两个确保""十大战略"、十个"河南"，扎实推进中国式现代化建设河南实践。

经济建设是河南践行中国式现代化建设的核心任务。党的二十大报告指出，我国到 2035 年基本实现社会主义现代化，要建成现代化经济体系，形成新发展格局。中国式现代化是人口规模巨大的现代化。作为拥有亿万人民的中原大省，现代化经济体系建设以及人口规模巨大的现代化建设为现代化河南发展提出了更高要求。作为人口大省、经济大省，2012～2021年这十年来，河南坚持把发展作为解决一切问题的基础和关键，把稳增长和调结构统一起来，生产总值年均增长 7.1%，居民人均可支配收入从 2012年的 12772 元增长到 2021 年的 26811 元、实现了翻番，人民群众的获得感、幸福感、安全感显著提升。预计到 2035 年，河南人均生产总值、城镇化率、研发经费投入强度、全员劳动生产率、人均可支配收入五项关键指标将达到或超过全国平均水平。河南省通过实施创新驱动、科教兴省、人才强省战略，优势再造战略，数字化转型战略，换道领跑战略，文旅文创融合战略，以人为核心的新型城镇化战略，乡村振兴战略，绿色低碳转型战略，制度型开放战略，全面深化改革战略等一系列变革性、牵引性、标志性举措，来支撑实现"两个确保"奋斗目标。在河南省委、省政府的坚强领导下，全省坚持稳中求进工作总基调，以高质量发展为主线，不断深化供给侧结构性改革，积极推进新旧动能转换。特别是在面对复杂严峻的国际环境和新冠疫情冲击的背景下，河南省始终保持稳中向好的经济运行态势，展现了较强的抗风险能力。

建设国家创新高地和重要人才中心是河南中国式现代化建设的关键实践。习近平总书记在党的二十大报告中提出，必须坚持科技是第一生产力、人才是第一资源、创新是第一动力，深入实施科教兴国战略、人才强国战略、创新驱动发展战略，加快建设世界重要人才中心和创新高地。"十三五"期间，河南在科技创新领域成效显著，科技创新支撑能力快速提升，郑洛新国家自主创新示范区引领作用不断增强，国家生物育种产业创新中心、国家农机装备创新中心、国家超级计算郑州中心等重大平台获批建设（见图 0-4）。

图 0-4　位于中原科技城的科技园区效果图

资料来源：河南铁建投集团。

　　中国式现代化建设河南实践是亿万人民幸福生活的实践。习近平总书记在党的二十大报告中强调，江山就是人民，人民就是江山。必须坚持在发展中保障和改善民生，鼓励共同奋斗创造美好生活，不断实现人民对美好生活的向往。河南作为拥有一亿人口的大省，其现代化必须是亿万人民共同富裕、民生福祉显著提升的现代化。河南省委、省政府始终把人民群众的利益放在首位，全力提升民生福祉。河南粮食产量占全国 1/10，小麦产量占全国 1/4，在端牢中国人的饭碗上具有举足轻重的作用。河南农作物供种能力约占全国 1/10，全国小麦推广面积前 10 位的品种中，河南就占了 4 个，在玉米、花生、大豆、芝麻、生猪制种供种上优势明显。[①]"十三五"期间，河南如期打赢脱贫攻坚战，718.6 万建档立卡贫困人口全部脱贫，53 个贫困县全部摘帽，9536 个贫困村全部出列，并严格落实"四个不摘"要求，健全防止返贫动态监测和帮扶机制，实施田园增收等产业发展"十大行动"，推动巩固拓展脱贫攻坚成果同乡村振兴有效衔接。此外，河南通过深化医疗卫生体制改革、教育发展、社会保障等措施，为人民群众提供更加优质的基本公共服务，让人民群众共享发展成果。

　　坚持经济社会发展绿色低碳转型是河南践行中国式现代化建设的关键一环。习近平总书记在党的二十大报告中提出，中国式现代化是人与自然

---

　　① 夏先清，杨子佩."喜迎党的二十大特刊"河南持续做好粮食安全大文章［N］.经济日报，2022-10-13（06）.

和谐共生的现代化。河南坚持可持续发展，坚持节约优先、保护优先、自然恢复为主的方针，像保护眼睛一样保护自然和生态环境，坚定不移走生产发展、生活富裕、生态良好的文明发展道路。河南地处中原，黄河、淮河、南水北调中线、隋唐大运河及明清黄河故道均流经河南，相关流域的生态环境保护十分重要。因此，河南生态环境保护在全国生态发展大局中是关键一环。2019 年，习近平总书记在郑州发出了"让黄河成为造福人民的幸福河"的时代号召，河南坚定践行"绿水青山就是金山银山"的理念，在守护母亲河、聚焦生态河、依托文明河、打造数字河、建设幸福河上持续发力，统筹推进黄河河南段堤防建设、河道整治、滩区治理、生态廊道建设等，建成标准化堤防 501 公里，"四乱"问题动态清零，劣 V 类水质断面全面消除，30 万滩区居民迁建任务圆满完成，沿黄生态发生深刻变化。河南是南水北调中线工程的核心水源地和渠首地，扛牢确保"一泓清水北上"的政治责任，开展南水北调后续工程建设等 14 个专项行动，丹江口库区及干渠河南段水质保持 II 类以上，累计调水超过 500 亿立方米，相当于为北方地区调来黄河一年的水量（见图 0-5）。

图 0-5　三门峡黄河丹峡景观

资料来源：河南广播电视台和河南铁建投集团联合推出的系列融媒体报道《坐着高铁看河南》截图。

河南在中国式现代化建设新征程中，也离不开改革开放。河南坚定贯彻落实习近平总书记提出的"要善于用改革的办法解决经济社会发展中的突出问题"等重大要求，在全面改革上做文章，在深化改革上下功夫，推动各项改革举措有机衔接、有效贯通、有序联动。深化"放管服效"改革，组建省行政审批和政务信息管理局、省政务服务中心，贯通省市县乡的一体化政务服务网全面建成，一枚印章管审批和企业投资项目承诺制全面推行，企业对营商环境的满意度提升至 90%。加快国资国企改革，坚持从根上改、制上破、治上立，推动国资布局战略性优化、国企专业化重组，河南省属国企盈利水平达到历史最高。按照现代化建设对"事"和"业"的新要求，完成省直事业单位重塑性改革，机构精简 60.7%，编制精简46.9%，市县事业单位重塑性改革正梯次推进。落实习近平总书记关于县域治理"三起来"的重大要求，实施县域放权赋能、省直管县财政、一县一省级开发区"三项改革"，同时引导各省辖市做强市本级，推动中心城市"起高峰"、县域经济"成高原"。

中国式现代化建设河南实践的宏大工程、奋斗事业，充分展现了坚持党的领导的重要性。在党中央的正确、坚强领导下，在党的系列政策、方针部署下，河南省将围绕现代化河南发展目标，坚持稳中求进，积极践行新发展理念，全力推动高质量发展，走出中国式现代化建设河南实践的新路子，交出"奋勇争先、更加出彩"的优异答卷。

第四节　高铁支撑下的现代化河南

高铁建设在中国式现代化建设中具有重要地位，也是中国式现代化建设河南实践的关键支撑。河南紧密结合自身实际，充分发挥铁路的引领作用，推动高铁建设与现代化建设相互融合。

2022 年 6 月 20 日，河南在全国率先建成米字形高铁网，实现 17 个省辖市"市市通高铁"。自 2005 年郑西高铁开建以来，在党中央、国务院的坚强领导下，在国家有关部委和国铁集团的大力支持下，河南省历届班子接续奋斗，以"功成不必在我"的精神一张蓝图绘到底，团结带领全省人民奋发作为，建成了全国首个米字形高铁网（见图 0-6 和图 0-7），进一步巩固提升了河南的区位优势和枢纽地位，在谱写新时代新征程中原更加出彩的绚丽篇章中留下了浓墨重彩的一笔。

图 0-6　2023 年 12 月济郑高铁全线开通仪式郑州主会场

资料来源：河南铁建投集团。

建成米字形高铁网，为河南经济社会发展带来了新机遇。以省会郑州为中心，至中原城市群主要城市 1 小时通达，与国家级的重点城市群、经济区实现 5 小时内通达。同时，京广高铁北京至武汉段常态化按时速 350 公里高标运营，进一步拉近与京津冀、长江中游城市群的时空距离。借助米字形高铁网的网络效应，河南在全国铁路网中的地位进一步提升，这对郑州国家中心城市建设和提升全国性综合交通枢纽地位至关重要。

服务中国式现代化建设河南实践是河南高铁网络建设的根本使命。中国共产党河南省第十一次代表大会擘画了中国式现代化建设河南实践的宏伟蓝图，围绕牢记领袖嘱托、锚定"两个确保"，明确了全面建设现代化河南的使命任务，提出了中国式现代化建设河南实践新征程的行动纲领。这次会议提出了"五个基本形成"（一流创新生态基本形成、主导产业生态体系基本形成、新型基础设施体系基本形成、城乡融合发展格局基本形成、

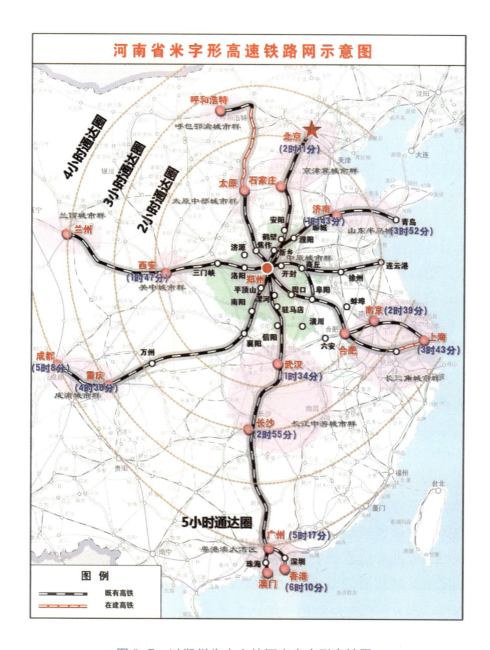

图 0-7 以郑州为中心的河南米字形高铁网

注：图中蓝色字体的时间是郑州至本地的最短高铁通行时间。

资料来源：河南铁建投集团。

支撑高质量发展的体制机制基本形成）和"五个显著提高"（对外开放能级显著提高、生态环境质量显著提高、文化发展质量显著提高、人民生活品质显著提高、管党治党水平显著提高）的发展目标。米字形高铁网的建成将加速实现现代化发展目标，更好地服务中国式现代化建设河南实践。通过高铁科技自主创新体系的研究与建立，助力全省一流创新生态的构建；依托高铁产业发展，带动全省高铁产业链发展，助力打造高铁主导产业生态的形成；米字形高铁网建设有力支撑了全省新型基础设施体系的形成；有效拉近全省城市间、城乡间距离，推动乡村振兴，助力形成城乡融合发展的新格局；有效带动各类生产要素的流动与集聚，赋能全省高质量发展的体制机制发展；便利全省对外交流合作与吸引外资，有效提升对外开放能级；有效助力全省生态环境质量的显著提高；促进文化的传播交流，助力全省文化品牌和发展质量提升；更加便捷的高铁网络极大便捷了人民群众的出行与交流，结合周到的出行服务助力人民生活水平和质量显著提高。

米字形高铁网建成是中国式现代化建设河南实践的重要支撑。中国共产党河南省第十一次代表大会中提出锚定"两个确保"，全面实施"十大战略"。米字形高铁网建设正是河南省大力实施"十大战略"，尤其是优势再造战略的重要抓手与支撑。米字形高铁网建设着力于高铁科技创新、科教驱动与人才培养，打造河南高铁科创高地，支撑服务创新驱动、科教兴省、人才强省战略。米字形高铁网建设提升了河南高铁的产业优势，支撑优势再造战略。米字形高铁网建设积极推进数字化技术创新与应用，助力河南省数字化转型战略实施。米字形高铁网建设带动打造了"高铁+"产业生态，助力全省实施换道领跑战略实施。米字形高铁网建设有力带动了旅游、综合开发等新业态的发展，助力文旅文创融合战略发展。便捷通达的高铁网络也是助力新型城镇化战略实施和乡村振兴战略的重要抓手。绿色低碳的高铁网建设助力全省绿色低碳转型战略实施。四通八达的高铁网络支撑全省制度型开放战略的实施。总体而言，米字形高铁网建设为河南省全面深化改革、服务构建新发展格局提供了重要支撑。展望未来，在河南省委、省政府的坚强领导下，河南高铁持续为中国式现代化建设河南实践做出新的更大贡献。

第五节　研究意义

党的十八大以来，以习近平同志为核心的党中央高度重视我国铁路建设，习近平总书记多次视察铁路建设工程、多次对铁路建设作出重要指示批示。习近平总书记先后提出"复兴号高速列车迈出从追赶到领跑的关键一步""我国自主创新的一个成功范例就是高铁""从自主设计修建零的突破到世界最先进水平，从时速 35 公里到 350 公里，京张线见证了中国铁路的发展，也见证了中国综合国力的飞跃"等重要指示，为我国高铁事业发展指明了方向、注入了强大的动力。在党中央坚强领导下，我国铁路建设事业取得了历史性成就，全国铁路营业里程从 2012 年的 9.8 万公里增长到 2022 年的 15.5 万公里，其中高铁里程从 0.9 万公里增长到 4.2 万公里，约占全球高铁总里程的 60%，大幅领先其他国家和地区，稳居世界第一。习近平总书记在川藏铁路视察时强调："要充分论证、科学规划，铁路建设要算大账。"新时期，高铁建设要全面落实总书记重要指示精神，立足服务国家战略大局，综合考虑国家战略和经济社会发展需求，科学规划中长期全国铁路网络规模、结构和布局，科学有序推进铁路规划建设，加强战略骨干通道建设，全面贯通高铁主通道，完善城际和市域（郊）铁路网络密度，优化铁路网络布局，这将是未来面向中国式现代化的铁路建设方向。从现代化建设意义来看，"交通强国"目标任务的实现离不开"铁路先行"的支撑，高铁要履行中国式现代化开路先锋的使命，在更高水平发挥先行引领和服务保障作用，加快建设现代化高质量综合立体交通网络，为全面建成社会主义现代化国家提供更加有力的支撑、更加坚强的保障、更加有益的探索。因此，对高铁建设历程进行梳理，对高铁建设的经济社会发展成效进行科学评价，对未来高铁建设发展进行科学规划，对与高铁相关联的上下游产业和衍生业态发展潜力进行挖掘，这些都是高铁赋能现代化、高质量发展的重要方面，很有研究意义。

2010 年，河南省在全国首次提出米字形高铁网的设想，并在后续十几年间作为全省发展的重大任务持续推进，2022 年在全国率先建成米字形高铁网。近年来，全国诸多有影响力的城市先后提出建设米字形高铁网，西安、武汉、合肥、重庆等城市在米字形高铁网的规划、建设等方面已经取得重大进展，我国正在形成一批米字形高铁枢纽，高铁网络的通达性和枢纽影响力将持续提升，这对全国新发展格局的构建和枢纽网络完善具有重要促进作用。对河南而言，米字形高铁网这一具有重大意义的标志性工程，将加快交通区位优势向枢纽经济优势转变，助力河南提升全国性枢纽地位和打造具有国际影响力的枢纽经济先行区。可以说，河南建成全国首个米字形高铁网和郑州建成全国首个米字形高铁枢纽，不仅是河南枢纽势能提升的重要成效，更是全国枢纽网络布局优化完善和枢纽经济基础支撑能力提升的重要体现，是河南乃至全国铁路发展的一件大事。

因此，本书将在借鉴和吸收已有成果的同时，基于河南米字形高铁网对全省交通、经济、民生、开放、协调、绿色等多维度的影响作用，利用定性和定量研究，结合量化与实证分析中的双重差分模型、可达性模型等方法，全面评价米字形高铁在新发展格局下助推河南发展的积极作用和实际效果，并在此基础上，立足发展战略导向，指明河南高铁网未来发展方向，有力支撑现代化高铁网络建设与运营对社会经济发展影响分析研究，为河南高质量发展提供高铁及相关维度的研究参考。

米字形高铁发展历程

2023 年，济郑高铁全线通车，河南在全国率先全面建成米字形高铁网。自 2005 年以来，河南省委、省政府历届领导班子团结带领全省人民，时刻牢记党中央、国务院部署要求，接续奋斗、砥砺前行，终于在中原大地描绘出米字形高铁的美丽画卷，进一步提升了河南得天独厚的区位优势，为谱写"中原更加出彩"的绚丽篇章做出了重要贡献。

第一章 米字形高铁的规划历程

2004年以来，我国先后开展了三轮《中长期铁路网规划》。在国家规划的引领下，多方联动，我国"四纵四横"高铁网已全面建成，"八纵八横"高铁网正加密形成，有力支撑了国家重大战略实施和经济社会发展。河南省居全国之中，承东启西、连南接北，是中原城市群发展的核心区域，区位优势显著。河南省自古便是区域交通中心，普铁时代京广、陇海等多条干线在此交汇，形成了郑州北编组站这一路网性编组站。进入高铁时代，河南省深入落实国家战略和规划要求，同时适应人民呼声主动谋划、打造米字形高铁网。米字形高铁的建设与发展，与国家高铁的发展紧密相连，是国家《中长期铁路网规划》在河南的生动实践，同时河南省高铁网的建设也有力支撑了国家高铁网的发展。

第一节 萌发："一"笔画下，从无到有

铁路在河南的发展历史悠久。依托河南地处中原，"天下之中"的区位优势，郑州成为中国铁路的重要枢纽，素有"中国铁路心脏"的美称。京广、陇海两条繁忙的铁路干线在此交汇，郑州枢纽内郑州站、郑州东站、郑州北站分工明确。特别是成立于1963年的郑州北站，是中国铁路第一个综合自动化编组站，也是亚洲作业量最大的列车编组站，承担着我国东、西、南、北四个方向货物列车的解体、编组任务。

在普速铁路时代便是全国关键交通枢纽的郑州，在郑州铁路局拆分的变局之际，抓住了国家发展高铁的机遇。2004年1月，经由国务院讨论并原则通过，国家发展改革委发布《中长期铁路网规划》（以下简称《规划》(2004版)）（见图1-1）。作为铁路行业首个发展规划，《规划》(2004版)

首次明确提出高铁的规模目标，即到 2020 年建成运营里程超 1.2 万公里的"四纵四横"铁路快速客运专线网络及三个城际客运系统（见表 1-1），明确客运专线速度须达到每小时 200 公里及以上。以历史的眼光看，这是一个开创性的、不同寻常的规划。在此之前，铁路发展都是五年一规划。《规划》（2004 版）的出台，将铁路发展的战略眼光放长、放远。同时，《规划》（2004 版）第一次系统提出"客运专线"概念，为中国铁路建设确定了客运专线、区际干线、煤运通道及西部铁路四个重点。自此，功能定位清晰、路网结构合理的大规模铁路建设全面铺开。我国大规模建设高速铁路的新篇章就此展开。在"四纵四横"高铁网规划中，"四纵"里连接华北和华南地区的北京—武汉—广州—深圳客运专线，"四横"内连接西北和华东地区的徐州—郑州—兰州客运专线。

图 1-1　中长期铁路网规划图（2004 年）

资料来源：国家发展改革委. 国家中长期铁路网规划［EB/OL］.［2004-01-21］. https://www.ndrc.gov.cn/fggz/zcssfz/zcgh/200507/t20050720_1145646.html.

郑西高铁，即郑州—西安高铁，是河南的第一条高铁，也是《规划》（2004 版）颁布后获批的中国第一代高铁（京津、郑西、武广）的三条线之

表 1-1　"四纵四横"主骨架基本情况概览

	专线名称	沿途主要城市	通车里程
"四纵"	京沪客运专线	北京—天津—济南—徐州—蚌埠—南京—上海	约 1318 公里
	京港客运专线	北京—石家庄—郑州—武汉—长沙—广州—深圳—香港	约 2260 公里
	京哈客运专线	北京—承德—沈阳—哈尔滨	约 1700 公里
	杭福深客运专线	杭州—宁波—温州—福州—厦门—深圳	约 1600 公里
"四横"	徐兰客运专线	徐州—商丘—郑州—洛阳—西安—宝鸡—兰州	约 1400 公里
	沪昆客运专线	上海—杭州—南昌—长沙—贵阳—昆明	约 2080 公里
	青太客运专线	青岛—济南—石家庄—太原	约 770 公里
	沪汉蓉客运专线	上海—南京—合肥—武汉—重庆—成都	约 1600 公里

一。郑西高铁入选第一批国家高铁修建计划，是加快实施西部大开发和中部崛起战略的需要，也是有效缓解陇海铁路客货运输能力不足的关键，更是河南巩固交通区位优势的新征程。郑州至西安高速铁路全长 505 公里，全线共设郑州、郑州西（荥阳南）、巩义南、洛阳南、渑池南、三门峡南、灵宝西、华山北、渭南北及西安 10 个客运站。2004 年 9 月，国家发展改革委审批通过了《新建铁路郑州至西安客运专线可行性研究报告》，郑西高铁项目正式筹备。2005 年 9 月 25 日，郑西高速铁路重点控制工程秦东隧道开工建设，河南高铁自此起笔（见图 1-2）。

图 1-2　郑西高铁开工拉开了河南米字形高铁建设的序幕

第二节　酝酿："一"到"十"，连线成面

根据《规划》（2004 版）的相关要求，河南省持续推进高铁网络建设。京广高铁是"四纵四横"高铁网纵向主通道之一，线路全长 2298 公里，纵贯北京、河北、河南、湖北、湖南、广东 6 省市，分北京至石家庄、石家庄至武汉、武汉至广州三段，其中石武高专郑武段设有郑州东、许昌东、漯河西、驻马店西、明港东、信阳东、孝感北、横店东 8 个车站，是连接南北的重要线路。2006 年 7 月，国家发展改革委批复同意新建石家庄至武汉铁路客运专线项目建议书。该项目线路自石家庄东站引出，经邢台、邯郸、安阳、鹤壁、新乡、郑州、许昌、漯河、驻马店、信阳至武汉枢纽引入新客站。2008 年 10 月，京广高速铁路石武段动工建设，郑州高铁再添一笔。郑州原是陇海、京广铁路交汇处，是全国铁路的重要十字大通道枢纽，随着京广高铁和郑徐高铁的开工，又成为了一纵一横两条高铁线路的交汇处，郑州自此成为普铁、高铁"双十字"枢纽。

面向我国综合交通体系建设发展的实际需要，立足国家经济飞速发展的客观实际，国务院于 2008 年又发布《中长期铁路网规划（2008 年调整）》（以下简称《规划》（2008 版）），将 2020 年客运专线规划规模建设从 1.2 万公里调整到 1.6 万公里以上，确定了中国高铁发展以"四纵四横"为代表的快速客运网络，对高铁的发展提出了新的要求（见图 1-3）。《规划》（2008 版）明确到 2010 年全国铁路营业里程达到 9 万公里以上，其中客运专线约 7000 公里，复线、电化率均达到 45% 以上。《规划》（2008 版）提出，要进一步建设客运专线，新建北京—上海高速铁路，北京—广州—深圳、徐州—郑州—西安—宝鸡、哈尔滨—齐齐哈尔等客运专线。《规划》（2008 版）对全国高铁网络建设具有里程碑的重要意义，全国高铁通道建设自此如火如荼地展开。

立足国家规划调整与高铁建设需要，河南省委、省政府清醒地认识到，尽管郑州抢抓高铁建设机遇，率先打造"双十字"枢纽，但当前省内城市尚未高效互联互通，经由高铁网络带给郑州的资源无法高效辐射到其他区域，省内资源也难以得到合理分配，亟须在已有"十"字形架构的基础上优化提升，不仅要"通四面"，更要"走八方"。

图1-3　中长期铁路网规划图（2008年调整）

资料来源：国家发展改革委.《中长期铁路网规划（2008年调整）》［EB/OL］.［2008-10-08］.
https：//www.ndrc.gov.cn/fggz/zcssfz/zcgh/200906/t20090605_1145670.html.

第三节　起笔："十"到"米"，构建新网络

2009年，为落实《规划》（2008版）中"在……中原城市群、武汉城市圈、关中城镇群、海峡西岸城镇群等经济发达和人口稠密地区建设城际客运系统，覆盖区域内主要城镇"的要求，河南省委、省政府放眼未来、抢抓机遇，提出要将河南省的主要城市串联起来，相关请示就此呈送国家层面。2009年9月30日，国家发展改革委批复了《中原城市群城际轨道交通网规划（2009~2020年）》，提出了以郑州为中心，以京广、陇海为主轴，构建连接中原城市群的"十"字加半环线网络（见图1-4）。《关于中原城市群城际轨道交通网规划（2009~2020年）》明确提出，要推动郑州—焦作、郑州—开封、郑州—洛阳、郑州—新郑机场—许昌—平顶山、郑州—新乡之

间的城际轨道建设，合计建设里程约496公里。同时，规划远景展望城市群外围各城市间的环形联络线和延伸线。同年，郑州至焦作、开封、新郑机场的城际铁路宣布开工建设。

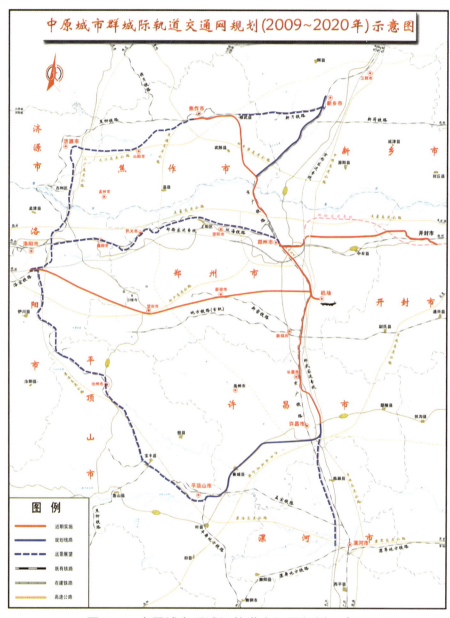

图 1-4　中原城市群城际轨道交通网规划示意图

资料来源：中原城市群城际轨道交通网规划研究课题组①。

———————

①　中原城市群城际轨道交通网规划研究课题组是河南铁建投集团发起成立，由集团主要领导牵头，开展了中原城市群轨道交通规划系列相关研究。

在中原城市群城际铁路网建设的同时，河南省委、省政府进一步立足时代变局谋划高铁网络发展规划，经多方研究不懈努力，最终提出了建设米字形高速铁路网的思路。2009～2010 年，在河南省发展和改革委员会具体部署和牵头下，相关单位开展了《河南省铁路网规划研究报告（2010～2030 年）》，首次提出了米字形高铁网（见图 1-5）。2010 年 4 月 23 日，河南省委统战部

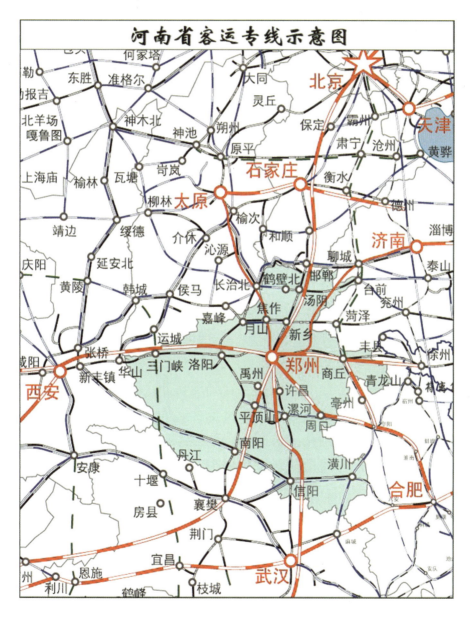

图 1-5　首次提出河南省米字形高铁网思路的规划设计研究图

资料来源：《河南省铁路网规划研究报告（2010～2030 年）》。

组织河南各界人士与专家召开"构建中原经济区，促进中原崛起"研讨会，提出构建中原经济区构想，围绕构建中原经济区的战略意义、功能定位、发展路径等重大问题进行了座谈研讨，为河南高铁的蜕变提供了战略指引。

2011 年，在全国"两会"和全国铁路建设工作会议上，驻豫全国人大代表和全国政协委员、政府官员围绕促进中原崛起、建设米字形高铁网不断发声，力争将地方构想上升为国家层面战略规划。2011 年 3 月 8 日，时任全国政协委员、郑州大学历史研究所所长袁祖亮向全国政协十一届四次会议提交了《关于进一步加快郑州铁路枢纽建设的提案》，即在已投运的郑西高铁和即将建成投入使用的石武高铁的基础上，提请国家有关部门规划建设郑州—重庆、郑州—徐州、郑州—太原、郑州—合肥、郑州—济南五大铁路客运专线铁路，形成以郑州为核心的"米"字形客运专线网，进而充分释放原有京广、陇海等铁路干线的运输能力。很快，地方构想得到了初步反馈。2011 年 9 月 28 日，《国务院关于支持河南省加快建设中原经济区的指导意见》（以下简称《指导意见》）正式批复，进一步支持中原崛起战略。《指导意见》明确提出，开工建设郑州至万州铁路，研究规划郑州至济南、郑州至太原、郑州至合肥等快速铁路通道，逐步形成促进大区域间高效连接的铁路通道网络。米字形高铁网基本骨架建设上升到国家层面。

伴随中原经济区规划的进一步完善，河南高铁的发展迈入新阶段。2012 年 11 月 17 日，国务院正式批复的《中原经济区规划（2012-2020 年）》中进一步强调，建设郑州至徐州、商丘至合肥至杭州、郑州至万州等铁路，规划研究郑州至济南、郑州至太原、郑州至合肥等快速铁路通道，加快构建高效连接的米字形铁路网络。《中原经济区规划（2012-2020 年）》还强调，要提升陆桥通道和京广通道功能，加快东北西南向和东南西北向运输通道建设，构筑以郑州为中心的"米"字形重点开发地带，形成支撑中原经济区与周边经济区相连接的基本骨架。高铁网络成为了串联经济区的重要骨架。2012 年 12 月，河南省人民政府印发《河南省"十二五"现代综合交通运输体系发展规划》提出，加快完善以郑州为中心的"米"字形铁路网和城际铁路网（见图 1-6）。自 2004 年郑西高铁获批起，历时 8 年，米字形高速铁路网规划上升至国家层面，米字形高铁网建设迈入新阶段，米字形高铁网建设成为河南发展的重要使命。

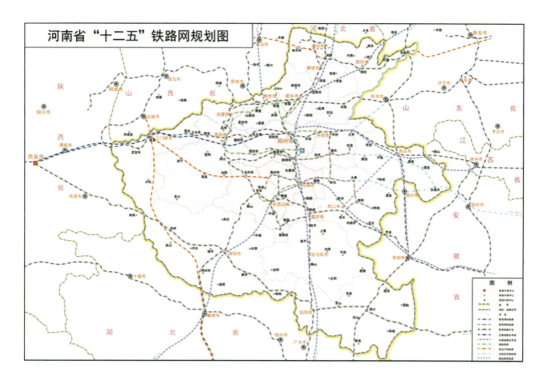

图1-6　河南省"十二五"铁路网规划示意图

资料来源：河南省人民政府. 河南省人民政府关于印发河南省"十二五"现代综合交通运输体系发展规划的通知［EB/OL］.［2012-12-31］. https：//www.henan.gov.cn/2013/02-07/238478.html.

第二章 米字形高铁的建设历程

画好米字形高铁网是第一步，米字形高铁的建设更是凝聚着无数河南人民的心血和期待，历届领导班子接续奋斗，以"功成不必在我"的精神一张蓝图绘到底，高铁建设者们日夜奋战、只争朝夕，集中攻坚、压茬推进各项建设任务，最终在全国率先全面建成米字形高铁网。

第一节 行笔：齐心协力画米字

一、抢抓机遇，步履铿锵

河南高铁网络的发展始终立足国家定位和发展。2010 年，河南省人民政府颁布了《关于加快推进铁路建设的意见》，要求项目建设主体要按建设项目组成专门班子，全力推进铁路建设。进入新发展阶段，河南省立足自身客观条件和现实基础，通过先行先试、示范带动，积极寻找突破口。2013年 3 月，国务院批复的《郑州航空港经济综合实验区发展规划（2013-2025年）》进一步明确加快建设以郑州为中心的"米"字形铁路网。2014 年 5月 9~10 日，中共中央总书记习近平在河南省考察时指出，米字形高速铁路网划得好，希望河南按照中央的决策部署，抓住国家实施"中部崛起""一带一路"建设等重大战略机遇，着力推进粮食生产核心区、中原经济区和郑州航空港经济综合实验区建设，让中原在实现中华民族伟大复兴中国梦的进程中更加出彩。时任国务院总理李克强也对米字形高铁网的建设非常关注，在听取河南省和有关方面汇报时表示，对河南省规划的米字形高铁项目，符合条件能纳入规划的要纳入规划，具备条件能尽早开工建设的要尽早开工建设。2015 年的全国两会上，时任中共中央政治局常委、国务院副总理张高丽听到米字形规划的构想后，欣然提出"请把图（规划）送给我，我要好好研究"。一系列规划和国家领导人的重要指示批示为河南省高速铁路网络发展提供了根本指引，也赋予了河南米字形高铁建设的新活力。

新时期，新要求，高铁建设迎来新机遇。党的十九大首次提出了建设交通强国的重大战略，为交通建设发展指明了新方向。2019 年，中共中央、国务院印发《交通强国建设纲要》，为新时代交通运输发展指明了方向。党的二十大报告明确提出加快建设交通强国，增强国内大循环内生动力和可靠性，提升国际循环质量和水平。交通强国建设是立足国情、着眼全局、面向未来的重大举措。为加快建设交通强国，我国先后出台《国家综合立体交通网规划纲要》《综合运输服务"十四五"发展规划》《"十四五"现代综合交通运输体系发展规划》等一系列文件，擘画了新时代综合交通运输高质量发展新蓝图。国家发改委、国铁集团、国家铁路局等对河南省米字形高速铁路网建设高度关注，积极帮助协调解决了许多重大问题。

立足国家战略定位，河南省认真贯彻落实习近平总书记四次视察河南重要讲话重要指示批示，充分发挥交通运输"先行官"作用，科学谋划和系统推进米字形高铁建设。在米字形高速铁路网建设上河南举全省之力奋勇争先，取得了一个又一个节点的突破。河南省委、省政府坚持把铁路建设作为培育经济发展优势的基础和支撑，抢抓机遇、精心谋划，实施了一批事关河南长远发展的战略性、全局性重大铁路项目。负责协调省直部门和沿线市县的副省长、省米字形铁路建设指挥部指挥长，定期召集有关方面协调解决问题，安排部署工作，千方百计加快推进铁路建设。河南省发改委、省国土资源厅、省环保厅、省水利厅、郑州铁路局、省南水北调办等单位和沿线市县积极配合、主动服务，持续推进米字形高速铁路网建设。时任省发改委主要负责同志，也始终把米字形高速铁路网建设作为省发改委的头等大事来抓，亲任推进工作组组长，坚持每周进行专题研究，派专人常驻北京市，与国家发改委、原中国铁路总公司（国铁集团）、国家铁路局以及勘察设计单位沟通衔接。2015 年 3 月 7 日上午，在人民大会堂参加河南团共同审议时，全国人大代表、时任河南省发改委主要负责同志现场展开提前准备好的《以郑州为中心米字形高速铁路网示意图》，向中央领导和国家有关部委负责人辅以说明。

对接国家战略规划，河南省抢抓机遇谋发展，全面规划河南省铁路建设。《河南省"十二五"现代综合交通运输体系发展规划》《河南省人民政府关于进一步加快推进铁路建设的意见》等指出，铁路是战略性、全局性重要基础设施，是打造区域竞争优势的基础和前提，是河南省实现跨越式发展和率先崛起的战略突破口，提出全面加快铁路建设，按照中原经济区"轴带发展"布局要求，围绕巩固提升铁路枢纽地位，以"增加规模、完善路网、提高质量、提升能力"为重点，着力加快"米"字形快速铁路网和"四纵六横"大能力货运铁路网建设，有序推进中原城市群城际铁路网建设，进一步优化完善铁路枢纽场站布局，构建覆盖全省、辐射周边、服务全国的铁路运输网络，全面提升全国铁路运输的服务保障能力。

《河南省"十三五"现代综合交通运输体系发展规划》提出全面加快高速铁路网建设，实现所有省辖市开通快速铁路，基本实现铁路客运快速化、货运重载化、区域城际化和路网系统化。《河南省"十三五"现代综合交通运输体系发展规划》明确，要全面加快高速铁路网建设，建成郑州至徐州、郑州至万州、郑州至阜阳、太原至焦作铁路和郑州至济南铁路河南段，形成以郑州为中心的米字形高速铁路网（见图 2-1）。《河南省推进运输结构

图 2-1　河南省"十三五"铁路网规划示意图

资料来源：河南省人民政府．河南省人民政府关于印发河南省"十三五"现代综合交通运输体系发展规划的通知［EB/OL］．［2017-03-06］．https：//www.henan. gov. cn/2017/04-11/248859. html.

调整工作实施方案》提出以提升铁路运输能力为重点任务，扩大干线铁路运能供给，加快铁路专用线建设，加强铁路运输组织，规范铁路短驳运输，提升铁路货运服务水平。

2021 年 4 月，河南省人民政府印发《河南省国民经济和社会发展第十四个五年规划和二〇三五年远景目标纲要》，提出了要加快完善米字形高速铁路网布局，推进郑州至西安高速铁路二线等项目开工建设，实现河南省所有地级市通高速铁路的目标和要求。2021 年 12 月，河南省人民政府印发《河南省"十四五"现代综合交通运输体系和枢纽经济发展规划》，提出了以米字形高铁网为核心，构建起覆盖全省、辐射周边、连接全国的现代化铁路网络的目标和任务（见图 2-2）。

图 2-2　河南省"十四五"铁路规划项目示意图

资料来源：河南省人民政府．河南省人民政府关于印发河南省"十四五"现代综合交通运输体系和枢纽经济发展规划［EB/OL］．［2022-01-26］. https://www.henan.gov.cn/2022/01-26/2389095.html.

立足米字形高铁建设需求，河南省委、省政府持续跟进，在一系列重大战略指引下稳步推进相关规划完善，持续推动米字形高铁网建设。步入"后米字时代"，河南省高铁路网结构将持续优化，将进一步推动铁路与航空、公路、水运等多网融合、多式联运，全方位实现区域内高效便捷互联互通，加快推动区位优势、枢纽优势向枢纽经济优势转变。

二、持续奋战，朝夕必争

自 2005 年河南第一条高铁开工算起，米字形高铁网在中原大地渐次铺就足足用了 18 年。从此，河南省不仅阡陌纵横，更有高铁成网。一条条延伸至远方的高铁线路，不断焕发出蓬勃的生机和活力，真正实现了"高铁汇中原""米字通八方"（见图 2-3）。

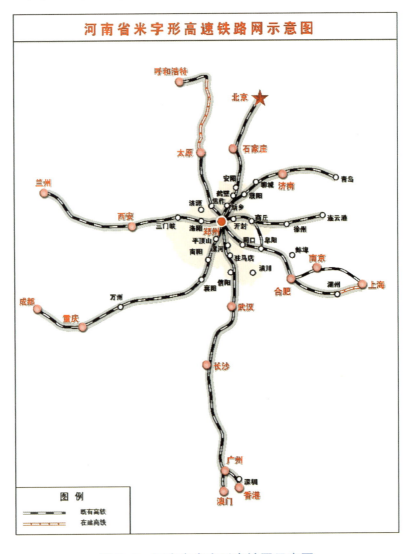

图 2-3　河南省米字形高铁网示意图

资料来源：中铁第四勘察设计院集团有限公司。

（1）郑西高铁。万事开头难，郑西高铁尤其如此。2005 年 9 月，郑西高铁重点控制工程秦东隧道开工建设，拉开了郑西高铁建设的序幕。2005年动工的郑西高铁，80% 的地段处于湿陷性黄土地区，是世界上第一条在湿陷性黄土地区修建的高铁。相比普铁，郑西高铁全线采用无砟轨道，对工后沉降要求极高。为摸清和解决高铁建设问题，在施工建设中施工人员边勘探边试验，试图找到湿陷性黄土的规律及其在全线的分布情况。2007 年 1月，"郑西高速铁路湿陷性黄土地基工程特性及设计参数试验研究"成果通过了原铁道部科技司组织的阶段评审，难题终于得到解决。一系列时点刻画着郑西高铁的建设之路。2007 年 10 月 1 日，郑西高铁无砟轨道工程试验段开始施工；2008 年 6 月 5 日，郑西高铁洛河特大桥开始横跨洛河主河道；2008 年 8 月 1 日，郑西高铁洛阳龙门站建设开挖第一铲土；2008 年 10 月 31日，郑西高铁河南省境内最长的铁路桥——偃师特大桥顺利合龙；2008 年11 月 19 日，郑西高铁洛河特大桥顺利合龙；2008 年 12 月 9 日，在位于新区的洛阳南站建设工地上，几十辆建设用车一字排开，郑西客运专线洛阳龙门站开工奠基仪式在这里举行；2008 年 12 月 15 日，郑西高铁项目全线隧道工程贯通；2009 年 1 月 18 日，郑西高铁全线桥梁工程完工；2009 年 5月 20 日，郑西高铁全线无砟轨道施工完成；2009 年 6 月 17 日，郑西高铁洛阳龙门站正线铺轨完毕；2009 年 6 月 29 日，郑西高铁全线铺轨完成（见图 2-4 至图 2-7）。

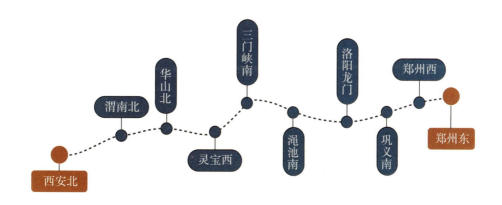

图 2-4　郑西高铁线路示意图

资料来源：上海交通大学绘制。

图 2-5　郑西高铁建设中的一处施工现场图景

资料来源：中铁第四勘察设计院集团有限公司。

图 2-6　郑西高铁建设中的一处施工场景

资料来源：中铁第四勘察设计院集团有限公司。

图 2-7　郑西高铁首发仪式场景

资料来源：中铁第四勘察设计院集团有限公司。

（2）郑徐高铁。郑徐高铁的建设，目的是在已有郑西高铁的基础上继续向东延伸完善"一横"，也是在《规划》（2008版）中明确的"四横"中的一条。2009年12月24日，国家发展改革委批准了《新建郑州至徐州铁路客运专线项目建议书》，为米字形高铁"横"笔完善蓄势。2012年12月26日，"横"贯东西的郑徐高铁开工建设。根据工程设计，郑徐高铁正线全长361.9公里，其中在河南省境内252.8公里、安徽省境内73.4公里、江苏省境内35.7公里（见图2-8）。全线共设郑州东、开封北、兰考南、民权北、商丘、砀山南、永城北、萧县北、徐州东9个车站。2013年2月22日上午，在砀山县薛楼板材加工园建筑工地上，随着指挥长一声"开工"令下，郑徐高铁客运专线砀山段芒砀山特大桥第一根桩开钻，标志着郑徐高铁砀山段主体工程正式开工。郑徐高铁是我国首条设计时速350公里且全线采用CRTS Ⅲ型板式无砟轨道施工的建设项目，也是国内首次大规模采用具有完全自主知识产权的高速铁路，是展示中国高铁国家战略整体实力的关键项目。

（3）京广高铁。石武建设，一"竖"起笔。京广高铁是纵贯北京、河北、河南、湖北、湖南、广东6省市的南北主通道，分三段建设，而石武高铁便是其中最重要的一段。石武高铁北起石家庄，南至武汉（见图2-9），正

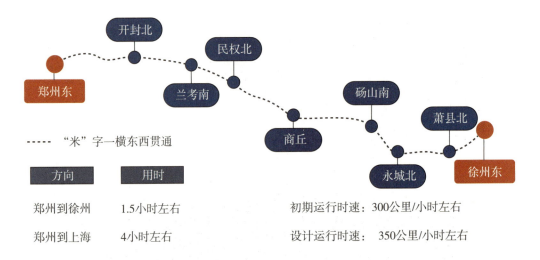

图 2-8   郑徐高铁线路示意图

资料来源：上海交通大学绘制。

线全长 840.7 公里，其中在河南境内 506 公里，设计速度目标值 350 公里，输送能力为单向 4000 万人/年。石武高铁北接京石、石太客运专线，中连郑西和规划中的郑徐客运专线，南接武广客运专线和沪汉蓉快速通道，在我国铁路网中具有重要地位。根据《规划》(2004 版)，京广高铁石武段于 2007 年获批项目建议书，2008 年 4 月获批可行性研究报告；2008 年 10 月，郑州市郑东新区举行石武快速客专的开工奠基仪式，京广高速铁路石武段自此动工建设。

（4）郑太高铁。郑太高铁，"点"通西北。作为首条纵贯太行山的高铁，郑太高铁位于河南省与山西省境内，线路全长 432 公里，设计时速 250 公里，包括郑州至焦作段（即郑焦城际铁路）和新建焦作至太原段（见图 2-10）。在得到原铁道部认可后，在河南省政府和河南省发展和改革委员会等相关部门的大力支持下，郑焦城际项目简化了审批程序，越过项目规划方案研究等阶段，直接开始编制项目预可研报告，这使得项目前期工作取得快速推进，比正常程序至少缩短了 3 个月，郑焦城际铁路同郑开城际及新郑机场城际于 2009 年 12 月 29 日在郑州举行动工仪式，时任省长郭庚茂宣布三条城际铁路开工建设。

在郑焦城际铁路的基础上，郑太高铁焦太段开工建设。2016 年 10 月 21 日上午，太焦高铁（河南段）开工动员大会在焦作市博爱县建设工地举行，

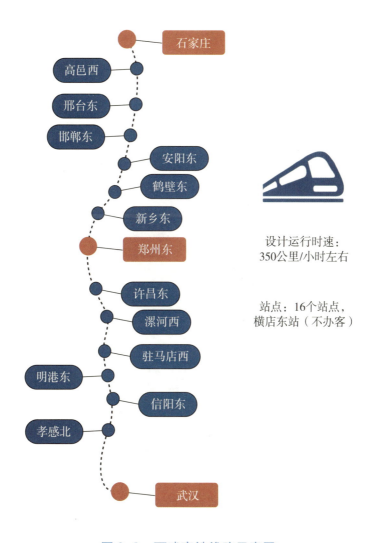

设计运行时速：
350公里/小时左右

站点：16个站点，
横店东站（不办客）

图 2-9　石武高铁线路示意图

资料来源：上海交通大学绘制。

标志着太焦高铁全线开始动工。新建太焦高铁正线长度为 358.8 公里，其中山西境内 325.4 公里、河南境内 33.4 公里，设计时速为 250 公里，设计运输能力 4000 万人/年。太焦高铁（河南段）从郑焦城际铁路焦作站引出，向西经博爱站后，折向北穿越太行山脉进入山西境内，沿线设焦作、博爱两个车站。太焦铁路建成后，太原至焦作坐高铁仅需 1.5 个小时。从郑州坐城际铁路到焦作仅需要 1 小时，从郑州到太原坐高铁仅需 2.5 个小时。

（5）郑渝高铁。"下撇"起笔，意通重庆。郑渝高铁位于豫、鄂、渝三省市境内，形成一条我国西南地区通往中原、华北地区的快速客运通道。

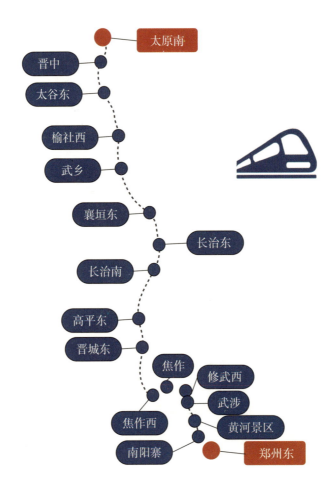

图 2-10   郑太高铁线路示意图

资料来源：上海交通大学绘制。

该通道向西南经许昌、平顶山、南阳进入湖北省境内，进一步串联西南区域。郑万高铁是郑渝高铁的重要组成部分，郑万铁路全长 818 公里，其中河南段始于郑州东站，途经郑东新区、航空港区、开封尉氏县、许昌、平顶山、南阳等地，全长 351 公里（见图 2-11）。2013 年 12 月 27 日，国家发展改革委批准《郑州至万州快速铁路项目预可研报告》，郑万高铁建设被正式提上日程。2015 年 10 月 31 日，在平顶山市鲁山县辛集乡柴庄村紧邻公路处，郑万铁路张良镇跨南水北调干渠特大桥先期开工建设，这标志着打通西南通道的郑州至万州铁路河南段工程正式开工。2017 年 6 月 20 日，郑万高铁河南段首条隧道开通（见图 2-12）。2017 年 11 月 22 日凌晨，郑渝高铁郑襄段上跨京广客运专线万吨 T 构桥实现了国内首座万吨级曲线"T"字形高铁桥成功转体施工。

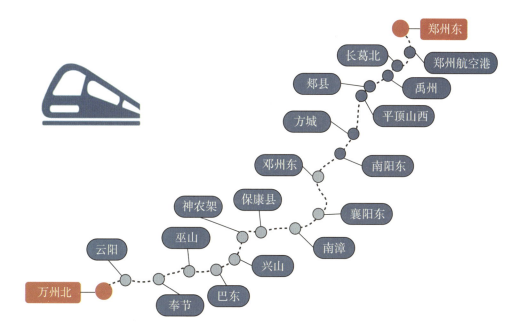

图 2-11 郑渝高铁郑万段线路示意图

图 2-12 郑万高铁河南段首条隧道（许良隧道）贯通

资料来源：中铁第四勘察设计院集团有限公司。

（6）郑阜高铁。郑阜高铁，"捺"指东南。郑阜高铁全长276公里，设计时速350公里。全线设郑州航空港站、许昌北、鄢陵南、扶沟南、西华、周口东、淮阳南、沈丘北、界首南、临泉、阜阳西11座车站（见图2-13）。郑阜高铁河南段自郑州航空港站引出，经开封、许昌、周口，至豫皖界，全长210.7公里。2015年5月11日，原中国铁路总公司印发了《中国铁路总公司关于新建郑州至周口至合肥铁路预可行性研究的审查意见》。2015年10月28日，国家发展改革委批复《新建郑州至周口至阜阳铁路可行性研究报告》，郑阜高铁建设正式纳入规划，并于2015年12月24日正式开工建设。郑州至合肥高铁河南段开工仪式在河南省周口市举行，省直有关部门和沿线省辖市政府、郑州铁路局及项目参建单位参加会议。2017年12月13日，中铁一局承建的郑合高铁（河南段）5标沈界1号特大桥414号桥墩和415号桥墩的球铰承台缓缓转动，带动着桥墩和箱梁一起旋转，在漯阜铁路上空实现完美对接。自此郑合铁路又一重大节点工程胜利完工，为贯通全线交通大动脉奠定了坚实基础。2018年9月，郑阜高铁河南段高架桥梁全部完工；2018年12月15日，郑阜高铁河南段开始铺轨（见图2-14）。

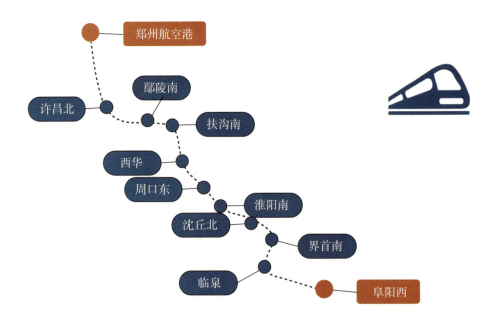

图2-13　郑阜高铁线路示意图

资料来源：上海交通大学绘制。

图 2-14　郑阜高铁河南段施工现场图景

资料来源：河南铁建投集团。

（7）济郑高铁。"上撇"连接东北的济郑高铁濮郑段自郑州东站引出，经郑州市、新乡市、鹤壁市、安阳市至濮阳市，正线长 197 公里，设计时速 350 公里。2016 年 8 月 13 日，中国铁路总公司与河南省人民政府联合批复项目可行性研究报告；2016 年 9 月 14 日，中国铁路总公司批复项目初步设计。根据批复，该铁路连接山东、河南两省省会，线路呈西南走向，北连规划京九客专，西接郑西客专，南接郑万、京广、郑合等客专。铁路从既有车站郑州东站引出，在京港澳高速公路黄河大桥下游约 3.5 公里处跨黄河，经新乡市、鹤壁市、滑县、安阳市至濮阳市，沿线设郑州东、平原新区（今新乡南）、新乡东、卫辉南、滑浚、内黄、濮阳东 7 个车站。济郑高铁濮郑段共设车站 7 座，其中，郑州东站为既有车站，新乡东站为既有线改（扩）建车站，濮阳东站、内黄站、滑浚站、卫辉南站和新乡南站为新建车站（见图 2-15）。2016 年 10 月 29 日，济郑高铁濮郑段开工建设，中国铁路总公司有关负责人，时任副省长、省米字形铁路建设指挥部指挥长赵建才等出席开工仪式，济郑高铁自此开建。2022 年 6 月 20 日，济郑高铁濮郑段正式开通运营。2023 年 7 月，济郑高铁濮阳至省界段全线铺轨顺利完工。2023 年 9 月，新建济郑高铁濮阳至鲁豫省界段（濮阳东站至新建南乐站）正式开始联调联试（见图 2-16）。2023 年 12 月，济郑高铁全线建成通车运营。

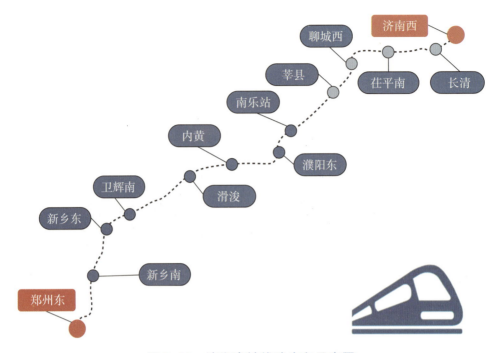

图 2-15　济郑高铁线路走向示意图

资料来源：上海交通大学绘制。

图 2-16　2023 年 9 月济郑高铁濮阳至鲁豫省界段

（濮阳东站至新建南乐站）正式开始联调联试

资料来源：河南广播电视台。

第二节　落笔："蓝图"终成"通途"

　　自进入高铁时代以来，国内诸多城市都提出建设米字形高铁路网的目标和愿景，目前来看，只有郑州将这一愿景变为现实，并且因高时速（时速 350 公里高铁居全国第一）和独特区位优势，含金量极高，米字形"蓝图"终成"通途"，河南和郑州在全国率先实现。

一、喜看"米"字高铁落中原

　　围绕强化基础设施互联互通，河南坚决贯彻落实习近平总书记重要指示，坚持把铁路建设作为培育经济发展优势的基础和支撑。从 2010 年 2 月郑西高铁正式投用，到 2022 年 6 月济郑高铁濮郑段建成通车，河南于 2022 年在全国率先建成米字形高速铁路网（见图 2-17）。米字形高铁网不仅承载着无数中原人民对美好生活的期待，也正助力中原经济实现高速腾飞。

图 2-17　米字形高铁通车时间轴

资料来源：上海交通大学绘制。

　　2010 年 2 月 6 日，郑西高铁开通运营，划下米字形高铁第一"横"。当日上午 11 时 25 分，满载着旅客的 G2003 次国产 CRH 2 "和谐号"高速动车组列车作为郑西高铁郑州首发列车从郑州站发车（见图 2-18）。开通运营当年，郑西高铁旅游黄金线的作用就得以体现，洛阳龙门站在洛阳牡丹文化节期间累计发送旅客 10 万余人次（见图 2-19）。随后几年的洛阳牡丹文化节，洛阳龙门站旅客发送量年均增长 15% 以上。

图 2-18　郑州开往西安的首发高铁从郑州火车站开出

资料来源：中国中西部第一条高速铁路郑西高速铁路投入运营［EB/OL］.中央人民政府网，［2010-02-06］.https：//www.gov.cn/govweb/jrzg/2010-02/06/content_1529751.htm.

图 2-19　行驶在郑西高铁线上的高铁列车

资料来源：中铁第四勘察设计院集团有限公司。

2014年12月28日，郑开城际铁路开通运营。2016年9月10日，"横"贯东西的郑徐高铁全线开通运营，对促进中西部与东部交流、拉近中西部与东部时空距离、完善高铁网路具有十分重要的战略意义。郑徐高铁开通后，郑州至徐州间安排 55 对动车组上线运营。徐州至郑州间仅需 1 小时 20 分，较当时最快列车运行时间缩短一半（见图 2-20）。随着郑徐高铁开通运营，上海至郑州、西安、石家庄、太原首次开行高铁（见图 2-21）。杭州、合肥到郑州、西安也首次开行高铁。上海至郑州最快列车运行时间为 3 小时 57 分，上海至西安最快列车运行时间为 5 小时 57 分，杭州至郑州最快列车运行时间为 4 小时 29 分。

图 2-20　郑徐高铁第一趟列车 G1908 次驶出郑州东站

资料来源：河南：努力在中部崛起中奋勇争先［EB/OL］. 光明网，［2020-07-09］. https：//news.gmw.cn/2020-07/09/content_33977774.htm.

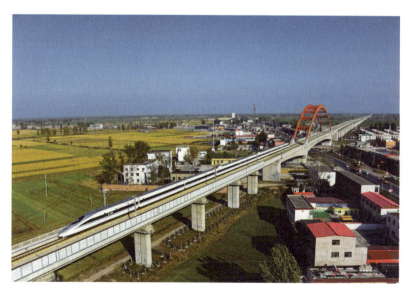

图 2-21　行驶在郑徐高铁线上的高铁列车

资料来源：中铁第四勘察设计院集团有限公司。

2012年9月28日，"纵"连南北的京广高铁郑州至武汉段开通运营，米字形高铁"一竖"已成。京广高铁郑州至武汉段开通运营暨郑州东站建成启用仪式在郑州举行。时任河南省委书记、省人大常委会主任卢展工，时任河南省委副书记、省长郭庚茂等出席仪式。郑武高铁开通运营，实现了中原、长江中游等城市群高铁联通成网；郑州至武汉的火车运行时间由原来最快4小时28分钟缩短至1小时56分钟。2012年12月26日，京广高速铁路京郑段开通，郑州东站南北全线投入使用（见图2-22和图2-23）。

图2-22　郑州开往北京的首趟高铁从郑州黄河公铁两用桥通过

资料来源：京广高铁全线开通运营．［EB/OL］．中央人民政府网，［2012-12-26］．https：//www.gov.cn/jrzg/2012-12/26/content_2298964.htm.

图2-23　行驶在郑武高铁线上的高铁列车

资料来源：中铁第四勘察设计院集团有限公司。

河南第二条城市间铁路——郑州至焦作城际铁路于 2015 年 6 月 26 日正式开通运营，米字形高铁自此再添"一点"。运营初期，时速达 200 公里，郑州至焦作的运行时间由原来的两个多小时缩短至约 40 分钟。2020 年 12 月 12 日，焦作至太原段正式开通运营，米字形高铁"一点"全面落实。从此，郑州至太原的最快旅行时间，由 3 小时 38 分缩短至 2 小时 24 分，豫晋步入 2 小时经济合作圈（见图 2-24 和图 2-25）。

图 2-24 焦作首次发往郑州的 C2901 次列车正快速驶出焦作站

资料来源：刘金元. 从焦枝铁路到城际铁路［N］.焦作日报，2018-11-20.

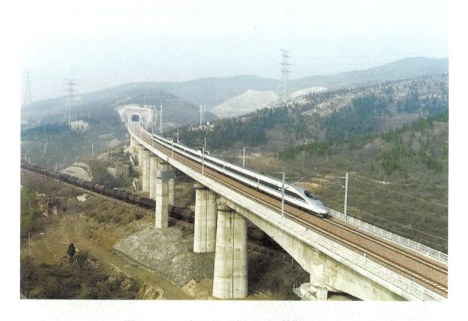

图 2-25 试运行中的郑太高铁焦太段

资料来源：许伟，郭淑贞. 郑太高铁焦太段 12 日开通运营"米"字一点落地画实［N］.河南日报，2020-12-12.

　　2019 年 12 月 1 日 "下撇" 郑渝高铁河南段开通运营。从此，郑州至襄阳、南阳、平顶山之间分别实现 1 小时 45 分、1 小时 9 分、47 分钟可达，河南与湖北西北部地区形成高速铁路客运通道。随着郑万铁路河南段的开通运营，豫西南地区正式进入高铁时代，南阳、平顶山两座城市将结束无高铁通过的历史（见图 2-26 和图 2-27），郑万高铁沿线各城市居民的出行

图 2-26　郑万高铁线路实景

资料来源：中铁第四勘察设计院集团有限公司。

图 2-27　郑万高铁禹州站外景

资料来源：中铁第四勘察设计院集团有限公司。

更加便捷。2022 年 6 月 20 日，郑渝高铁全线开通（见图 2-28）。郑渝高铁的开通使得中原城市群、长江中游城市群和成渝地区双城经济圈联系更加紧密，对新时代推进西部大开发形成新格局，助力成渝地区双城经济圈建设，推动长江经济带高质量发展具有十分重要的意义。

图 2-28　郑渝高铁首发列车 G52 次列车动车组人员正在等待乘客上车

资料来源：郑州至重庆高速铁路全线贯通运营［EB/OL］.新华社，［2022-06-20］.http：//www. news. cn/fortune/2022-06/20/c_1128756958. htm.

2019 年 12 月 1 日，"一捺"郑阜高铁开通运营。郑阜高铁开通后，郑州至周口的运行时间将由过去的 3 小时 10 分钟缩短至 40 分钟以内，郑州至阜阳的运行时间由 5 个小时缩短至 1 个多小时（见图 2-29）。郑阜高铁沿线的阜阳、周口是我国务工人员输出集中地区，极大便利了沿线人民群众出行，对促进区域经济社会发展，加快实现乡村振兴目标，具有十分重要的意义。郑阜高铁向东与同日开通运营的京港高铁商丘至合肥段相连，形成豫皖两省间互联互通的快速客运通道，并通过合肥连接合宁高铁、合福高铁，将进一步密切我国中原地区与东南沿海地区的联系。

2022 年 6 月 20 日，"撇点"济郑高铁濮郑段开通运营，郑州航空港站正式迎客。至此，河南成为全国首个米字形高铁网省份。一年来，濮阳东站的开通运营为濮阳带来了新变化，让濮阳正式融入郑州一小时经济圈。

濮阳东站累计发送旅客 132 万人，日均发送旅客由开站初期的 2700 人增长至 4787 人，增幅达 77.3%。2023 年 5 月 3 日发送旅客 1.48 万人，创开站以来单日发送旅客新高。2023 年 12 月 8 日，济郑高铁全线开通运营，河南米字形高铁建设圆满收官（见图 2-30）。

图 2-29　行驶在郑阜高铁线上的高铁列车

资料来源：河南铁建投集团。

图 2-30　2023 年 12 月 8 日济郑高铁郑州东站首发 G4830 次列车驶出郑州

二、新版图加速成形

牢记习近平总书记嘱托，不断加快构建便捷畅通的综合交通体系，河南不断完善铁路基础设施，为促进中部地区崛起、谱写中原出彩更加绚丽新篇章持续发力。

米字形高铁建设加快实现"市市通高铁"。2010年2月6日郑西高铁通车，拉开了河南高铁建设序幕，郑州、三门峡、洛阳高铁自此设站。2012年9月28日，京广高铁郑州—武汉段通车，许昌、漯河、驻马店、信阳相继实现高铁梦。随着京广高铁北京—郑州段通车，安阳、鹤壁、新乡也宣告高铁通车。2015年6月26日，郑焦城际铁路通车，焦作拥有了第一条高铁。2016年9月10日，郑徐高速铁路正式开通运营，开封也建起了高铁站。2019年，京港高速铁路商合段、郑渝高铁河南段、郑合高铁郑州—阜阳段开通运营，商丘市、平顶山、南阳、周口高铁通车。2022年6月20日，济郑高速铁路濮阳至郑州段开通运营，濮阳高铁空白被填补，郑州成为全国首个米字形高铁网的中心枢纽，河南省实现市市通高铁（见图2-31）。

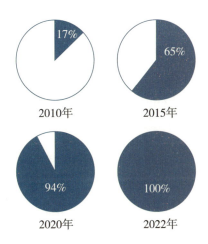

图 2-31　河南省市市通高铁比例

随着米字形高铁网络建成，以郑州为中心，实现公路5小时内覆盖我国4.1亿人口和30%的经济总量，铁路3小时内覆盖我国7.6亿人口和56%的经济总量。目前，河南铁路网对城区人口20万以上城市实现全覆盖，对县级行政区划覆盖率达到88%，高铁实现29个县市覆盖，占比28%（见图2-32）。

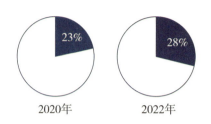

图 2-32   河南省县市通高铁比例

三、大枢纽拓宽交流圈

新发展格局下，河南省发展基础更为坚固，在抓大事、谋长远中积势蓄势，连通境内外、辐射东中西的枢纽优势不断凸显。十年间，伴随米字形高铁网络建设持续完善，河南省主要铁路枢纽蓬勃发展。当前，河南已拥有郑州、洛阳等多个重要铁路枢纽，整体呈现出"网络更完善、枢纽更强大、能级更提升、发展更高效"的发展格局。

近十多年来，郑州铁路枢纽持续优化，枢纽能级和辐射力、影响力、竞争力显著提升。郑州枢纽位于京广、陇海两大干线的交汇处，现有京广铁路、陇海铁路、京广高铁、徐兰高铁、郑太高铁（郑焦城际）、郑阜高铁、郑渝高铁、郑济高铁等干线在此交汇，同时还引入了郑开城际、郑机城际、机南城际等城际铁路（见图 2-33）。枢纽内有车站和线路所共计 22个，其中郑州北站为路网性编组站，是枢纽唯一的编组站，郑州站、郑州东站、郑州航空港站为枢纽主要客站，圃田西站为货运站，圃田站为集装箱中心站。

近十多年来，洛阳铁路枢纽地位提升。洛阳枢纽衔接郑西高铁及陇海、焦柳和洛宜铁路 3 条普速铁路，形成以洛阳站、洛阳龙门站为枢纽主要客运站，洛阳北站为主要技术作业站的"十"字形铁路枢纽（见图 2-34）。枢纽内现有车站 10 个，分别是陇海线上的白马寺站、洛阳东站、洛阳站、洛阳西站；焦柳线上的孟津站、洛阳北站、关林站、龙门站及洛宜支线上的李屯站；郑西客运专线上的龙门站。疏解区现有东南、南东、西北、西南、北西及南西联络线对枢纽内有关方向的车流进行疏解。

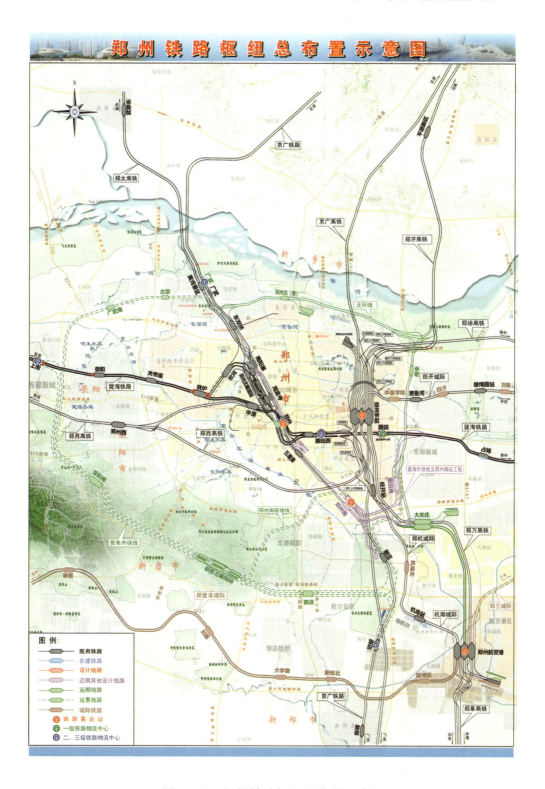

图 2-33　郑州铁路枢纽总布置示意图

资料来源：中铁第四勘察设计院集团有限公司。

图 2-34　洛阳铁路枢纽总布置示意图

资料来源：中铁第四勘察设计院集团有限公司。

　　近十多年来，南阳、商丘等区域枢纽陆续发展，枢纽能级持续提升。南阳枢纽既有铁路有宁西铁路、焦柳铁路和郑万高铁等，焦柳铁路和宁西铁路为客货共线的双线电气化干线铁路，两条铁路形成南北向与东西向的"十"字交叉（见图 2-35）；郑万高铁自枢纽东侧南北向经过，在枢纽东侧设南阳东站；南阳枢纽为衔接洛阳、西安、信阳、襄阳、郑州五个方向的区域性枢纽。南阳站和南阳东站为枢纽内主要客运站，南阳站和南阳西站为枢纽内主要技术作业站。商丘枢纽位于陇海、京九两大干线的交汇处，呈"十"字形布局（见图 2-36），目前有郑徐高铁和商合杭高铁两大高铁，京九线上设有商丘北、商丘南站，陇海线设有商丘西、商丘、北东闸站，两线在商丘东南部交汇形成疏解区。商丘站、商丘南站办理客运作业，商丘北、商丘西站办理解编作业；商丘北站为一级三场站型区段站，主要担当京九线区段、摘挂列车解编作业，商丘西站为纵列式布置区段站，主要担当陇海线区段、摘挂列车解编作业。

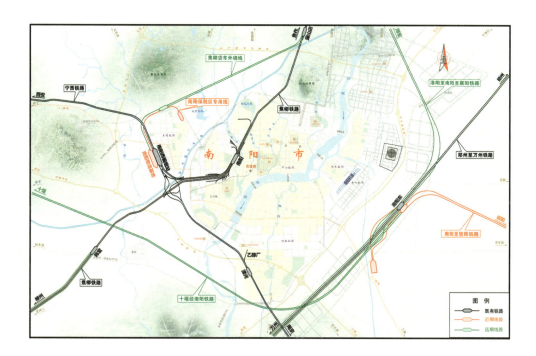

图 2-35　南阳铁路枢纽布置示意图

资料来源：中铁第四勘察设计院集团有限公司。

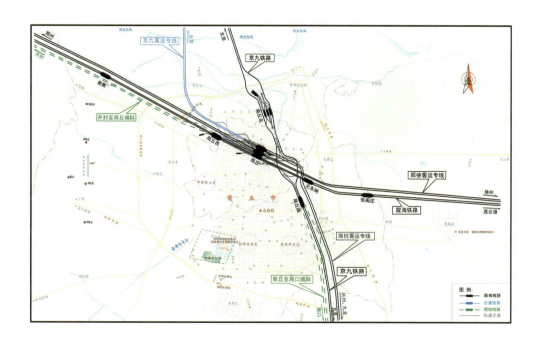

图 2-36　商丘铁路枢纽布置示意图

资料来源：中铁第四勘察设计院集团有限公司。

米字形高铁建设成效

2014 年 5 月，习近平总书记视察河南时，亲切点赞河南米字形快速铁路网，并作出"建成连通境内外、辐射东中西的物流通道枢纽，为丝绸之路经济带建设多作贡献"重要指示。2022 年 6 月，济郑高铁濮郑段、郑渝高铁全线开通运营，濮阳东站、郑州航空港站正式投用运营。至此，郑州成为全国首个米字形高铁网中心枢纽，河南成为全国首个米字形高铁网省份。米字形高铁网的建设运营，从战略、区位、经济、民生、开放、协调、生态七个维度为河南高质量发展作出了突出贡献，进一步提升了河南战略地位优势、区位交通优势、市场潜力优势、综合比较优势，增强了河南省的核心竞争力，有效赋能了中国式现代化建设河南实践。

第三章 米字形高铁赋能 国家重大战略实施

河南省地处我国经济由东向西梯次推进发展的中间地带，是我国京广大通道和陇海大通道交汇的核心地带，是我国重要的综合交通枢纽和人流物流信息流中心，素有"九州腹地、十省通衢"之称。在全国上下奋力构建新发展格局的情况下，米字形高铁的成功建成有效支撑了河南主动融入新发展格局构建、服务交通强国建设、服务"一带一路"倡议以及助力黄河流域生态保护和高质量发展、中原城市群建设等众多国家重大战略规划的实施（见图3-1）。在国家层面，河南米字形高铁为国家级战略实施提供了有力支持。

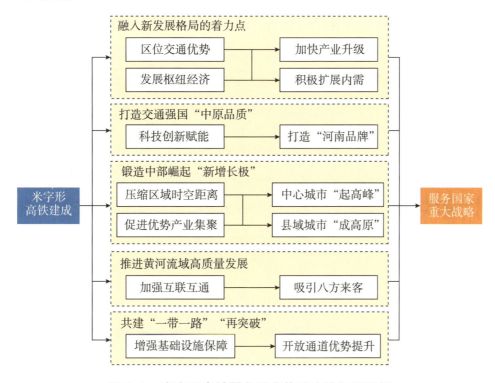

图3-1 米字形高铁服务国家战略实施机制图析

第一节　米字形高铁主动融入服务构建新发展格局

近年来，河南从国家粮食生产核心区、郑州航空港经济综合实验区、郑洛新国家自主创新示范区、中国（河南）自由贸易试验区到郑州获批建设国家中心城市、中原城市群成为国字号，众多国家战略规划和平台密集落地，形成战略叠加效应，河南已从传统农业大省转变为新兴工业大省、文化大省、经济大省和内陆开放大省，战略地位和综合竞争优势更加凸显。交通运输是畅通国内国际双循环、服务构建新发展格局的重要纽带和基础支撑。在加快构建新发展格局的道路上，铁路尤其是高铁始终充当着构建新发展格局"先行者"的角色。在河南取得如此巨大成就的背后，正是米字形高铁的建成，帮助河南奠定并巩固了四通八达的区位交通优势。河南地处连接东西、贯通南北的战略枢纽，依托米字形高铁网在全国率先建成，以郑州为中心的高铁圈覆盖全国主要经济区域，中欧班列（郑州）综合指标居全国前列。河南多层次开放平台体系已经基本形成，作为内陆开放高地，可以充分发挥"传送泵"作用，加速国内外人流物流信息流等循环畅通。米字形高铁的建成为河南融入新发展格局提供了基础保障和平台支撑。

米字形高铁在赋能河南省以及郑州枢纽经济发展方面也成效显著，米字形高铁赋能下的河南以及郑州枢纽经济的发展，也让河南在全国新发展格局构建的版图中更加突出。20世纪90年代，我国进入高速公路时代，郑州成为拥有铁路枢纽与高速公路枢纽的交通中心。2014年，郑州—卢森堡"空中丝路之路"开通，郑州机场很快成为全球货邮吞吐量40强之一的国际航空枢纽。随着米字形高铁的全面建成，高铁成为郑州乃至河南省经济社会发展的新名片。2022年6月20日，随着济郑高铁郑州至濮阳段的开通，郑州也成为全国第一个米字形高铁枢纽城市。至此，郑州成了拥有传统铁路、高速铁路、现代航空、高速公路等多种交通运输方式叠加的综合性交通枢纽。

依托米字形高铁网，河南在新发展格局构建中的地位进一步凸显。向北，深度融入京津冀，强化科技、产业和公共服务等深度合作；向南，协同联动长三角、精准对接大湾区，积极承接产业转移；向东，联动山东半岛城市群，共建共用出海口；向西，依托郑洛西高质量发展合作带、联通西安都市圈；向西南，全面对接长江经济带、成渝地区双城经济圈。随着米字形高铁网的建设，郑州陆续获批建设国家中心城市、入选首批国家物流枢纽建设名单、郑州陆港型国家物流枢纽正式获批，中原城市群、郑州都市圈都升级为国家级战略，河南在全国发展大局中的地位越来越突出。借助米字形高铁网的快速便捷优势，通过深化区域高质量合作，全面融入国家重大战略，开创河南省区域合作新局面，这将显著提升河南省在深化国家重大区域战略协同共建中的发展优势和位势。

第二节 米字形高铁有效支撑交通强国建设

交通是兴国之要、强国之基。习近平总书记高度重视交通运输工作，他指出，"新中国成立以来，几代人逢山开路、遇水架桥，建成了交通大国，正在加快建设交通强国"[1]。纵横神州、连通四海，交通成为中国现代化的开路先锋。在党的二十大报告中，总书记进一步强调要加快建设交通强国，优化基础设施布局、结构、功能和系统集成，构建现代化基础设施体系。党的十八大以来，以习近平同志为核心的党中央团结带领全党全国人民加快建设交通强国，踔厉奋发、笃行不怠，我国交通事业在新时代新征程上不断书写新篇章。

一、打造交通强国河南样板

2019年10月9日，交通运输部召开学习宣传贯彻落实《交通强国建设纲要》暨交通强国建设试点工作启动会议，河南省等13个地区入选首批交通强国建设试点。会议强调，到2035年，交通运输业要着力打造"三个交通网""两个交通圈"。会议明确，试点地区将在交通强国建设中先行先试，在交通基础设施高质量发展、智能交通、绿色交通、现代物流等方面寻求突破，培育若干在交通强国建设中具有引领示范作用的试点项目，形成一

---

[1] 交通大国阔步迈向交通强国［N/OL］. 人民日报，［2022-05-02］. https：//www.mot.gov.cn/jiaotongyaowen/202205/t20220502_3653880.html.

批可复制、可推广的先进经验和典型成果，打造交通强国"新样板"。河南交通自此迎来历史发展新机遇，稳步推进交通基础设施建设、不断提升交通网的规模体量、覆盖广度和通达深度，全力支持全国交通网、交通圈建设。

对标交通强国建设纲要要求，紧盯重点领域、关键环节，河南陆续出台《河南省内河航道与港口布局规划（2022-2035 年）》《河南省加快交通强省建设的实施意见》《河南省综合立体交通网规划（2021-2035 年）》等中长期布局规划及《河南省"十四五"现代综合交通运输体系和枢纽经济发展规划》等一系列五年专项规划，推动交通强国建设开新局、上台阶。建高铁、强公路、扩机场、畅水运，聚焦"党建引领、项目为王、转型为要、安全为本、廉政铸魂"五大路径，河南综合立体交通网不断完善，一系列成就引人瞩目。

高铁通达性越强，人口流动就越频繁，这对于省会城市扩大对省内外沿线城市辐射力尤其利好。早在 2009 年，河南省委、省政府便立足时代变局谋发展，率先提出米字形高铁建设。在全国范围内，从北京、重庆，到湖北、陕西、山东、安徽等邻近省市，无不把打造米字形枢纽作为追求。河南省委、省政府通力协作，于 2022 年率先建成米字形高铁，成为全国米字形高铁第一省，郑州也正式成为米字形枢纽俱乐部首位成员，为交通强国建设提供可复制可借鉴的"河南方案"，为中西部地区打造易复制可对标的样本经验，为兄弟城市提供宝贵经验借鉴。

二、服务国家"八纵八横"高铁网

交通强国建设纲要明确要打造发达的快速网，形成速度快、品质高的快速交通网。我国"四纵四横"高铁网已全面建成，"八纵八横"高铁网加密形成，2022 年，全国新增高铁里程 2082 公里，年末里程达到 4.2 万公里，稳居世界首位，全国高铁营业里程占比提高至 27% 以上[①]。河南高铁网络，作为全国高铁网的重要环节，始终保持与我国高铁网增速一致，贡献率基本维持在 5.5% 左右（见图 3-2）。

---

① 不断加大交通强国建设力度　我国综合立体交通网持续完善［N/OL］. 人民日报，［2023-07-07］. http：//cpc. people. com. cn/n1/2023/0707/c64387-40030063. html.

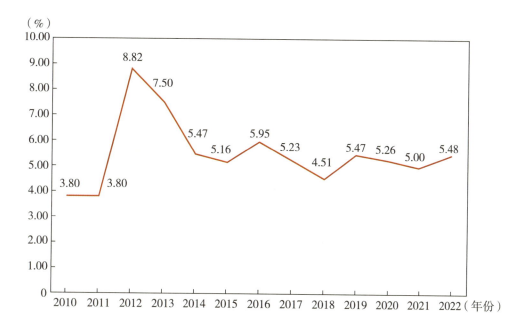

图 3-2 河南米字形高铁占全国高铁网的比例

资料来源：《河南省统计年鉴》、历年交通运输统计公报，作者计算。

河南米字形高铁建设之初，全国各地高铁尚在兴建，只有少数省份开通了高铁（指设计时速高于 200 公里），全国高铁线路总数不足 20。自京津高铁，即我国第一条时速 350 公里的高标准高速铁路开通以来，全国铁路建设持续加速。截至 2010 年底，我国共 66 个地级市（含直辖市）开通了高铁①，与我国 293 个地级市、4 个直辖市的总量相去甚远。河南省于 2010 年正式开通高铁，历时 12 年成功实现（地级市）市市通高铁，进一步打通高铁网节点（见表 3-1）。

表 3-1 2010 年以前（不含 2010 年）高铁开通情况

序号	项目名称	起止站点	通车时间	主要站点	设计时速（km/h）
1	秦沈客专	秦皇岛—沈阳北	2003 年 10 月 12 日	秦皇岛站、山海关站、东戴河站、绥中北站、兴城西站、葫芦岛北站、高桥北站、锦州南站、凌海南站、盘锦北站、高升北站、台安站、辽中站、沈阳北站	250

① 资料来源：中国铁路局、历年铁道统计公报等网络公开数据，作者计算。

序号	项目名称	起止站点	通车时间	主要站点	设计时速（km/h）
2	合宁铁路	南京南—合肥南	2008年4月18日	合肥站、三十里铺站、肥东站、全椒站、南京站	250
3	京津城际	北京南—天津	2008年8月1日	北京南站、武清站、天津站、军粮城北站、塘沽站、滨海站	350
4	胶济客专	大明湖—青岛	2008年12月21日	青岛站、高密站、潍坊站、昌乐站、青州市站、淄博站、大明湖站、济南站	200
5	石太客专	石家庄—太原南	2009年4月1日	石家庄站、石家庄西站、获鹿站、阳泉北站、太原东站、太原站、太原南站	250
6	合武铁路	合肥南—汉口	2009年4月1日	合肥站、六安站、金寨站、麻城北站、红安西站、汉口站	250
7	遂成铁路	遂宁—成都东	2009年7月7日	遂宁站、大英东站、成都东站	200
8	甬台温铁路	宁波—温州南	2009年9月28日	宁波站、奉化站、宁海站、三门县站、临海站、台州西站、温岭站、雁荡山站、乐清东站、乐清站、永嘉站、温州南站	250
9	温福铁路	温州南—福州南	2009年9月28日	温州南站、瑞安站、平阳站、苍南站、福鼎站、太姥山站、霞浦站、福安站、宁德站、罗源站、连江站、福州站	250
10	武广高铁	武汉—广州南	2009年12月31日	武汉站、乌龙泉东站、咸宁北站、赤壁北站、岳阳东站、汨罗东站、长沙南站、株洲西站、衡山西站、衡阳东站、耒阳西站、郴州西站、乐昌东站、韶关站、英德西站、清远站、广州北站、广州南站	350

资料来源：中国铁路局、历年铁道统计公报等网络公开数据，作者计算。

米字形高铁是河南交通强省建设的伟大实践，是"人享其行，物畅其流"的坚实保障，是国家高铁网络的"四梁八柱"。

米字形高铁的"十"字形骨架，有力支撑了我国"四纵四横"高铁网络两条重要骨架"北京—郑州—武汉—广州—深圳"（京广高铁）及"徐州—郑州—兰州"（徐兰高铁）的贯通。米字形高铁的点、撇、捺、撇点陆续落地，河南高铁从"四通"到"八达"，充分衔接国家"八纵八横"高速铁路网，形成京津冀地区经由郑州至粤港澳地区，环渤海地区经由郑州至西南边陲（延伸至孟加拉湾、东南亚地区），长三角地区经由郑州深入西北内陆的全面快速运输通道，打造以郑州为中心，连南贯北、承东启西的"四面八方"轴带式发展格局，覆盖中部、辐射全国。

对标"八纵八横"高铁网需要，米字形高铁将进一步支撑陆桥通道、京哈—京港澳通道、呼南通道、沿江通道，连通京港通道、京昆通道、包海通道、青银通道。米字形高铁的"一横"成为连接西北和东部的大动脉，郑西高铁、郑徐高铁同徐连高铁、西宝高铁、宝兰客专、兰新客专打造一条总里程 3417 公里的主动脉。米字形高铁的"一竖"串联东北与华南，京广高铁持续延伸与京哈高铁串联，向南可达香港，总里程约 3700 公里。米字形高铁的"点"和"撇"串联呼南通道，郑太高铁和郑渝高铁撑起呼南通道主骨架，连接内陆各省主要非省会地级市，承担普铁线路的焦柳线快速化的职责，串联中部地区高质量发展。

三、高效连通国家重点城市

米字形高铁搭建起支持全国网络效率提升的主动脉。米字形高铁建设以来，河南省聚力破解制约发展的交通瓶颈问题，抓住机遇大力完善交通基础设施，着力提升运输服务品质，以郑州为核心全力打通全国高铁网"主动脉"，经济发展和群众出行的交通引领功能更加强劲。

作为黄河流域最大的中心城市之一，郑州东至徐州，西至西安、兰州、西宁，已经形成横贯东西的"一"字形大通道，将黄河流域的几大中心城市直连在一起（见图 3-3）。2010 年，徐兰高铁尚未通车，徐州到兰州至少需要 17 小时 2 分；如今（截至 2023 年 11 月），只需 7 小时 13 分即可串联东西走廊，平均减少 58% 的时间。对标普速铁路大动脉"陇海线"，兰州到连云港如今只需 8 小时 22 分即可通过高铁串联，相比以前的一天两夜（27 小时 22 分）缩短了约 19 小时①（见图 3-4）。

作为中原城市，郑州架起了北京与广州之间快速通道的脊梁，铸就了南北方向上最长的高铁线路。京广高铁南下广州、深圳，北上北京，未来指向哈尔滨，加速南北经济要素流动。2010 年，京广高铁尚未通车，北京

---

① 资料来源：中国铁路 12306 网站、石开旅行时刻表（2010），作者计算。

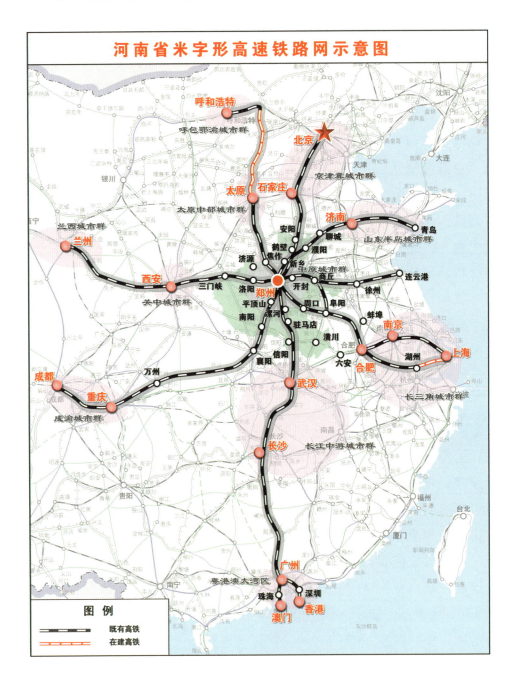

图 3-3　米字形高铁联结国内重点城市群图析

资料来源：中铁第四勘察设计院集团有限公司。

到广州至少需要 20 小时 30 分；2023 年，北京到广州只需 7 小时 37 分即可到达，到深圳也只需 8 小时 10 分，足足节省了 60% 以上的时间①（见图 3-5）。

———————————

① 资料来源：中国铁路 12306 网站、石开旅行时刻表（2010），作者计算。

不仅如此，京广线还串联了湖南、湖北，辐射了华北、华中、华南，将各类要素资源在全国各地范围便捷流通。

图 3-4　米字形高铁东西向大动脉通行时间变化（单位：小时、分钟）

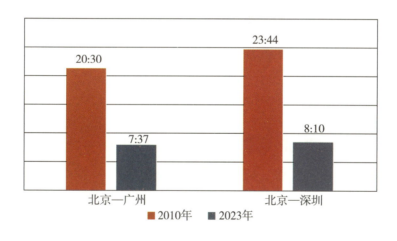

图 3-5　米字形高铁南北向大动脉通行时间变化（单位：小时、分钟）

作为我国"八纵八横"高速铁路网中沿江通道和呼南通道的重要组成部分，郑渝高铁已经成为联系西南地区和中原地区的主要客运快速通道，进一步完善了中西部地区的快速铁路网，对中原城市群、成渝地区双城经济圈、长江经济带等的发展起到重要促进作用。经由京广高铁串联，成渝经济圈与京津冀进一步手拉手。2010 年，北京到重庆尚需接近 24 小时，而郑渝高铁开通后，只需 8 小时 10 分便可串联京津冀与成渝两大经济圈，时间足足节省了三分之二①。同时，郑太高铁加速了太原与东南省市的连接，打通了山西的南向通道，拉近了山西与长三角地区、粤港澳地区的时空距离。2010 年，太原到上海需从石家庄绕行，需要 13 小时 14 分，而郑太高铁开通后，只需 8 小时 48 分便可直达上海，进一步加强了两地往来。具体数据见图 3-6。

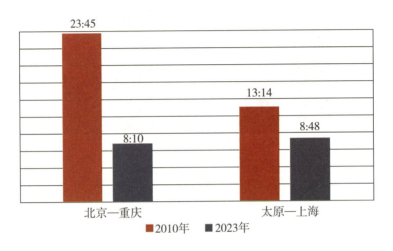

图 3-6　米字形高铁东北—西南、西北—东南向大动脉
通行时间变化（单位：小时、分钟）

第三节　米字形高铁为河南深度参与"一带一路"建设提供了重要条件

2014 年，习近平总书记在河南考察，希望河南紧紧围绕中部地区崛起，建成联通境内外、辐射东中西的物流通道枢纽，为丝绸之路经济带建设多做贡献。深度融入共建"一带一路"，牢记总书记期望，河南加快构建互联互通立体交通新格局，形成了空中、陆上、网上、海上"四路协同"的开放通道优势。米字形高铁的建成加强了河南四通八达的交通枢纽地位，推动了河南从改革开放的"内陆腹地"向"一带一路"的"前沿高地"奋力迈进，在高质量共建"一带一路"中的参与度、链接度和影响力显著增强。

①　资料来源：中国铁路 12306 网站、石开旅行时刻表（2010），作者计算。

河南"不沿边、不靠海、不临江",是一个典型的内陆省份。米字形高铁路网格局的形成显著放大了河南交通区位优势,增强了河南国际交通物流枢纽能级,提升了服务"一带一路"建设的能力。2021年2月,《国家综合立体交通网规划纲要》将郑州机场定位为国际航空货运枢纽。当前,郑州是全国12个最高等级国际性综合交通枢纽之一、全国唯一的空港型国家物流枢纽,成功入选国家首批15个综合货运枢纽补链强链城市之一[①]。米字形高铁的建成扩大巩固了河南的交通区位优势,推动了交通区位优势向枢纽经济优势转变,有效支撑了河南省"空中丝绸之路"建设。2013~2022年,河南对共建"一带一路"国家进出口总额从647.5亿元增至2228.9亿元,年均增长15.0%[②]。当前,高铁快运发展处于起步阶段,其将主要吸引来自航空及部分公路的货源。根据相关研究,未来高铁快运目标货源需求约36.8亿件,占全国快递业务总量635.2亿件的5.8%。考虑到河南省的地理位置以及发达的高铁网,预计2035年全省高铁快运发送量65.5万吨、到达量63.8万吨;2050年发送量117.8万吨、到达量114万吨。届时,随着高铁物流在物流行业的比重和规模不断提升,高铁物流在河南省优化运输结构和降本增效中的作用将更加凸显。

高铁作为跨省域通行的快速运输方式,与航空运输存在着较为广泛的竞合关系,尤其通过高铁—航空联运,高铁的物流运输功能将得到进一步发挥,也将在现代流通体系和促进区域战略联动中发挥更加重要的作用。郑州作为国家物流空港型和陆港型双枢纽城市,郑州—卢森堡"空中丝绸之路"直飞航班超5600班,累计货量超过100万吨,均已成为河南省对外开放新动能、新名片。2022年,以郑州为中心的米字形高铁网在全国率先建成,以郑州为中心,4小时即可覆盖1000公里交通圈,快速通达京津冀、长三角和成渝经济圈,有效辐射全国68.71%的人口(9.62亿人)和70.9%的GDP产值区域(85.76万亿元);2022年郑州航空港高铁站建成,与新郑机场仅7公里距离,同时建成全国唯一客站配套高铁物流中心,通过地下物流通道可通达16个站台,潜在市场可达年20万吨以上。作为米字形

① 河南国家物流枢纽增至6个　居全国第一[EB/OL].大河网,[2022-11-24].https://news.dahe.cn/2022/11-24/1138533.html.
② 河南省参与共建"一带一路"十周年新闻发布会[EB/OL].河南省商务厅,[2023-09-25].https://hnsswt.henan.gov.cn/2023/10-07/2825652.html.

高铁枢纽承载地之一，郑州航空港站与郑州机场能够形成航空—高铁联运的独特优势，通过米字形高铁网的高铁物流网络，进一步放大郑州"空中丝绸之路"的规模效应和影响力（见图3-7）。

图3-7　郑州高铁枢纽与机场联动共促"空中丝绸之路"图析

　　结合郑州机场吞吐量以及机场货邮流向分布，预测未来近期联运量为
21 万吨，其中发送量 8.1 万吨、到达量 12.9 万吨；未来远期联运量为 27.3
万吨，其中发送量为 10.6 万吨、到达量为 16.7 万吨（见图 3-8 和图 3-9）。

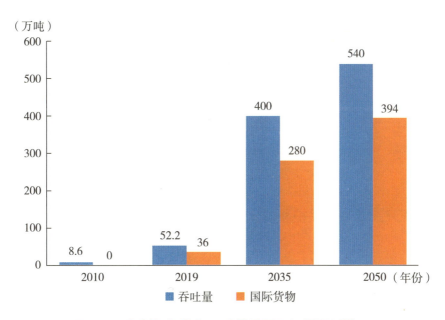

图 3-8　郑州机场货邮吞吐量及国际运量预测情况

资料来源：中铁第四勘察设计院集团有限公司。

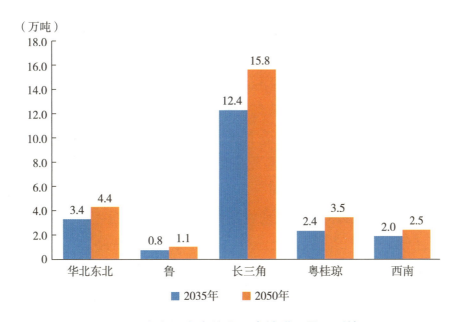

图 3-9　未来河南省航空—高铁联运量预测情况

资料来源：中铁第四勘察设计院集团有限公司。

通过"航空+高铁"多式联运加快发展高铁物流,将有效完善"通道+枢纽+网络"内外联通的物流网络体系,赋能"空中丝绸之路"建设,扩大河南省在国际、国内双循环发展中的新优势。

第四节　米字形高铁助力河南在重大区域战略中奋勇争先

米字形高铁服务黄河流域生态保护和高质量发展、中部地区高质量发展、郑州国家中心城市建设等国家级战略,助力河南在全国大局中勇担重任。

一、黄河流域生态保护和高质量发展

党的二十大报告指出,要深入实施区域协调发展战略、区域重大战略、主体功能区战略、新型城镇化战略,优化重大生产力布局,构建优势互补、高质量发展的区域经济布局和国土空间体系。米字形高铁建成,有效支撑了河南在黄河流域生态保护和高质量发展、中部地区高质量发展、郑州国家中心城市建设等国家级战略中的地位。

党的十八大以来,习近平总书记多次实地考察黄河流域生态保护和经济社会发展情况。2019年9月18日,习近平总书记在黄河流域生态保护和高质量发展座谈会上的讲话中提出,要共同抓好大保护,协同推进大治理,着力加强生态保护治理、保障黄河长治久安、促进全流域高质量发展、改善人民群众生活、保护传承弘扬黄河文化,让黄河成为造福人民的幸福河。

《黄河流域生态保护和高质量发展规划纲要》里提出优化提升既有高速铁路功能,谋划新建一批重大项目,加快形成以"一字型""几字型"和"十字型"为主骨架的黄河流域现代化交通网络。"一字型"为济南经郑州至西安、兰州、西宁的东西向大通道,加强毗邻省区铁路干线连接和支线、专用线建设,强化跨省高速公路建设,加密城市群城际交通网络,更加高效地连通沿黄主要经济区。因此,黄河流域生态保护和高质量发展规划纲要对为米字形高铁进一步拓展成网,加密城市群铁路网络提出了要求。

黄河国家战略明显加速了黄河两岸的联系,郑济高铁黄河特大桥地跨

郑州市郑东新区和新乡市原阳县官厂镇，主桥及南引桥全长 4377 米，采用公路、铁路上下层合建形式，设计四线铁路（郑济高铁、郑新市域铁路）和双向 6 车道快速公路（郑新快速路）。郑济高铁郑州至濮阳段于 2016 年10 月份开工建设，正线全长 197.3 公里，共设有 7 座车站①，其中郑州东站为既有车站，新乡东站为改扩建既有车站，平原新区站、卫辉南站、滑浚站、内黄站、濮阳东站为新建车站。郑济黄河大桥明显提升了黄河北岸新乡，平原城乡一体示范区、原阳县等周边区域与郑州市主城的联系。

二、中部地区高质量发展

习近平总书记高度重视中部地区发展，要求"不断增强中部地区综合实力和竞争力，奋力开创中部地区崛起新局面"②。2019 年 5 月 21 日，习近平总书记在推动中部地区崛起工作座谈会上强调，中部地区这个"脊梁"要更硬一点，"补补钙"，发挥更大的支撑作用③。党的二十大报告强调"促进中部地区加快崛起"。

《中共中央　国务院关于新时代推动中部地区高质量发展的意见》里提出以基础设施互联互通、公共服务共建共享为重点，加强长江中游城市群、中原城市群内城市间合作；推动城市基础设施体系化网络化建设；加快郑州等国家物流枢纽建设。加强中原城市群内城市间互联互通，需要高铁基础设施网络的不断建设与拓展。而且郑州国家物流枢纽的建设也需要高铁网络和高铁物流的进一步发力。

以米字形高铁枢纽网络为依托，河南已经谋划建设了一批高铁经济区（带），挖掘铁路沿线发展资源，引领产业、人口、城镇等要素资源优化配置，促进传统产业转型升级和新业态培育，优化区域经济空间功能格局。

此外，河南还强化了高铁对产业经济发展的引领效应。依托高铁的通道作用和乘数效应，促进投资增长、市场拓展和技术扩散，提升承接产业

---

① 郑济高铁黄河特大桥开始正式铺轨［EB/OL］. 河南省人民政府，［2021-08-17］. https://www.henan.gov.cn/2021/08-17/2295321.html.

② 促进中部地区加快崛起［EB/OL］. 人民网，［2022-12-06］. http://opinion.people.com.cn/n1/2022/1206/c1003-32581130.html.

③ 把中部这个"脊梁"挺起来［N/OL］. 经济日报，［2023-03-10］. http://district.ce.cn/zg/202303/10/t20230310_38435805.shtml.

转移能力，通过补链、强链和延链，推动传统产业转型升级。紧抓国家大力实施扩大内需战略机遇，开发高铁沿线产业资源和发展潜力，大力发展"高铁+文化旅游""高铁+快递物流""高铁+跨境电商""高铁+特色农业"等新业态，推动"高铁+"新业态深度融合发展。截至 2023 年 11 月，河南全省交通重大基础设施在建项目共 83 个，总投资 6646.9 亿元，截至 2023 年上半年，开工累计完成投资 3566 亿元，占比约 53.7%①。米字形高铁网的建成，助力了一批打基础、利长远的重大项目落地实施，为河南经济发展积蓄强劲势能。

三、郑州国家中心城市建设

京汉、陇海两条铁路的交汇延伸，让郑州成为中国铁路的重要枢纽，激发出河南现代化发展的重要元素，也勾勒出城市体系的基本框架。米字形高铁网在全国率先建成，在郑州交汇，郑州成为全国首个米字形高铁网枢纽，这为郑州建设国家中心城市奠定了基础。

近年来，河南省按照习近平总书记关于"建成连通境内外、辐射东中西的物流通道枢纽，为丝绸之路经济带建设多作贡献"的重要指示要求，注重铁路枢纽引领功能，强化通道、枢纽、网络衔接，打造功能层级合理、辐射效应强的铁路枢纽体系，为河南打造国内大循环和国内国际双循环大枢纽提供关键支撑。

2019 年，河南发布《郑州大都市区空间规划（2018-2035 年）》，首次确定了郑州都市圈的范围，涵盖郑州全域和开封、新乡、焦作、许昌 4 市中心城区以及巩义市、尉氏县、新乡县、原阳县、武陟县、长葛市、平原城乡一体化示范区，郑州都市圈"1+4"格局形成。2021 年 12 月，郑州都市圈再次扩容，洛阳、平顶山、漯河和济源四座城市也被纳入郑州都市圈，当时的郑州都市圈由原来的"1+4"扩大为"1+8"。扩容后的郑州都市圈，覆盖面积从 1.59 万平方公里扩大到 5.88 万平方公里，以 47.01% 的人口，创造了河南省 59.24% 的生产总值，一跃成为中部第一大都市圈。《郑州都市圈发展规划》已获国家发展改革委复函，成为全国第 10 个获得复函的都

---

① 中国式现代化实践·中原城市群篇（中篇）：陆空齐发力 [EB/OL]. 新华网，[2023-11-07]. http://www.ha.xinhuanet.com/20231107/e02e676f3e43423093ac3636d9de3b0d/c.html.

市圈规划，标志着推动郑州都市圈建设取得重要阶段性成果。作为国家中心城市，郑州具有强大的辐射带动能力，能够将周边城市纳入一个紧密的互动发展体系中。

米字形高铁网的建成是具有交通枢纽优势再造、经济版图重塑的重大里程碑事件。借助米字形高铁网，郑州在全国铁路网中的地位进一步得到提升，对郑州国家中心城市现代化建设和提升全国性综合交通枢纽地位至关重要，更是郑州引领枢纽经济发展的里程碑，为郑州的国家中心城市建设夯实了基础。

第四章 米字形高铁强化现代化河南区位交通优势

米字形高铁建成显著夯实了交通基础能力，优化调整了综合交通运输结构，大幅提升了交通运输运营效率，改善了交通运输服务水平。

米字形高铁对夯实交通基础能力的影响主要体现在三个方面（见图4-1）：一是完善了河南省内高铁基础设施，提高了河南省内高铁路网和站点密度，实现了省内"市市通高铁"，有力支撑了河南省基础能力建设。二是建立健全河南省高铁枢纽站点体系，加强多种交通方式链接，多模式融合贯通，进一步彰显枢纽优势。三是显著增强了河南省内及省际可达性，明显缩短了城市间时空距离，显著增强了城市群通达性。米字形高铁的建成，有助于河南省优化交通运输结构、提升交通运输效率、增强交通运输枢纽优势，提升河南省交通发展能级，夯实全省交通基础。

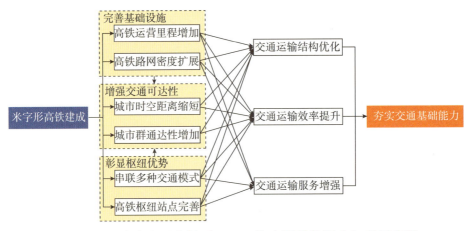

图4-1 河南米字形高铁对巩固区位交通优势影响机理示意图

第一节 完善基础设施

近年来，河南省坚决贯彻落实习近平总书记重要指示和党中央、国务院决策部署，基础设施整体水平实现了跨越式提升，综合交通体系建设成就显著，高铁建设取得新突破。在网络体系建设方面，河南立足连接东西、贯通南北的战略枢纽地位，已经建成全国第一个米字形高铁。2022 年末，河南省铁路营业里程 6715 公里，其中高铁①2176 公里，以郑州为中心，实现公路 5 小时内覆盖我国 4.1 亿人口和 30%的经济总量，铁路 3 小时内覆盖我国 7.6 亿人口和 56%的经济总量（见图 4-2）。

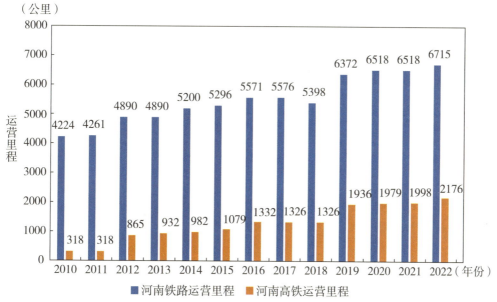

图 4-2　米字形高铁建设以来河南省铁路、高铁运营里程变化情况

河南省铁路线网不断优化完善，高铁建设取得新突破。2010~2022 年，河南省铁路营业里程以年均 3.9%、总计 49.9%的增幅从 4224 公里增长至 6715 公里②。2022 年，河南省高铁运营里程达到 2176 公里，与河南省铁路营业里程之比达到约 1/3，创自身历史新高（见图 4-2）。2010~2022 年，河南省铁路网密度始终高于全国平均水平，截至 2022 年底，河南省铁路网密度为 402.22 公里/万平方公里，是全国平均水平的 2.35 倍（见图 4-3）；人均铁路里程 68.04 公里/百万人；人均高速铁路里程 23.31 公里/百万人（见图 4-4）；高速铁路网密度为 137.78 公里/万平方公里，是全国平均水

---

①　考虑研究口径的一致性，本节所指的高速铁路指现阶段运营速度达到 200km/h 以上的列车，包括城际动车组 C 字头列车、普通动车组 D 字头列车以及高速动车组 G 字头列车。

②　资料来源：《河南省统计年鉴》，笔者根据路线开通情况整理。

（公里/万平方公里）

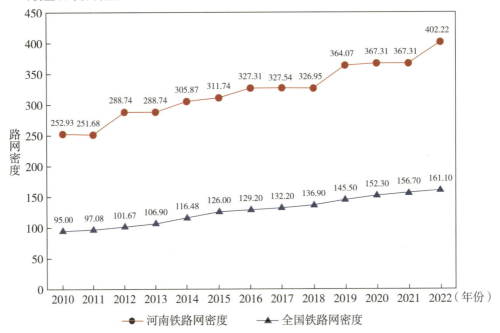

图 4-3　米字形高铁建设以来河南省铁路网密度变化情况

资料来源：《河南省统计年鉴》，笔者根据路线开通情况整理。

（公里/百万人）

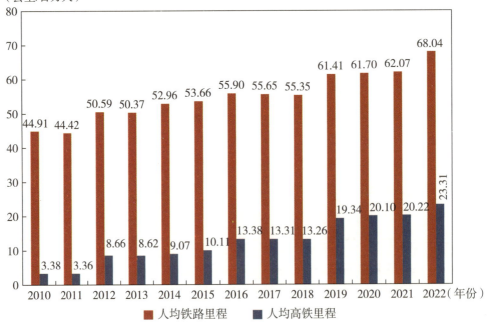

图 4-4　米字形高铁建设以来河南省人均铁路里程变化情况

资料来源：《河南省统计年鉴》，笔者根据路线开通情况整理。

平的 3.01 倍（见图 4-5）。随着米字形高铁建成，2022 年河南省高铁运营里程突破 2000 公里，全国排名第 7 位，时速 350 公里以上高铁里程达 1925 公里，位列全国第一。

（公里/万平方公里）

图 4-5　米字形高铁建设以来河南省高铁路网密度变化情况

资料来源：《河南省统计年鉴》，笔者根据路线开通情况整理。

第二节　彰显枢纽优势

在构建新发展格局、区域高质量发展的引领下，河南省委第十一次党代会明确提出"优势再造"战略。实施优势再造战略，即在新形势下主动适应外部经济环境和发展条件变化，对原有资源禀赋条件进行优势聚集、赋能升级，加速形成综合竞争优势，进而构筑起经济发展胜势。高铁枢纽作为重要的综合交通枢纽，具备人流、货流带动下各类要素流聚集的显著特征。新时期，立足河南米字形高铁网络，进一步提升枢纽能级，放大枢纽对经济要素的集聚功能，形成资源要素聚集的竞争优势，不断增强聚集、辐射和价值创造的能力，发挥高速铁路高流动性和高可达性的优势，逐步形成吸引产业集聚发展的黏附力，推动河南省优势再造和枢纽经济优势转化。

中心城市及城市群的枢纽功能能级主要取决于其交通可达性，为进一步分析河南省高铁枢纽分布特征，衡量郑州在全国高铁枢纽中的地位，合理评价郑州高铁枢纽在河南铁路站群内集聚旅客的能力，以枢纽点在全国高铁网络中可触及的广度（高铁直通城市数量）衡量郑州高铁在全国枢纽中的地位，借鉴城市首位度计算方法，采用"四站指数"计算郑州高铁枢纽省内首位度①，全面定位高铁规模的合理性及核心枢纽站点的重要地位。

巩固郑州在河南省的枢纽中心地位。郑州具有得天独厚的区位优势，对内串联全域，多种交通方式有机衔接，为河南省经济增长提质赋能。2010~2012 年，郑州高铁枢纽首位度在 1.9~2.0，首位分布明显，郑州站在站群中具有较强的引领作用，且呈增强趋势。2012 年，郑州东站投入运营，郑州高铁枢纽首位度持续稳步提升，在 2021 年达到 2.83 的最高值，省内枢纽地位日益彰显（见图 4-6）。随着米字形高铁的建设，郑州高铁枢纽省内首位度大体呈上涨趋势，在 2021 年达到峰值，虽然受疫情影响，其结果略有波动，但总体趋势一致。

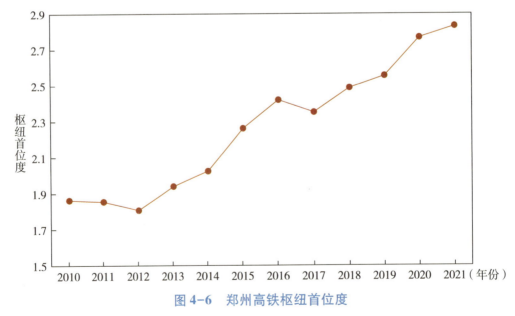

图 4-6   郑州高铁枢纽首位度

资料来源：《河南省统计年鉴》。

---

①   高铁枢纽首位度 $F = S_1 / \sum_{i=2}^{4} S_i$，式中，$S_1$ 表示郑州高铁枢纽客流量，S_i 表示第 i 位高铁枢纽客流量，F 表示首位度。

　　夯实郑州在全国的中心枢纽地位。当前，郑州普速铁路、高速铁路纵横交织成网，两条重要骨干铁路京广铁路和陇海兰新铁路在此交汇，米字形高铁在此汇聚，郑州高铁通达重点城市（重点城市包括直辖市、省会城市、计划单列市）数量达 31 个，与北京并列重点城市第一（见图 4-7）。郑州 3 小时内可达地市数量达 56 个，位居全国第一，是西安（27 个）的 2 倍以上（见图 4-8）。郑州从"中国铁路心脏"逐步上升为"中国高铁心脏"。

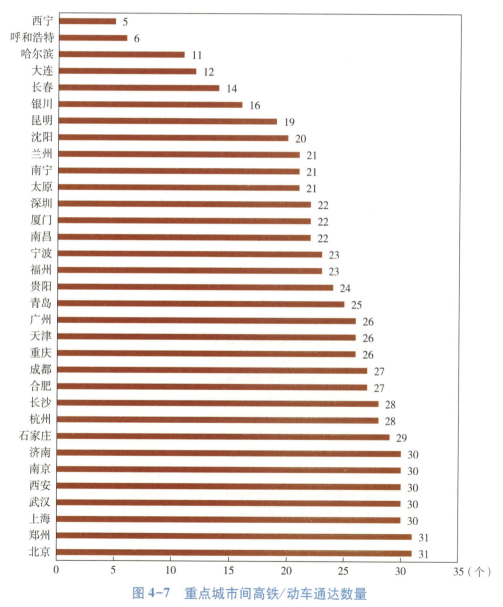

图 4-7　重点城市间高铁/动车通达数量

资料来源：蓝桥．谁是我国高铁"通达度"第一城？［EB/OL］．澎湃新闻，［2023-04-21］．https：//www.thepaper.cn/newsDetail_forward_22795102.

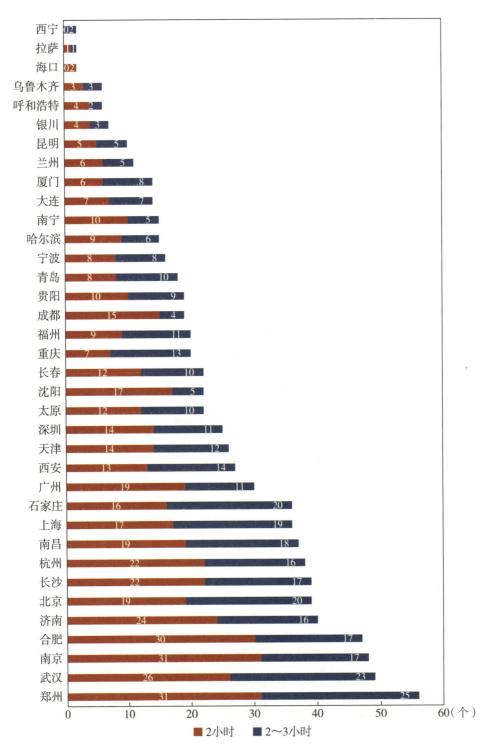

图 4-8   重点城市 3 小时内高铁/动车通达地市数量

资料来源：蓝桥. 谁是我国高铁"通达度"第一城？[EB/OL]. 澎湃新闻，[2023-04-21].
https：//www. thepaper. cn/newsDetail_forward_22795102.

第三节　拓展交通可达性

交通是城市实现"引进来"和"走出去"的重要步骤，也是拉近核心城市交流的重要一环。交通可达性通常表示为区域之间的互联互通情况，反映了交通运输网络内各城市间的相互影响关系。高铁建设通过改善交通可达性将进一步增强沿线城市的空间联系并重塑城市空间结构，包括改变城市网络的空间关系、打造多元城市格局等。为全面衡量米字形高铁开通前后，河南省内各地市与其他城市的交通可达性强弱关系，使用铁路最短旅行时间来衡量地区间可达性的直观距离，以加权平均旅行时间①评价各地市的可达性强弱。其中，加权平均旅行时间是评价某节点到各经济中心可达性的常用指标，其指标测算值越低，表示节点对外联系的成本越低，即可达性越好。

铁路最短旅行时间的数据来源于石开网络科技有限公司发布的石开列车旅行时刻表（数据截至 2010 年 4 月 29 日）与中国铁路 12306 网站（数据更新至 2023 年 3 月 5 日）。省际沿线铁路旅行时间选取上述数据来源内所有直通与中转方案中时间最短的两个城市间的最短旅行时间，暂不考虑中转待车和滞留时间。以河南 17 个地级市至米字形高铁沿线邻近省份的 16 个地市以及国家战略区域的 8 个地市的最短铁路旅行时间为沿线交通可达性的考察对象。河南省内铁路旅行时间考虑前文所述石开旅行时刻表及铁路 12306 提供的中转待车和滞留时间，以一次换乘最短时间的方案为铁路最短旅行时间，以河南 17 个地级市之间的最短铁路旅行时间为省内交通可达性的考察对象。

米字形高铁沿线通达性大幅提升。2010 年，除濮阳外各地市至米字形高铁沿线邻近省份的 16 个地市铁路最短旅行时间平均值为 6.4 小时，低于平均值的 10 个地市中表现最优的是郑州，平均旅行时间为 4.1 小时，新乡、安阳等沿线旅行时间在 5.5 小时以内；三门峡、平顶山、南阳、周口等沿线旅行时间在 7.5 小时以上。濮阳至以上 16 个地市均须通过两次及以上中转，通达性较差。米字形高铁建成后，濮阳至以上 16 个地市均可通过直达列车或一次

---

①　加权平均旅行时间为点对点平均旅行时间与社会经济要素流量值之商，是评价某节点到各经济中心可达性的常用指标。

中转到达，包含濮阳在内的沿线通达性平均值降至 2.8 小时；郑州与沿线主要城市的平均交流时间缩短至 1.9 小时；许昌、商丘、新乡等沿线旅行时间降至 2.5 小时以内；开封、洛阳、安阳、鹤壁、焦作、漯河、三门峡、驻马店等沿线旅行时间降至 3 小时以内。其中，米字形高铁对通达性较为落后的地市影响最为明显，平顶山、三门峡、周口、南阳沿线旅行时间改善幅度为 4.5~6 小时。

与国家战略区域主要城市通达性大幅改善。2010 年，除濮阳外的各地市至 8 个主要城市铁路最短旅行时间平均值为 15.5 小时，低于平均值的 8 个地市中，与国家战略区域主要城市通达性表现最优的驻马店的平均最短旅行时间为 12.6 小时，郑州、信阳、漯河、许昌、商丘的旅行时间平均在 14.5 小时以内；周口、三门峡等旅行时间在 17 小时以上。濮阳至以上 8 个地市均须通过两次及以上中转，通达性较差。米字形高铁建成后，濮阳至以上 8 个地市均可通过直达列车或一次中转到达，包含濮阳在内的旅行时间平均值降至 5.2 小时；郑州与国家战略区域主要城市的平均交流时间缩短至 3.8 小时；洛阳、开封、商丘等降至 5.0 小时以内。其中，洛阳、平顶山、三门峡、周口改善最为明显，旅行时间改善幅度为 11~12 小时。相关数据可视化如图 4-9 和图 4-10 所示。

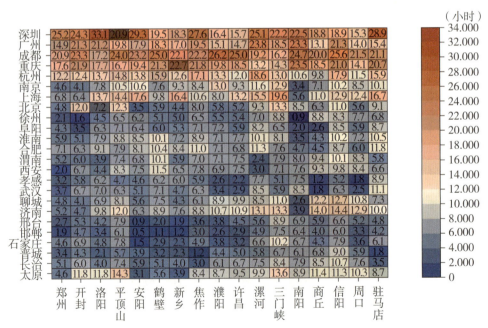

图 4-9　米字形高铁建成前河南省际铁路最短旅行时间（2010 年）

资料来源：石开网络科技有限公司发布的石开列车旅行时刻表（2010 年版，数据截至 2010 年 4 月 29 日）。

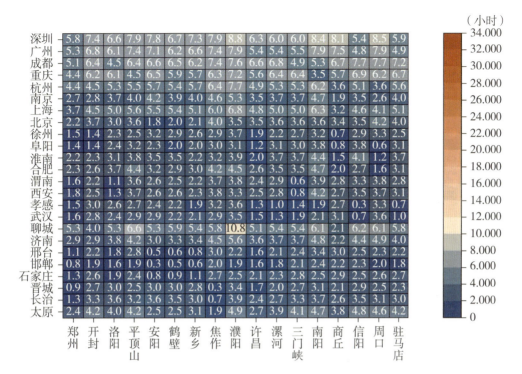

图 4-10　米字形高铁建成后河南省际铁路最短旅行时间（2023 年）

资料来源：中国铁路 12306 网站（数据更新至 2023 年 3 月 5 日）。

河南省内时空距离明显拉近。2010 年，除濮阳外的各地市间铁路最短旅行时间平均值为 3.52 小时。低于平均值的 8 个地市中表现最优的郑州为 1.73 小时，新乡、许昌、漯河、驻马店、洛阳、开封等平均旅行时间在 3 小时以内；鹤壁、焦作、三门峡、商丘等地市平均旅行时间超过 4 小时，南阳、周口等到省内各地市的平均时间更是在 5 小时以上（见图 4-11）。而濮阳无法只经过一次中转到达省内其他区域，须通过大巴等其他交通方式通达省内其他地市。米字形高铁建成后，包含濮阳在内的平均旅行时间缩短至 98 分钟以内，即各地市间的平均旅行时间少于 1.63 小时（见图 4-12）。郑州与省内各市的旅行时间均缩短至 70 分钟以内，平均旅行时间仅为约 0.67 小时，较米字形高铁开通前平均降低了 65 分钟；新乡、许昌、漯河、鹤壁、开封、安阳等平均旅行时间均缩短至 1.5 小时以内；洛阳、驻马店、平顶山、商丘、周口均缩短至 2 小时以内。总体来说，高铁开通后省内平均节省 1.9 小时的旅行时间，对郑州、新乡、鹤壁、周口、商丘、濮阳等地的改善尤为明显。

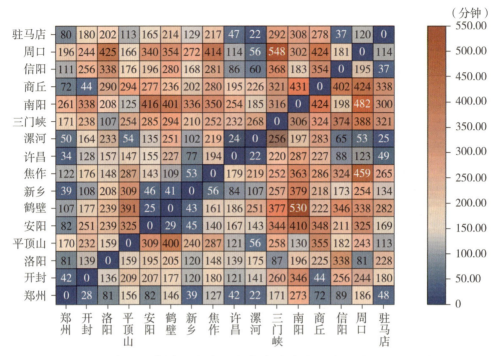

图 4-11　米字形高铁建成前河南省内铁路最短旅行时间（2010 年）

资料来源：石开网络科技有限公司发布的石开列车旅行时刻表（2010 年版，数据截至 2010 年 4 月 29 日）。

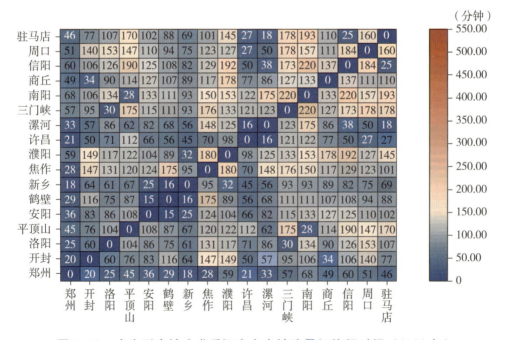

图 4-12　米字形高铁建成后河南省内铁路最短旅行时间（2023 年）

资料来源：中国铁路 12306 网站（数据更新至 2023 年 3 月 5 日）。

省际加权旅行平均时间明显改善。米字形高铁建成前，河南省至省际其他地市的加权平均旅行时间均值为 11.9 小时，17 个地市中表现最优的郑州也需 9.4 小时，濮阳至其他区域甚至需通过两次及以上中转（见图 4-13），到沿线 16 个地市加权旅行时间平均值需 6.5 小时，至国家战略地区加权旅行时间平均值需 14.8 小时。米字形高铁建成后，濮阳至以上区域均可在一次中转内到达，包含濮阳在内的省际加权平均旅行时间平均值降至 4.9 小时；郑州与省际主要城市的加权旅行时间缩短至 3.2 小时，改善了 65.6%；郑州到沿线地市的通达性显著提升，加权旅行时间缩短至 3.1 小时，平均改善了 51.8%；到国家战略地区的加权平均旅行时间缩短至 5.9 小时，显著改善了 60.7%（见图 4-14）。米字形高铁对河南各地市旅行时间优化效果明显，包括濮阳在内，16 个地市省际加权平均旅行时间减少 6 小时以上，13 个地市至沿线地市加权平均旅行时间减少 3 小时以上，15 个地市至国家战略地区加权平均旅行时间减少 8 小时以上。

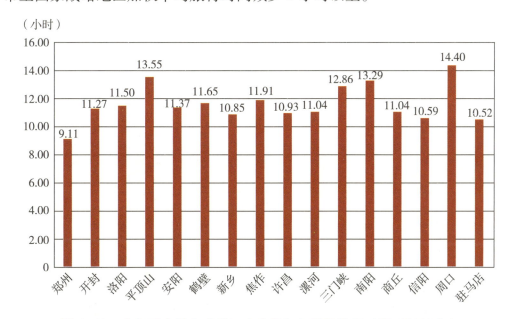

（小时）

图 4-13　米字形高铁建成前河南省际加权平均旅行时间（2010 年）

注：濮阳无法通过一次中转到达其他区域。

资料来源：石开列车旅行时刻表、《河南省统计年鉴》，作者计算。

省内加权平均旅行时间明显缩短。米字形高铁建成前，河南省内各地市至省内其他地市的加权平均旅行时间均值为 3.43 小时，即使表现最优的郑州均值也达 1.5 小时，濮阳甚至没有对应的铁路线路在一次中转内至其他

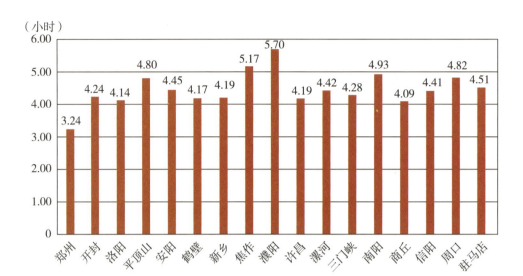

图4-14　米字形高铁建成后河南省际加权平均旅行时间（2023年）

区域。米字形高铁网建成后，包含濮阳在内的省内加权平均旅行时间平均值降至1.62小时，平均改善了37.8%。郑州与省内主要城市的加权平均旅行时间缩短至0.63小时，改善了58.3%。米字形高铁对河南各地市旅行时间优化效果明显，周口、商丘、南阳、鹤壁、焦作等地市平均节省2.5小时以上，三门峡等地市节省2小时以上，安阳、平顶山、新乡等地市节省1.5小时以上（见图4-15和图4-16）。

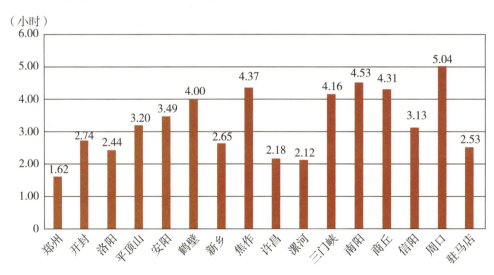

图4-15　米字形高铁建成前河南省内加权平均旅行时间（2010年）

注：濮阳无法通过一次中转到达其他区域。

资料来源：石开列车旅行时刻表、《河南省统计年鉴》，作者计算。

（小时）

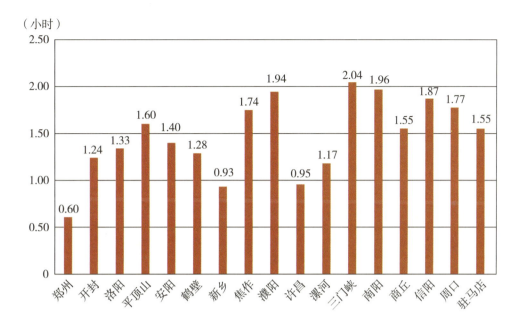

图 4-16　米字形高铁建成后河南省内加权平均旅行时间（2023 年）

资料来源：铁路 12306 网站、《河南省统计年鉴》，作者计算。

第五章 米字形高铁赋能现代化河南经济发展

第一节 带动河南省经济发展

高铁基础设施的投资增加了劳动力、资本、技术等生产要素的可达性，加强了经济要素整合，促进了产业结构优化，进而带动了经济的快速发展。

一、促进经济要素流通

1. 作用机理及成效

米字形高铁建设对河南省经济发展的促进机理体现在区域、城市和站点三个层面，具体如图5-1所示。

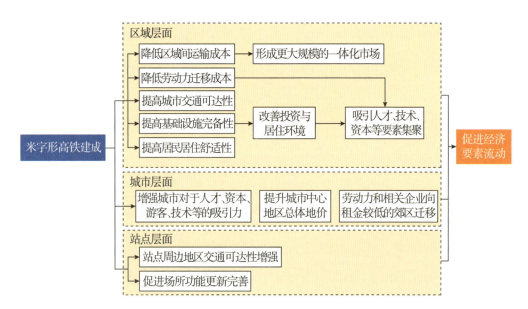

图5-1 米字形高铁建设对河南省经济要素流动促进作用机理

　　区域层面上，高铁是助推都市圈、城市群一体化发展的关键手段。首先，高铁增强了区域的互联互通，降低了运输成本，有助于区域内市场的一体化，从而促进市场内部要素的流动。其次，高铁提升了区域内基础设施完备性、城市交通可达性和居民居住舒适性，有利于吸引要素向区域内部流动。沿线城市分工发展趋势明显，高铁沿线及其周边城市获得的发展动能将更大，进而重构区域空间结构。最后，高铁的开通使得都市圈、城市群的腹地范围进一步扩大，带动要素向高铁沿线集聚，呈现明显的高铁廊道特点，形成交通经济带、都市连绵带等空间结构，有效促进了经济要素流动，进而推动经济发展。

　　城市层面上，高铁在人口流动、产业布局和功能重构等方面有重要影响。首先，高铁站点作为城市门户，是吸引人口集聚的关键，相关数据显示，高铁开通后，高铁站点城市的人口增长率显著提升，对于开通高铁的区域中心性城市的人口增长率提升幅度更高。其次，高铁最具竞争力的区间为 500~600 公里，一般 2 小时可达，可实现当日往返，更好地满足乘客商务出行、游玩的需求，吸引了高铁站点所在城市商务、旅游服务业就业人口在新城集聚。最后，高铁开通有利于区域的功能重构，通过缩短城市间空间距离，满足两地居民跨城消费、工作和经营往来的需求，促进劳动力和相关企业的聚集和协同发展。

　　站点层面上，高铁开通产生的节点效应与场所效应显著提升。节点效应主要体现在交通功能的集聚，高铁站点往往集中了高铁、城市轨道线路、公交线路、公共停车场等多种客运交通设施，方便乘客换乘，提升对内对外联系效率。场所效应主要体现在高铁站点因其交通便捷性和高度可达性集聚更多的场所，而呈现更多的城市功能属性。

　　基于上述高铁对经济发展的促进机理分析，米字形高铁赋能现代化河南经济发展成效显著。一是夯实中原城市群发展格局。米字形高铁的建成产生的时空压缩效应，推动人口经济布局更加合理、区域发展更加协调，城市群经济一体化更加高效。米字形高铁建成使得河南与京津冀地区、长三角地区、粤港澳大湾区、成渝地区双城经济圈实现高铁直连，为东部地区产业转移、西部地区资源输出、南北经贸交流合作提供了战略枢纽和战略通道，有力助推河南全省经济社会发展。二是优化经济要素布局。米字形高铁网络具有较强的边界突破效应，扩大了生产要素流动的空间界限，沿线区域与高铁相关的生产要素被激活，加速人力、资本、技术、信息等先进生产要素的高效集聚与快速流通。米字形高铁将沿线城市大量科研机构和研究团队形成科研人才网络，为高端人才引进、交流、合作提供了灵活便利。同时，城乡商贸流通蓬勃发展，物流规模不断壮大，流通潜力加快释放。

从经济增长总量来看，根据河南省统计局数据，2022年河南省地区生产总值达61345.05亿元，比2021年增长3.1%。人口方面，年末河南省常住人口9872万人，其中城镇常住人口5633万人，常住人口城镇化率为57.07%，较2021年末提高0.62个百分点。科技创新方面，近十年来，郑州市高新技术企业、研发投入强度、技术合同成交额、万人发明专利拥有量等科技创新的核心指标分别增长13.3倍、0.69倍、14.6倍、4.7倍，2020~2022年均增长幅度均居9个国家中心城市中的第一位。商贸方面，2020年河南省社会消费品零售总额接近2.3万亿元，"十三五"期间年均增长7.8%。河南省社会物流总额达到16.1万亿元，总量居中部六省第1位。

2. 计量分析

为科学合理地综合评估米字形高铁建设对中国式现代化河南实践的成效，本书采取计量经济学模型，建立双重差分模型（Differences-in-Differences，DID）[①]，检验高铁开通是否对沿线城市经济发展产生影响，具体模型如下：

$$Y_{it} = \alpha_0 + \alpha_1 HSR_{it} + \theta X_{it} + \gamma_t + \mu_i + \varepsilon_{it} \tag{5-1}$$

其中，下标 i 表示第 i 个地级市，t 则表示第 t 年。被解释变量 Y_{it} 表示经济发展程度，采用河南省各地级市人均GDP进行表征。核心解释变量 HSR_{it} 表示城市 i 在第 t 年是否开通高铁，开通赋值为1，未开通赋值为0。值得注意的是，因区域经济受形势政策等其他因素影响，为控制其他因素对实验结果存在的可能影响，选取总人口、财政支出、固定资产投资、研

---

① 双重差分模型是一种常用于处理面板数据或实验数据中因果效应的统计方法。它的主要应用领域包括经济学、社会科学以及健康研究等。双重差分模型的目的是在进行实验或观察性研究时，控制掉时间和组别的固定效应，以便更准确地估计因果效应。其核心思想是通过对同一组别（如地区、个体）内部和不同时间点之间的差异进行分析，从而消除一些可能影响因果效应估计的混淆因素。这种方法可以有效控制掉时间不变的组别特征和时间趋势对结果的影响，从而更接近真实的因果效应估计。

发投入作为控制变量。α_0 为常数项，γ_t 为固定效应，ε_{it} 为随机扰动项。

实证检验选取 2010~2021 年河南省 17 个地级市和省直辖县级市（济源市）共计 18 个市的年度面板数据为样本，数据来源为《河南省统计年鉴》、国家统计局官网、国家铁路局官网、高铁网和历年《中国铁道年鉴》等。其中，被解释变量的描述性统计如表 5-1 所示。

表 5-1 被解释变量（人均 GDP）描述性统计　　　　单位：元

城市	最大值	最小值	平均值	标准差
郑州市	113139	47608	81451	19834
开封市	53173	19750	37233	10968
洛阳市	77110	35762	56657	13043
平顶山市	54122	26370	37950	8306
安阳市	44690	25330	37017	6155
鹤壁市	67803	28531	47280	12188
新乡市	52028	21196	37512	9567
焦作市	76828	35767	55379	11472
濮阳市	47131	21787	36275	7840
许昌市	83415	30536	56085	16751
漯河市	72560	26974	44334	14375
三门峡市	77701	39176	57758	9982
南阳市	44894	19145	30489	7614
商丘市	39719	15085	27619	8454
信阳市	49345	16936	31899	9800
周口市	39126	12944	26019	8373
驻马店市	44266	14117	28533	9247
济源市	104515	50491	75211	16266

根据前文建立的计量分析模型，得到具体实证结果如表 5-2 所示。其中第（1）列表示在未考虑控制变量且未使用时间固定效应的情形下，系数为正且在 1% 的水平下显著；第（2）列表示在加入控制变量但未使用时间固定效应的情形下，系数同样为正且在 1% 的水平下显著；第（3）列表示在加入控制变量同时使用时间固定效应的情形下，系数为正且在 5% 的水平

下显著。综上可知，开通高铁会促进河南省各市人均 GDP 增加，有正向促进作用。

表 5-2　高铁开通对河南省各市人均 GDP 的影响

	（1）	（2）	（3）
HSR_{it}	0.484***	0.155***	0.044**
财政支出		0.000	0.000
外商直接投资		2.46e-06***	-3.29e-07
固定资产投资		0.000***	0.000
研发投入		-3.53e-07***	-1.71e-07**
时间固定效应	无	无	有
常数	10.323***	9.968***	10.081***

注：*、**和***分别代表通过 10%、5%和 1%的显著性水平检验。

为确保研究的严谨性和合理性，对模型进行稳健性检验。

第一，剔除特殊样本。郑州市为河南省省会城市，在经济、产业、科技、城市化进程等方面的发展要优于普通城市，可能对实证结果产生一定影响。因此，将研究对象中的郑州市剔除，仅对其他 17 个城市进行回归分析，实证结果如表 5-3 所示，结果显示，在剔除郑州市数据后结果依然显著，即高铁开通对经济增长产生显著正向影响，表明估计结果稳健且与上述研究结论保持一致。

表 5-3　剔除特殊样本的稳健性检验

	（1）	（2）	（3）
HSR_{it}	0.480***	0.151***	0.039*
控制变量	无	有	有
时间固定效应	无	无	有
常数	10.297***	9.967***	10.016***

注：*、**和***分别代表通过 10%、5%和 1%的显著性水平检验。

第二，改变高铁开通时间。对核心解释变量 HSR_{it} 进行滞后处理，实证结果如表5-4所示，其中第（1）~第（3）列表示对核心解释变量 HSR_{it} 进行滞后1期，第（4）~第（6）列表示对核心解释变量 HSR_{it} 进行滞后2期。结果显示，高铁开通促进了沿线城市发展且存在一定的滞后效应，证实了回归结果的稳健性。

表5-4 滞后核心解释变量的稳健性检验

	（1）	（2）	（3）	（4）	（5）	（6）
HSR_{it}	0.412***	0.175***	0.047**	0.412***	0.175***	0.047**
控制变量	无	有	有	无	有	有
时间固定效应	无	无	有	无	无	有
常数	10.421***	10.046***	10.193***	10.421***	10.046***	10.193***

注：*、**和***分别代表通过10%、5%和1%的显著性水平检验。

第三，替换核心解释变量，对核心解释变量 HSR_{it} 进行变量替换，采用站点数量作为代理变量进行稳健性检验，站点数量指标用所在城市当年已开通运营的高铁站点数表示，实证结果如表5-5所示。结果显示，在替换核心解释变量后，各城市高铁站点数依旧对经济增长产生了正向影响，系数有所变动，但效果依然显著，再次证实了回归结果的稳健性。

表5-5 替换核心解释变量的稳健性检验

	（1）	（2）	（3）
站点数量	0.173***	0.078***	0.0205**
控制变量	无	有	有
时间固定效应	无	无	有
常数	10.363***	9.994***	10.054***

注：*、**和***分别代表通过10%、5%和1%的显著性水平检验。

除选用GDP作为被解释变量经济发展的指标外，同时选取固定资产投资指标来量化分析高铁开通对资本要素的影响，数据来源与前文保持一致，其描述性统计见表5-6。

表 5-6 被解释变量描述性统计指标—固定资产投资　　单位：亿元

城市	最大值	最小值	平均值	标准差
郑州市	9.04	7.79	8.69	7.64
开封市	7.74	6.16	7.23	6.36
洛阳市	8.66	7.32	8.22	7.27
平顶山市	7.91	6.52	7.42	6.46
安阳市	7.71	6.58	7.35	6.09
鹤壁市	7.14	5.64	6.61	5.72
新乡市	8.06	6.82	7.61	6.48
焦作市	7.81	6.62	7.49	6.33
濮阳市	7.75	6.16	7.24	6.39
许昌市	8.09	6.62	7.64	6.75
漯河市	7.39	5.86	6.86	5.97
三门峡市	7.89	6.41	7.38	6.49
南阳市	8.59	7.07	8.06	7.18
商丘市	8.08	6.56	7.56	6.70
信阳市	8.15	6.73	7.65	6.70
周口市	7.95	6.54	7.48	6.55
驻马店市	7.97	6.38	7.40	6.59
济源市	6.61	5.86	6.31	4.65

根据双重差分模型计算结果分析（见表 5-7）：①在不考虑控制变量和时间固定效应的情况下，系数为正且均在 1% 的水平下显著。②在加入控制变量后，系数仍然为正且在 1% 的水平下保持显著。③进一步加入时间固定效应后，系数仍然为正且在 1% 的水平下保持显著。结果表明，高铁开通对于沿线区域固定资产投资存在显著的促进作用。

表 5-7 高铁开通对河南省各市固定资产投资的影响

	（1）	（2）	（3）
HSR_u	0.6630***	0.3874***	0.1197***
城市化水平		−0.0002*	−0.0002***

续表

	（1）	（2）	（3）
城市规模		0.0006***	0.0013***
人均 GDP		0.0002**	0.0005***
财政支出		0.0004	−0.0019***
外商直接投资		0.0000	0.0000***
研发投入		−0.0000	−0.0000***
时间固定效应	无	无	有
常数	6.9667***	6.3653***	5.8254***

注：＊、＊＊和＊＊＊分别代表通过10%、5%和1%的显著性水平检验。

为确保研究的严谨性和合理性，对模型进行稳健性检验。

第一，剔除特殊样本，通过对固定资产投资的初始数据进行筛查发现，河南省各地市 2011 年的固定资产投资相较 2010 年均有所下降，但 2011 年之后又开始稳步上升，为减少特殊年份数据产生的影响，将 2010 年的数据剔除，回归结果如表 5-8 所示，结果显示，在剔除 2010 年的数据后系数仍然显著为正，证实了回归结果的稳健性。

表 5-8　剔除特殊样本稳健性检验结果

	（1）	（2）	（3）
HSR_{it}	0.5915***	0.3514***	0.1131**
控制变量	无	有	有
时间固定效应	无	无	有
常数	7.0459***	6.4189***	5.6001***

注：＊、＊＊和＊＊＊分别代表通过10%、5%和1%的显著性水平检验。

第二，替换变量，通过对核心解释变量 HSR_{it} 进行变量替换，同样采用站点数量作为代理变量进行稳健性检验，实证结果如表 5-9 所示，结果显示，在替换核心解释变量后，各城市高铁站点数依旧对固定资产投资产生了正向影响，再次证实了回归结论的稳健性。

表 5-9　替换变量的稳健性检验

	（1）	（2）	（3）
DID	1.6785***	1.2994***	1.1357***
控制变量	无	有	有
时间固定效应	无	无	有
_cons	0.1765*	0.1939	0.0771

注：*、**和***分别代表通过10%、5%和1%的显著性水平检验。

第三，滞后性检验，对核心解释变量 HSR_{it} 进行滞后1期处理，实证结果如表5-10所示，结果显示，高铁开通对河南省各地市的固定资产投资存在一定的滞后影响，且仍然具有显著促进作用，说明开通高铁对固定资产投资具有长期的促进作用。

表 5-10　滞后 1 期稳健性检验

	（1）	（2）	（3）
DID1	0.5995***	0.3776***	0.1127**
控制变量	无	有	有
时间固定效应	无	无	有
_cons	7.0800***	6.4288***	5.6007***

注：*、**和***分别代表通过10%、5%和1%的显著性水平检验。

双重差分模型及相关检验验证了高铁开通的正向促进作用，为进一步量化高铁建设对相关经济指标的贡献程度，采用多元线性回归模型重新进行实证检验，具体模型如下：

$$\ln Y = \beta_0 + \beta_1 \ln X_1 + \beta_2 \ln X_2 + \beta_3 \ln X_3 + \mu_t \qquad (5-2)$$

其中，被解释变量 Y 表示经济发展程度，用人均 GDP 来表征；核心解释变量 X 表示高铁运输情况，用高铁运营里程（X_1）、高铁客运量（X_2）和高铁周转量（X_3）来表征；β_i（$i=1$，2，3，4，5）为各解释变量的回归系数，μ_t 为随机误差项，表示其他因素对河南省经济发展的影响。

本部分数据来源和样本选择与前文保持一致，此处不再赘述。其中，2000～2021 年的河南省铁路运输如图 5-2 所示。

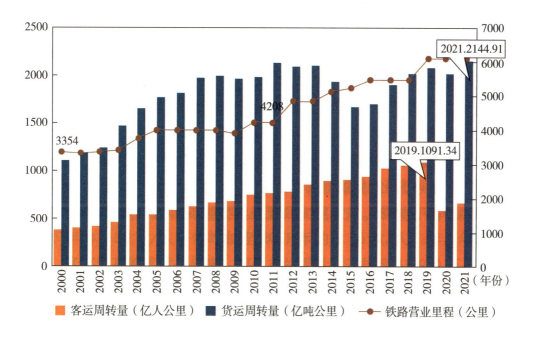

图 5-2 2000~2021 年河南省铁路运输概况

由图 5-2 可知，铁路营业里程从 2000 年的 3354 公里增长至 2021 年的 6134 公里，保持了稳定增长的趋势，这表明铁路基础设施的不断扩展和升级。从客运方面来看，从 2000 年的约 378.8 亿人公里到 2021 年的 669.06 亿人公里，铁路客运周转量持续增加，反映了人们对铁路作为高效、便捷的长途出行方式的持续青睐。从货运方面来看，情况较为复杂。货运周转量在 2000~2004 年逐步增加，从约 1101.74 亿吨公里增至 1650 亿吨公里，但在随后的几年里出现了波动。尽管在某些年份里货运周转量略有下降，但总体趋势仍保持在相对稳定水平。总体而言，河南省的铁路运输网络持续发展，为人们提供了重要的交通选择，并对地区经济和人民生活产生着深远影响。

对多元线性回归模型结果分析发现（见表 5-11），高铁营业里程、高铁客运周转量是影响河南省经济增长的主要因素。铁路运输指标对于地区经济增长皆有正向的促进作用。其中，河南省每增加 1% 的高铁营业里程，人均 GDP 将增加 0.26%；每增加 1% 的高铁客运周转量，人均 GDP 将增加 0.44%。

表 5-11 参数估计结果

	系数	标准差	t 值	$p>\|t\|$	[0.025	0.975]
常量	2.880	0.995	2.895	0.063	−0.286	6.046
高铁营业里程	0.268	0.137	1.960	0.145	−0.167	0.702
高铁客运周转量	0.441	0.326	1.352	0.269	−0.596	1.477

为确保研究的合理性和可靠性，相关检验结果如下：

（1）多重共线性检验。采用方差扩大因子法进行多重共线性检验（VIF），若 VIF 的结果大于或等于 10，说明变量之间存在严重的多重共线性，检验结果如表 5-12 所示。结果显示，客运周转量、运营里程以及货运周转量的 VIF 均小于 10，说明不存在多重共线性问题，即上述回归具有稳健性。

表 5-12 多重共线性检验结果

变量	VIF	1/VIF
客运周转量	3.38	0.296
运营里程	2.82	0.355
货运周转量	2.30	0.434
VIF 平均值	2.83	

（2）异方差检验。在多重共线性检验的基础上，采用 White 异方差检验法进一步验证，当 p 值显著小于 0.05 时认为存在异方差，结果如表 5-13 所示，结果显示，p 值均大于 0.05，说明不存在异方差，稳健性检验通过。

表 5-13 White 异方差检验结果

Source	Chi2	df	p
Heteroskedasticity	9.52	9	0.391
Skewness	6.89	3	0.075
Kurtosis	0.15	1	0.696
Total	16.56	13	0.220

二、促进产业结构优化

1. 作用机理及成效

米字形高铁对产业结构优化升级的促进作用包括建设与运营两个阶段

（见图5-3）。在建设阶段，高铁建设具有投资量大、关联产业多、技术要求高等特点，可以有效拉动上下游关联投资，进而形成大规模产业集群，而攻克高铁相关的高精尖技术难题则可以促进相关高新产业的发展和聚集，进而推动产业结构优化升级，尤其有助于对高铁相关的机械、电子装备制造等高技术产业的支持，从而支撑全省第二产业的转型升级。在运营阶段，一方面，高铁可以推动运输结构改变进而推动交通运输业的转型和优化升级；另一方面，高铁建成可显著提升区域可达性，不仅有利于扩大生产要素的流动空间，强化邻近区域城市间空间关联性，推动相邻城市间的资源共享，促进临界区域实现跨界融合发展，还有利于加快沿线城市产业布局升级和整合，实现区域间人才、信息等要素快速流动，带动相关产业由经济发达地区向欠发达地区转移，把欠发达地区的资源优势转化为经济优势，使资源配置结构、效率和效益明显提高。高质量高铁客运服务的提供，有效改善了河南省交通运输服务供给格局，并使得依托高铁运输服务逐渐壮大的商贸、文旅经济等得到进一步发展，为河南省第三产业的蓬勃发展奠定了坚实的基础。

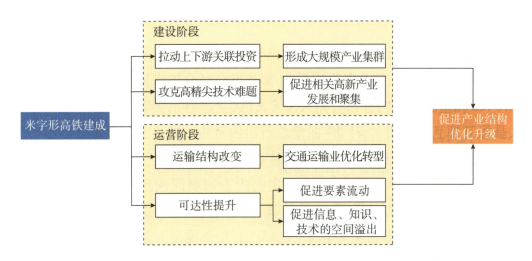

图5-3　米字形高铁建设对河南省产业结构升级促进作用机理

　　基于上述高铁对产业升级的促进机理，米字形高铁赋能现代化河南经济发展成效显著。一是在第二产业提质增效方面有效带动了铁路产业链加速发展。米字形高铁有力推动了铁路关联产业集群式发展，包括钢材、水泥等基础建材的需求，也推动了机械、冶金、建筑、橡胶、合成材料、电力、信息、计算机、精密仪器等高端产业发展。二是在第三产业扩容发展显著促进了河南省内外文化旅游业发展。高铁增强了城市之间的可达性，大大缩短了城市间的空间距离，高铁线路把河南的国家历史文化名城串联起来，扩大了旅游客源，推动了"旅游+铁路"融合发展。三是有效培育了产业集群助力产业结构升级。主要体现在分工效应和学习效应两个方面，其中，分工效应表现在米字形高铁连通的城市之间根据自身比较优势进行分工，通过贸易推动经济增长；学习效应表现在不同城市之间通过相互交流和学习获得发展，带来产业结构升级。

总的来看，高铁开通对产业结构、产业集群、产业融合方面驱动效应明显。产业结构方面，河南省 2022 年 GDP 为 61345 亿元，其中第二产业、第三产业增加值占比分别为 41.5% 和 49.0%；2012 年第二产业、第三产业增加值占比分别为 57.1% 和 30.3%，第二产业总体占比降低，但产业科技属性不断攀升，第二产业结构更为健康合理，且对第三产业整体发展带动明显，河南省整体经济社会发展水平更加均衡高效。产业集群方面，高铁网覆盖河南大部分产业集聚区，大大提升了其承接产业转移的能力。近年来，河南形成了 2 个万亿级、5 个 3000 亿级和 12 个千亿级产业集群，尤其是铁路配套产业，据测算，高铁可对建筑、冶金、制造等上下游关联产业产生万亿规模的投资拉动效应，创造近 156 万个就业岗位[①]。产业融合方面，高铁推动了"旅游+铁路"融合发展，高铁的开通可以缩短城市间的空间距离，2021 年河南省接待国内外游客 7.93 亿人次，旅游总收入 6079 亿元，是 2012 年的 1.8 倍。未来在米字形高铁网的不断支撑下，河南省产业结构将更加均衡，第二产业迈入高质量发展阶段，科技含量不断提升；依托高质量高铁客运与货运服务的第三产业也将更加蓬勃壮大，形成米字形高铁路衍经济。

2. 计量分析

为进一步量化高铁开通对产业结构优化升级的影响，同样建立双重差分模型研究高铁对产业结构升级指数[②]的影响，数据来源与样本范围与上文

---

①　测算依据：我国高铁每 1 亿元投资，可创造就业岗位 600 多个；米字形高铁总投资额为 2619 亿元。资料来源：陆东福. 打造中国高铁亮丽名片 [J]. 求是，2021 (15).

②　产业结构升级指数 $ST = \sum i \times s_i$，其中 s_i 为第 i 产业在生产总值中的占比。资料来源：李建明，王丹丹，刘运材. 高速铁路网络建设推动中国城市产业结构升级了吗？[J]. 产业经济研究，2020 (3)：30-42.

保持一致，选择各地市产业结构升级指数为被解释变量，其描述性统计结果如表 5-14 所示。

表 5-14　被解释变量描述性统计指标—产业结构升级指数

城市	最大值	最小值	平均值	标准差
郑州市	2.58	2.37	2.48	0.08
开封市	2.33	2.09	2.23	0.09
洛阳市	2.47	2.24	2.36	0.09
平顶山市	2.39	2.09	2.29	0.10
安阳市	2.37	2.14	2.28	0.08
鹤壁市	2.29	2.07	2.18	0.08
新乡市	2.37	2.16	2.28	0.08
焦作市	2.47	2.15	2.28	0.11
濮阳市	2.39	2.06	2.22	0.13
许昌市	2.38	2.09	2.25	0.11
漯河市	2.39	2.05	2.20	0.13
三门峡市	2.34	2.15	2.24	0.07
南阳市	2.37	2.07	2.23	0.11
商丘市	2.30	2.01	2.17	0.10
信阳市	2.27	2.05	2.16	0.09
周口市	2.26	1.95	2.12	0.11
驻马店市	2.26	2.03	2.15	0.09
济源市	2.33	2.15	2.24	0.07

　　根据双重差分模型计算结果分析，以高铁是否开通作为解释变量，高铁开通对于沿线区域产业结构升级存在显著促进作用（见表 5-15）。其中，第（1）列表示在不考虑控制变量和时间固定效应的情况下，开通高铁对于沿线区域产业结构升级存在显著的促进作用；第（2）列表示在加入控制变量后，开通高铁依旧对产业升级存在显著的促进作用；第（3）列表示进一步加入时间固定效应后，开通高铁对产业升级的促进作用有所减弱，但依旧是正向显著。结果表明，高铁开通显著促进河南省产业结构升级。

表 5-15　高铁开通对河南省地级市产业结构升级指数的影响

	(1)	(2)	(3)
HSR_{it}	0.0366***	0.0140***	0.0053*
人均 GDP		1.10e-06***	4.39e-07***
城市化水平		6.67e-06**	0.0000***
城市规模		−7.18e-07	6.07e-06
城市 GDP		−0.0000	−0.0000
研发投入		−4.55e-09	1.46e-08*
时间固定效应	无	无	有
常数	1.1532***	1.0918***	1.1112***

注：*、**和***分别代表通过10%、5%和1%的显著性水平检验。

为确保研究的严谨性和合理性，对模型进行稳健性检验。

（1）剔除特殊样本。通过剔除原始样本中标准差较大的地市，进行稳健性检验，结果如表 5-16 所示。结果显示，解释变量依然显著为正，说明开通高铁对产业升级有显著的促进作用，即上述回归具有稳健性。

表 5-16　剔除特殊样本稳健性检验结果

	(1)	(2)	(3)
HSR_{it}	0.0398***	0.0169***	0.0088***
控制变量	无	有	有
时间固定效应	无	无	有
常数	1.1514***	1.1027***	1.1084***

注：*、**和***分别代表通过10%、5%和1%的显著性水平检验。

（2）滞后检验。对核心解释变量 HSR_{it} 进行滞后处理，实证结果如表 5-17 所示，其中，第（1）~第（2）列表示对 HSR_{it} 进行滞后 1 期处理，第（3）~第（4）列表示对 HSR_{it} 进行滞后 2 期处理。结果显示，高铁开通促进沿线区域产业升级，并且存在一定的滞后效应，进一步证实了上述实证结果的稳健性。

表 5-17　滞后检验结果

	(1)	(2)	(3)	(4)
HSR_{it}	0.04	0.0126***	0.0425***	0.0117***
控制变量	无	有	无	有
常数	1.1471***	1.0805***	1.1544***	1.0848***

注：*、**和***分别代表通过10%、5%和1%的显著性水平检验。

第二节　赋能城乡融合发展

一、作用机理及成效

米字形高铁对城乡融合的促进作用主要体现在拉近时空距离、降低转移成本、提高资源周转效率三个维度（见图5-4）。

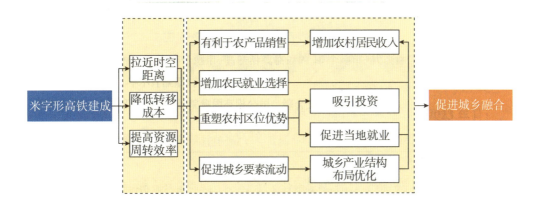

图5-4　米字形高铁建设对促进社会高质量发展的促进作用机理

首先，米字形高铁拉近了城乡时空距离，提高了城乡之间的交通可达性，便利了农村与外界的信息交流。高铁通过快速、便捷的运输特点，提升了产品的运输速度、减少了运输损耗，拓宽了销售渠道，进而为农村的各种产品打开了市场，进一步提高了农村居民的收入，缩小了城乡收入差距。其次，高铁开通有利于削减城乡区域间劳动者的转移成本。相较于城市地区，农村的土地成本较低，吸引大量厂商改变生产区位，为农村地区带来更多的投资机会，企业建厂和后续的运作也为当地居民提供了就业机会，农村地区劳动力剩余的问题在一定程度上得以解决，居民获得了除农业生产经营外的其他收入来源，增加了农村地区的整体收入，城乡收入差异因而缩小。再次，高铁开通打破了城乡劳动力市场分割的二元经济结构现状，农民有了更多的就业选择，可以从边际报酬较低的地区转移到边际报酬较高的地区，农村总体收入得以改善。最后，高铁网络的加密布局和其高时效的特征将加强区域间的联系，降低区域间要素流动的转移成本，促进区域间的要素和经济活动的重新配置，进而改变城市和农村的产业结构，缩小城乡收入差距。

在新型城镇化和推动中原城市群一体化高质量发展的战略引导下，河南省城镇化率显著提升，如图5-5所示。此外，"郑中心"高歌猛进，郑州都市圈加速融合，与洛阳和南阳两个副中心城市鼎立中原。豫西转型创新发展示范区、豫南高效生态经济示范区、豫东承接产业转移示范区、豫北跨区域协同发展示范区，4个示范区协同互补，形成河南发展的多个引擎。一座座县城，人口集聚、产业集中、功能集成，正在形成"高原"。

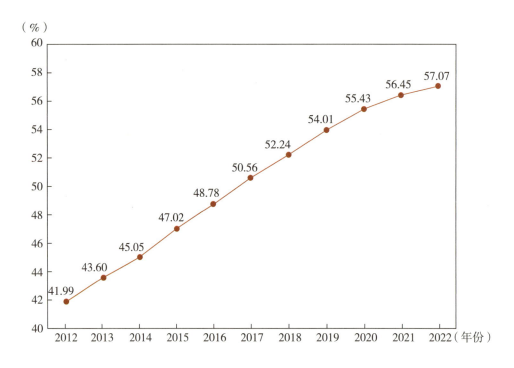

图5-5　2012~2022年河南省常住人口城镇化率

资料来源：《河南省统计年鉴》。

与此同时，米字形高铁建设以来，河南省人均城镇居民与农村居民收入都有大幅度提升，且农村居民人均收入增速更显著（见图5-6）。2010~2021年，河南省城镇居民总收入由15930元/人增加至37095元/人，增长了2.33倍；农村居民纯收入从5524元/人增加至17533元/人，增长了3.17倍。从全省数据来看，各地市城镇居民总收入增加明显，平均增长率为139.1%，其中郑州市稳居全省第一，由18897元/人增加至45245.8元/人，增长了1.39倍；信阳市增速最快，由13348元/人增加至33479元/人，增长了 1.51 倍。各地市乡村居民总收入增速明显高于城镇，平均增长率为 217.4%，其中郑州市农民收入仍旧保持全省第一，由 9225 元/人增加至 26790.3 元/人，增长了 1.90 倍；乡村居民收入以濮阳市增速最快，由 5077 元/人增加至 16487.8 元/人，增长了 2.25 倍。

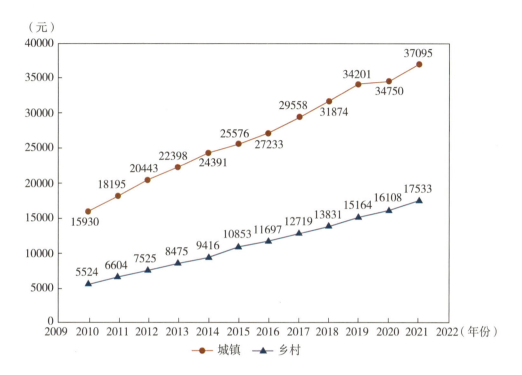

图 5-6　米字形高铁建成前后河南省人均城镇可支配收入与乡村总收入

资料来源：《河南省统计年鉴》，经作者计算得出。

另外，河南省城乡居民收入差距逐步缩小（见图 5-7）。2010～2021 年，河南省城乡居民收入差距指数①持续下降，由 2010 年的 2.88∶1 逐步下降至 2021 年的 2.12∶1，年均下降率为 2.7%，总计下降了 26%，城乡均衡发展水平逐步提高。2020 年，河南省城乡居民收入差距为 2.16∶1，低于国家平均水平 2.56∶1。从河南省各地市水平来看，自郑西高铁开通以来，郑州市城乡居民收入差距持续缩小，年均降低 1.7%，由 2010 年的 2.05∶1 逐步缩小成 2021 年的 1.69∶1，逐步进入城乡收入差距适度线内。除郑州外，

---

①　城乡居民收入差距指数是指城镇居民可支配收入与农村居民人均纯收入之比，是常见的用于测度城乡差距适度性的指标，一般来说城乡居民收入差距在 2∶1 以内较为适度。

米字形高铁逐步建成后，三门峡、许昌、漯河、焦作、鹤壁、新乡等地市的城乡收入差距也进入低于 2∶1 的区间内，城乡融合趋势明显。

图 5-7　米字形高铁建成前后河南省城乡居民收入差距指数

资料来源：《河南省统计年鉴》。

二、计量分析

为进一步量化高铁开通对城乡融合发展的影响，同样建立双重差分模型研究高铁对城镇化率的影响，数据来源与样本范围与上文保持一致，被解释变量的描述性统计如表 5-18 所示。

表 5-18　城镇化率描述性统计

城市	最大值	最小值	平均值	标准差
郑州市	79.10	63.60	70.71	4.82
开封市	52.85	36.00	44.88	5.32
洛阳市	65.88	44.30	54.10	6.65
平顶山市	55.50	41.40	49.45	4.52
安阳市	54.07	38.60	47.35	5.05
鹤壁市	61.71	48.00	56.01	4.53
新乡市	58.39	41.10	49.84	5.38

续表

城市	最大值	最小值	平均值	标准差
焦作市	63.73	47.10	55.69	5.26
濮阳市	51.01	31.50	41.21	6.10
许昌市	54.58	39.10	47.97	5.17
漯河市	55.86	39.20	48.14	5.39
三门峡市	58.03	44.30	52.16	4.57
南阳市	51.61	33.00	42.30	5.79
商丘市	47.21	29.80	38.98	5.58
信阳市	51.14	34.40	43.39	5.32
周口市	44.36	29.70	38.13	4.78
驻马店市	45.17	29.80	38.53	5.12
济源市	68.17	49.40	58.81	5.77

根据双重差分模型实证结果分析，以高铁是否开通作为解释变量，高铁开通对于城镇化率存在显著促进作用（见表5-19）。其中，第（1）列表示未考虑控制变量及未使用个体固定效应的情形下，核心解释变量系数为正且在1%的水平下显著，说明高铁开通对城镇化率具有显著的正向影响；第（2）列表示加入控制变量但未使用个体固定效应的情形下，河南省城镇化率随着高铁的开通和发展而不断增大，且在1%的水平下显著；第（3）列表示加入控制变量的同时使用个体固定效应，结果为正且在5%的水平下显著。

表5-19　高铁开通对河南省地级市城镇化率的影响

	（1）	（2）	（3）
HSR_{it}	8.996***	2.550***	1.671**
城市道路面积		0.001	0.001
城市规模		-0.035***	-0.096***
城市GDP		0.001	0.001
财政支出		0.002	0.012**
外商直接投资		0.000***	0.000***
固定资产投资		0.003***	0.001**

续表

	（1）	（2）	（3）
研发投入		−3.92e−06*	1.29e−06*
个体固定效应	无	无	有
常数	43.302***	52.096***	82.216***

注：*、**和***分别代表通过10%、5%和1%的显著性水平检验。

综上可知，高铁开通不仅加快了城市的发展和城乡一体化进程，也加强了城乡之间的交流和互动，推动了农村经济的发展和繁荣。同时，高铁的快速发展在一定程度上打破了城镇和农村劳动力市场分割的二元经济结构现状，农民有了更多的就业选择，为获得更高的收入可以从边际报酬较低的地区转移到边际报酬较高的地区，从而进一步提高了农村居民的收入，城乡收入差距得以缩小。

为确保研究的严谨性和合理性，对模型进行稳健性检验。

（1）剔除特殊样本。将研究对象中的郑州、周口剔除，仅对其他16个城市进行回归分析，结果如表5-20所示。结果显示，在剔除郑州、周口相关数据后回归结果依然显著，即上述实证结果具有稳健性。

表5-20　剔除特殊样本的稳健性检验

	（1）	（2）	（3）
HSR_{it}	8.955***	1.110**	1.163**
控制变量	无	有	有
个体固定效应	无	无	有
常数	42.640***	48.001***	43.511***

注：*、**和***分别代表通过10%、5%和1%的显著性水平检验。

（2）异质性检验。将样本城市进行分组，划分郑州、洛阳为中心城市，濮阳、周口、南阳等为非中心城市，考察高铁开通所带来的不同效应，具体结果如表5-21所示，其中，第（1）~第（3）列表示高铁开通对中心城市的影响，第（4）~第（6）列表示高铁开通对非中心城市的影响。结果显示，高铁开通对中心城市城镇化率有显著正向影响，而对非中心城市城镇化率无明显影响。

表 5-21　异质性检验结果

	中心城市			非中心城市		
	（1）	（2）	（3）	（4）	（5）	（6）
HSR_{it}	9.569***	2.176**	3.121**	8.807***	0.250	0.142
控制变量	无	有	有	无	有	有
个体固定效应	无	无	有	无	无	有
常数	48.588*	29.838***	83.915***	42.255***	43.184***	26.219***

注：*、**和***分别代表通过10%、5%和1%的显著性水平检验。

（3）改变高铁开通时间。对核心解释变量 HSR_{it} 进行滞后 1 期处理，实证结果如表 5-22 所示。结果显示，在对核心解释变量滞后 1 期的情形下，高铁开通依然对城镇化率具有显著促进作用，说明高铁开通对河南省城乡一体化发展的积极影响存在一定的滞后效应，进一步证实了前文实证结果的稳健性。

表 5-22　滞后核心解释变量稳健性检验

	（1）	（2）	（3）
HSR_{it}	7.950***	1.840***	0.955*
个体固定效应	无	无	有
常数	44.935***	52.423***	77.921***

注：*、**和***分别代表通过10%、5%和1%的显著性水平检验。

第三节　助力河南省脱贫攻坚

米字形高铁开通显著带动了欠发达地区脱贫攻坚，主要通过造福百姓出行，调整产业结构两个方面来助力欠发达地区发展（见图 5-8）。

在造福百姓出行层面，高铁作为道路基础设施的升级版，既可以通过提高地区可达性、创造劳动力就业和转移机会、改善产品输出等路径直接降低地区贫困水平，又可以通过提高地区人力资本积累等路径间接降低地区贫困水平。高铁可以通过拉动消费、增加就业机会等方式提升居民收入

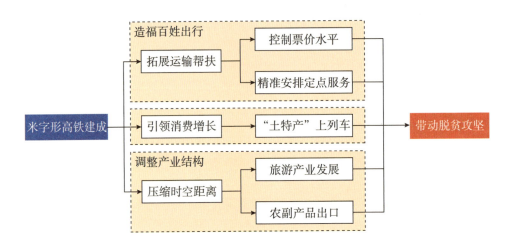

图 5-8　米字形高铁建设对带动欠发达地区脱贫攻坚的促进作用机理

水平。另外，高铁可以促进地区旅游相关产业发展，包括高铁沿线站点相应的餐饮、批发零售、交通、住宿等服务业配套运行。因此，高铁开通能显著提高区域服务业就业水平，从而助力脱贫攻坚。

在调整产业结构层面，高铁开通为沿线城市劳动力流动提供了便捷条件，农村剩余劳动力可在高铁沿线城市寻找就业机会，进而获得更高收入报酬。此外，高铁通过促进地区产品输出发挥减贫效应，既增加了当地产品"走出去"的广度，又降低了"走出去"的成本，特别对生鲜农产品来讲，高铁的高效运输拓宽了产品销售渠道，进而扩大生产规模，获得规模经济效应，促进经济利润增长。

基于上述机理分析可知，米字形高铁助力河南省脱贫攻坚成效显著。一是米字形高铁不断拓展运输帮扶，努力造福当地百姓出行服务，通过精准安排列车开行方案与定点服务，以公益性服务支持乡村地区出行需要，为贫困区域人民拉近致富路。二是通过高铁车站、列车集中展播消费帮扶产品宣传视频，"土特产"品牌登上了高铁，有助于引领新的消费增长点。

第六章 米字形高铁赋能现代化河南社会发展

2021 年 3 月发布的《中华人民共和国国民经济和社会发展第十四个五年规划和 2035 年远景目标纲要》（以下简称《纲要》）中明确提出以城市群、都市圈为依托促进大中小城市和小城镇协调联动、特色化发展，使更多人民群众享有更高品质的城市生活的要求。《纲要》进一步指出，要加强普惠性、基础性、兜底性民生建设，自觉主动缩小地区、城乡和收入差距，让发展成果更公平惠及全体人民。高品质生活和增进民生福祉成为现阶段我国发展中的重要主基调。

高速铁路具有高速、便捷、舒适的优势，提高了资源要素的辐射范围，有助于方便群众出行、提升出行品质。为积极发挥交通运输在国民经济的重要作用，河南省大力推动米字形高铁建设，构建以高铁网为核心的综合交通运输体系，着力增强河南省的枢纽优势，夯实交通基础设施完备性，同时依托米字形高铁网建设发展引领区域协调发展、服务百姓便捷出行，持续增强人民群众品质便捷出行的幸福感、获得感，为建设社会主义现代化河南提供有力支撑。

立足人民需要，服务百姓诉求，是实现高质量发展的必然要求。河南省高铁网发展的首要和根本目的就是满足人民群众对美好生活的需要。通过以构建服务人民便捷出行和提升幸福感的高速铁路网为抓手，米字形高铁的建设全面服务百姓出行需求，提升百姓出行品质，拓宽人民群众就业渠道，最大限度地满足群众对美好生活的需要，共同打造出彩河南。

米字形高铁建成对增进百姓民生福祉的促进作用（见图 6-1）主要体现在伴随高铁运输能力的不断提高，高铁基础设施能力不断完善、区域间互联互通能力显著增强、枢纽便利性不断完善、运营效率持续提升，使得交通运输结构持续优化、交通运输效率显著提高，人民群众出行意愿明显提升，高铁出行次数明显增加，人民对高铁出行满意度持续提升，努力践行"人民铁路为人民"的根本使命。同时，交通的进一步提升扩大了通勤圈，人民群众就业有了更多新选择。

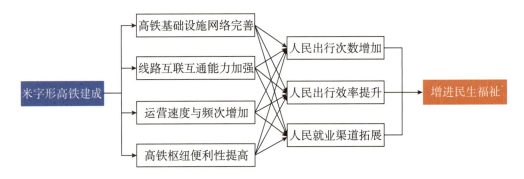

图6-1　米字形高铁建成对增进百姓民生福祉的促进作用

第一节　提升民众出行体验

以满足人民出行需求为导向，米字形高铁的开通有效串联了人民出行运输组织网络。截至2019年初，河南省既有高速铁路中，京广高铁开行列车107对，徐兰高铁开行列车91对，线路利用率较高①。截至2020年4月中旬，郑州管辖范围内共开行客车533.5对，同比增长15.1%，其中，高铁列车331对，同比增长28.8%；始发高铁列车181对，同比增长40.3%。既有城际铁路中，郑济城际开行列车39对，郑焦城际开行列车25对，郑开城际开行列车20对，对相关区域连通起到有效支撑作用②。既有普速铁路中，陇海铁路（135对）、焦柳铁路（136对）的能力利用率分别为96.4%、97.1%，能力接近饱和；京广铁路（121对）、京九铁路（119对）的能力利用率分别为86.4%、85.0%，能力较为紧张；宁西铁路（45.7%）、新兖铁路（67.9%）的能力利用率分别为45.7%、67.9%，能力较为富裕，较好地满足了河南省内城际通行的通行需求③。根据2023年最新列车运行图显示，郑州站共有G字

---

①③　资料来源：中铁第四勘察设计院集团有限公司，经作者计算得出。

②　郑州米字形高铁网建设成效显著　高铁列车开行对数增速明显［EB/OL］.河南省人民政府，［2020-04-24］.https://www.henan.gov.cn/2020/04-24/1326514.html.

头高铁车次 203 列，郑州东站以 215 列稳居河南省首位[①]。

以满足人民日益增长的出行需要为抓手，米字形高铁建成显著提高了居民城市铁路出行率。铁路或高铁出行率定义为铁路/高铁旅客发送量与常住人口数的比值，其高低直接反映了常住居民经由铁路/高铁的出行频次。十年来，河南省铁路人均出行率逐年提高（见图 6-2），2010~2019 年，铁路出行次数实现两倍增长，由 2010 年的 0.89 次/人·年增加至 2019 年的 1.85 次/人·年。受疫情影响，2020 年以来的省内城际通行便利情况有所失真，但呈现出逐步恢复增长的趋势。自 2015 年以来，高铁出行率显著提升，由 2015 年的 0.30 次/人·年增加至 2021 年的 0.76 次/人·年，年均增长 19%[②]。米字形高铁落成一年来，郑州东站累计发送旅客 3119.9 万人次，单日最高开行列车 760 趟。[③]

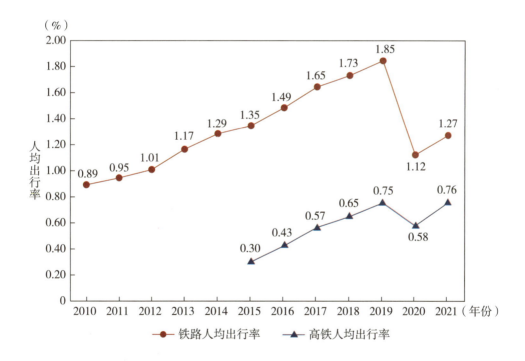

图 6-2　米字形高铁建设前后河南省人均出行率

资料来源：《河南省统计年鉴》，经作者计算得出。

---

① 资料来源：中铁第四勘察设计院集团有限公司，经作者计算得出。
② 资料来源：《河南省统计年鉴》，经作者计算得出。
③ "米"字形高铁助力中原经济腾飞 [EB/OL]. 新华网，[2023-06-21]. http：//ha. news. cn/ 202306 21/c1dfc75dbfe040f830941508bcc3492/c. html.

以提升百姓出行服务品质为牵引，高铁客运出行分担率逐年增长。出行分担率即铁路/高铁运输客运量占全社会出行量的比例，用于测度河南铁路/高铁客运量与全社会客运量之间的关系，其中测算值越高，表明铁路运输在全社会客运中的地位越高。2010~2021年，河南省铁路占全社会出行量分担率由5.0%上升到24.53%，创历史新高（见图6-3）；旅客发送量由2010年的8399万人次增加至2019年的18278万人次，增幅高达117倍，铁路在人民日常生活中扮演日益重要的角色。高铁在铁路客运中的重要性日益攀升（见图6-4），米字形高铁承担客运量显著增加，以京广高铁为例，其一年来累计发送旅客2370.46万人次，日均发送旅客达6.49万人次，单日最高开行列车达315趟，郑州东至北京西高峰时段间隔7分钟就有一趟高铁列车。

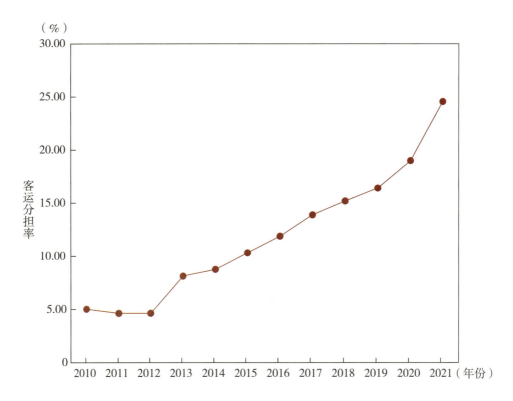

图6-3 米字形高铁建设前后河南省铁路客运分担率变化情况

资料来源：《河南省统计年鉴》，经作者计算得出。

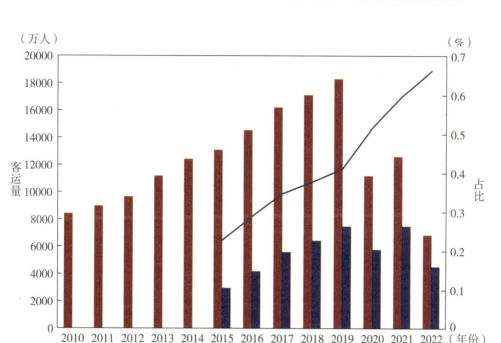

图 6-4　米字形高铁建设前后河南省高铁客运量分担情况

资料来源：《河南省统计年鉴》，经作者计算得出。

　　米字形高铁加强了河南省内城市出行的有效连通互动，方便河南省内人民交流。当前，河南省全社会出行方向仍以省内为主，以 2019 年河南省全社会出行为例，省内出行总量为 13.3 亿人次，占省内出行总量的 89.6%；跨市出行总量 6.4 亿人次，占省内出行总量的 48.1%，即省内互联互通是人民当前的普遍需求。聚焦河南省铁路客运出行，铁路出行量为全社会出行量的 11.7%，主要流向同样以省内为主，占比达 56.8%，省外出行在河南全社会出行中占比更高，达 48.6%，即铁路的开通有效支撑了省内互联互通以及省外频繁互通（见图 6-5）。从地区来看，河南省内交流主要以郑州与其他地市的互动交流为主，而在 2019 年尚未开通高铁的区域如濮阳等流动性较弱。米字形高铁建成一年来，河南铁路系统累计发送旅客 1.1 亿人次，而济郑高铁濮郑段开通这一年累计发送旅客 451.5 万人次，单日最高开行列车 51 趟，高铁出行越来越成为民众出行的重要选择。

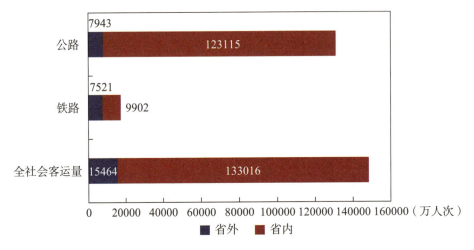

图 6-5　2019 年河南省全社会出行量分布

第二节　服务人民便捷出行

不同旅行时间影响城市间互联互通的紧密程度，从而影响人民出行与工作选择。2022 年 6 月国家发改委印发的《"十四五"新型城镇化实施方案》要求以促进中心城市与周边城市（镇）同城化发展为导向，以 1 小时通勤圈为基本范围，培育发展都市圈，提高都市圈交通运输连通性便利性。

通过对比高铁开通前后河南省各地市的小时交流圈规模，能够较为客观地反映各地市与区域之间的联系紧密度，以及对外的联系范围和强度。所谓小时交流圈，即小时范围内能连接的地市数量。以河南 17 个地级市之间及至米字形高铁沿线邻近省份的 16 个地市以及国家战略区域的 9 个地市的最短旅行时间为基础，考虑米字形高铁对区域间的串联作用，可有效评估米字形高铁对服务人民便捷出行的积极作用。

（1）"123"小时交流圈初具规模。米字形高铁开通后，河南省已基本形成辐射省内 17 个地级市的 1 小时经济圈，高效连接周边省会城市的 2 小时经济圈、通达全国主要大中城市的 6 小时经济圈，如图 6-6 所示。米字形高铁网使郑州到北京的时间最快缩短到 2 小时，到上海的时间缩短到 4~5 小时，到武汉和西安的时间缩短到不足 2 小时，极大节约了人流、物流在途中滞留的时间，能够成倍提升人们出行的效率。米字形高铁网的建成，有效缩短城与城、圈与圈、群与群、区域与区域间的时空距离，助力河南省增强与京津冀地区、长三角地区、粤港澳大湾区、成渝地区等国内重要城市群的对接，进一步连接太原、济南、合肥、西安等区域中心城市的发展态势。中原城市群内部城市交流强度较之前均提高一倍以上，其中信阳通高铁后增幅高达293%。郑州都市圈"1+8"城市群内平均旅行时间不超过70分钟，基本实现1小时通勤。

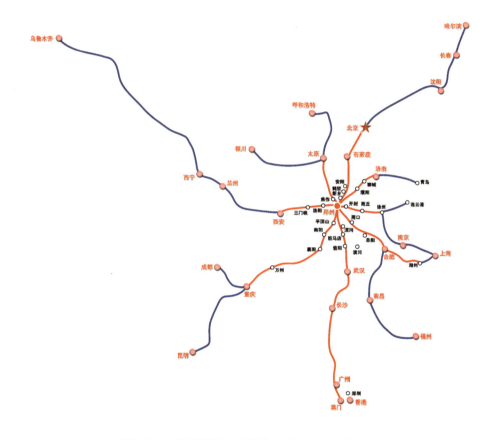

图 6-6　郑州米字形高铁至全国通达范围图

资料来源：中铁第四勘察设计院集团有限公司。

（2）各地市整体小时交流圈进一步拓展。随着米字形高铁开通运营，各地市与郑州的联系更为紧密，对外连通更为便捷。2010年，各地市省际交流圈的范围相对较小，仅郑州、安阳、新乡、漯河、信阳、驻马店2小时交流圈的范围在5地市及以上。其中仅郑州、安阳、新乡、商丘、信阳省际2小时交流圈的范围在2地市及以上，而安阳可在1小时以内到达邢台、邯郸，2小时以内到达石家庄。米字形高铁建成后，各地市2小时交流圈获得不同程度的扩展，13 个地市 2 小时交流圈的范围在 10 个城市及以上，11 个地市 5 小时交流圈可覆盖 85% 以上地市。其中仅郑州、许昌、洛阳、鹤壁、新乡、商丘的省际 2 小时交流圈扩展至 5 个地市及以上。郑徐客运专线沿线，开封、商丘省际 3 小时范围圈得到极大扩展，省际 5 小时范围圈覆盖83.3%；郑济高铁沿线，濮阳 3 小时内可到达河北石家庄、邢台、邯郸等城市，新乡与邢台、邯郸等城市的最短旅行时间缩短至 1 小时以内，与山西、河北、湖北、陕西、安徽、江苏所辖地市的交通联系也纳入 3 小时交流圈以内；郑太客运专线沿线，焦作与晋城、长治等地的最短旅行时间缩短至 1小时以内；郑渝高铁沿线，南阳、平顶山从省际 4 小时交流圈"挂零"拓展至分别包含 12、14 个地市；安阳、鹤壁、新乡、许昌、漯河、驻马店、信阳省际交流圈的扩展，一定程度上也体现了石武高速铁路建成通车的优势。

（3）郑州一日交流圈遍及全国主要城市。随着郑徐、郑万、郑阜、商合杭、太焦高铁等相继开通，郑州形成了覆盖省内 8 地市的 0.5 小时核心圈和覆盖省内 8 地市的 1 小时紧密圈。郑州一跃成为全国重点城市之间联系最多（与北京并列）、3 小时内通达地市数量最多的城市。郑州省际 2 小时范围圈沿京广客运专线和郑西客运专线拓展至邯郸、西安、晋城、长治、石家庄、邢台、武汉、孝感、渭南、阜阳、徐州 11 个地市，基本实现了 2 小时到达周边省会城市，4 小时到达京津冀、长三角城市群，5 小时到达川渝地区，6 小时到达粤港澳大湾区，一日交流圈可覆盖全国绝大多数 50 万人口以上地市（见图 6-7）。

（4）河南省内 123 小时交流圈进一步完善。米字形高铁开通后，河南省实现了市市通高铁，省内交流更为便捷（如图 6-8 和图 6-9 所示）。2010年，各地市省内交流圈的范围相对较小，仅有郑州、新乡、许昌、漯河、驻马店 5 地市省内 1 小时交流圈的范围在 3 地市及以上，2 小时省内出行圈只有郑州、洛阳、新乡、许昌、漯河、驻马店 6 个地市能与 5 地市及以上交流，3 小时出行圈除濮阳外平均可达性仍仅 40%。米字形高铁建成后，各地市出行交流圈获得不同程度的扩展，1 小时平均可达 4 个地市，郑州可达河南省内全部地市，开封、新乡、许昌、漯河可达 5 地市及以上；2 小时内除焦作、濮阳、三门峡、南阳、信阳、周口外均可达 11 个地市及以上；3 小时内除信阳外省内各地市基本实现两两可达。

图 6-7 郑州至全国各地可达小时圈

注：地市个数指的是河南 17 个地市+高铁沿线临近的 16 个地市+代表性国家战略区域的 9 个地市，共计 42 个（2010 年不计濮阳）。

资料来源：中铁第四勘察设计院集团有限公司，综合交通大数据。

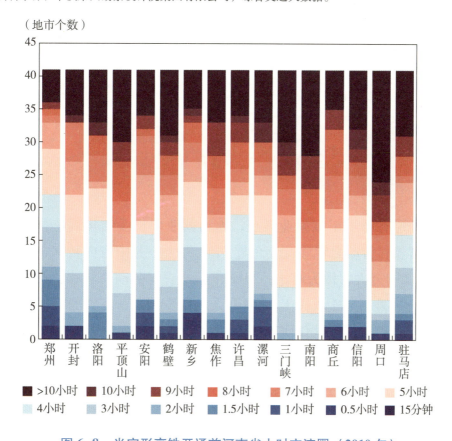

（地市个数）

图例：■>10小时 ■10小时 ■9小时 ■8小时 ■7小时 ■6小时 ■5小时 ■4小时 ■3小时 ■2小时 ■1.5小时 ■1小时 ■0.5小时 ■15分钟

图 6-8 米字形高铁开通前河南省小时交流圈（2010 年）

资料来源：笔者根据石开列车时刻表计算所得。

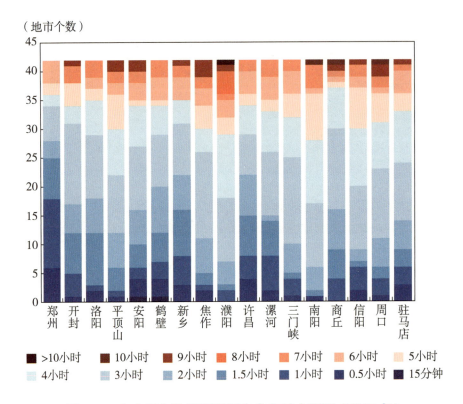

（地市个数）

图例：
>10小时　10小时　9小时　8小时　7小时　6小时　5小时
4小时　3小时　2小时　1.5小时　1小时　0.5小时　15分钟

图6-9　米字形高铁开通后河南省小时交流圈（2023年）

资料来源：铁路12306网站，经笔者计算所得。

第三节　拓宽群众就业渠道

高铁开通有助于拓宽就业渠道，推动就业增长及结构调整优化。2021年，河南省农村劳动力转移就业总量3134万人，其中省内转移1878万人，省外输出1256万人；作为对比，2012年新增农村劳动力转移就业105万人（省内），全省外出务工农民工2570万人。初步判断，高铁的开通有利于人力资本要素的流动。为量化研究高铁对就业结构升级的影响，选用《河南省统计年鉴》中2010～2021年河南省17个地级市和省直辖县级市（济源市）共计18个市的年度面板数据计算就业升级指数①，如表6-1所示。

---

① 就业升级指数采用三次产业占就业人口比重的加权求和来衡量，$ST = \sum i \times p_i$，在不加入其他控制变量的情况下，系数0.338在5%的水平下显著为正，加入控制变量后，系数0.154在变小且在5%的水平下显著为正。

表 6-1　就业升级指数描述性统计

城市	最大值	最小值	平均值	标准差
郑州市	2.53	2.28	2.40	0.08
开封市	2.54	2.00	2.24	0.18
洛阳市	2.86	2.26	2.59	0.19
平顶山市	2.71	2.09	2.36	0.21
安阳市	2.90	2.19	2.59	0.24
鹤壁市	2.97	2.03	2.45	0.27
新乡市	2.55	1.95	2.26	0.17
焦作市	3.10	2.26	2.70	0.27
濮阳市	2.73	2.03	2.37	0.21
许昌市	2.71	1.99	2.37	0.22
漯河市	2.64	2.01	2.30	0.21
三门峡市	2.41	1.75	2.11	0.18
南阳市	2.52	1.96	2.23	0.20
商丘市	2.84	2.14	2.46	0.27
信阳市	2.94	2.08	2.68	0.29
周口市	2.92	2.06	2.44	0.22
驻马店市	3.05	2.16	2.64	0.31
济源市	2.87	2.31	2.62	0.18

为了探明高铁开通是否对就业升级产生影响,根据双重差分模型计算所得结果如表 6-2 所示。

表 6-2　高铁开通对河南省各市就业升级指数的影响

	(1)	(2)	(3)
HSR_{it}	0.122**	0.097**	0.094*
城市化水平		-0.0001	-0.0001
人口数量		0.000	0.001
外商直接投资		1.92e-06**	4.01e-06***
研发投入		-7.01e-08	-2.99e-07
个体固定效应	无	无	有
常数	2.360***	9.968***	1.762***

注:*、**和***分别代表通过 10%、5%和 1%的显著性水平检验。

如表 6-2 所示，第（1）列表示未考虑财政支出、外商直接投资、固定资产投资等控制变量及未使用个体固定效应的情形下，高铁开通对河南省就业升级指数呈正向影响且在 1% 的水平下显著；第（2）列表示加入财政支出、外商直接投资、固定资产投资等控制变量但未使用个体固定效应的情形下，开通高铁会对河南省各市就业升级指数有正向促进效应，且在 5% 水平下显著；第（3）列表示加入控制变量的同时使用个体固定效应，上述结论仍成立，且在 10% 水平下显著。综上可知，在建设期，由于高铁建设涉及上下游相关产业，高铁建设带来的固定资产投资可以带动上下游产业的发展。在运营期，由于高铁的"压缩时空"效应，可以更方便带来人力资本要素的流动、通过与其他产业的协同效应，提高区域就业指数的提升，助力地区发展，带动就业升级。

为确保结论的准确性，使用剔除特殊样本、替换被解释变量等方法对模型进行稳健性检验。

（1）剔除特殊样本。截止到 2021 年，仅有济源市、濮阳市未开通高铁，其就业升级暂未受到高铁开通的直接影响。因此，将研究对象中的济源市、濮阳市剔除，仅对其他 16 个城市进行回归分析，结果如表 6-3 所示。

表 6-3　剔除特殊样本的稳健性检验

	（1）	（2）	（3）
HSR_{it}	0.134 **	0.116 **	0.095 *
控制变量	无	有	有
个体固定效应	无	无	有
常数	2.337 ***	2.197 ***	1.746 ***

注：*、** 和 *** 分别代表通过 10%、5% 和 1% 的显著性水平检验。

由表 6-3 可知，在剔除未开通高铁的城市济源、濮阳相关数据后结果依然显著，即高铁开通对拉动就业、促进就业升级产生了显著的正向影响。综上，稳健性检验结果与上述研究结论保持一致。

（2）替换被解释变量。参考国内外学者相关研究，通过对被解释变量就业升级指数进行变量替换，采用就业结构变动率作为代理被解释变量进行稳健性检验，就业结构变动率指标用所在城市第三产业就业人数与第二产业就业人数比值表示，实证结果如表6-4所示。

表6-4　替换被解释变量稳健性检验

	（1）	（2）	（3）
HSR_{it}	0.293***	0.176***	0.1001**
控制变量	无	有	有
个体固定效应	无	无	有
常数	0.895***	0.951***	2.239***

注：*、**和***分别代表通过10%、5%和1%的显著性水平检验。

由表6-4可知，在替换被解释变量后，高铁开通与就业结构变动率仍然呈显著的正相关关系。在加入控制变量并使用个体固定效应后系数虽有所变动，但效果依然显著，与基准回归结果基本保持一致，再次证实了回归结论的稳健性。

综上所述，高铁开通对于沿线区域就业结构升级存在正向促进作用。河南省内交通便利性提升以及产业丰富度的发展对省内经济发展和居民就近就业发挥了重要作用。

第七章　米字形高铁赋能现代化河南开放发展

第一节　赋能开放发展路径

米字形高铁的建成带动河南省对外开放的发展步伐，主要作用机理体现在两方面（见图 7-1）：一是有效助力河南深度融入共建"一带一路"。高铁网络吸引了更多客流由普铁向高铁转移，为铁路货运提供更多运力，加快多式联运转型升级，畅通对外开放通道，就中欧班列（郑州）而言，其运输能力持续增强，成为"一带一路"跨界货物运输的关键通道。二是米字形高铁的建设可以引导产业发展，有效拉动外资利用。高铁的建设有助于引导产业结构优化升级，进而吸引对外交流合作，促进招商引资，实现有效外资利用。

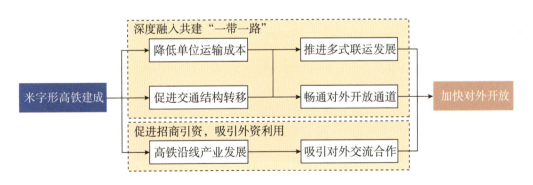

图 7-1　米字形高铁建设助推开放合作发展作用机理

基于上述机理分析，米字形高铁助力河南开放发展效果显著。在推动多式联运方面，"空中丝绸之路"空铁联运示范工程项目和米字形高铁物流网络铁公空多式联运项目被评为国家多式联运示范工程，多式联运货运量年均增长 15%。在优化社会物流成本方面，物流降本增效综合改革成效显著，根据河南省统计局数据，2021 年社会物流总费用与全省 GDP 的比率为13.45%，连续 9 年持续下降，年均下降率大约 4%，物流服务便捷度和群众获得感持续增强。在助力河南深度共建"一带一路"方面，中欧班列（郑州）辐射境外 30 多个国家、130 多个城市，自 2013 年 7 月 18 日开行至2022 年底，中欧班列（郑州）累计开行 3886 班，开通班次全国领先，累计货重 210.28 万吨、货值 160.67 亿美元，为"一带一路"倡议联动提供有力保障[①]。在推动招商引资方面，"十三五"期间，河南省累计实际吸引外资 901 亿美元，实际到位省外资金 4.7 万亿元。2021 年末河南省共有 A 股上市公司 98 家，其中制造业占比超过 70%，较 2012 年增加 34 家。

第二节　发展效能提升评估

为量化分析高铁开通对"对外开放"的影响，同样采用双重差分模型方法探究高铁开通对河南省各市外资利用的影响，数据来源与样本范围与上文保持一致，被解释变量的描述性统计如表 7-1 所示。

表 7-1　被解释变量描述性统计指标—外资利用　　　　单位：万美元

城市	最大值	最小值	平均值	标准差
郑州市	486330	190015	378569	76445
开封市	81712	12882	54692	20754
洛阳市	321118	120475	246252	55764
平顶山市	58311	16390	41997	10704
安阳市	62037	14887	44282	13570
鹤壁市	102809	22481	69491	23780
新乡市	139813	32902	93671	31314
焦作市	98738	28832	74008	19411

---

① 资料来源：中铁第四勘察设计院集团有限公司。

续表

城市	最大值	最小值	平均值	标准差
濮阳市	78122	9001	51356	21747
许昌市	87106	21277	62808	19624
漯河市	117823	32315	81184	24640
三门峡市	131154	39849	96450	25291
南阳市	72984	20111	54253	14678
商丘市	46730	10385	32496	10612
信阳市	66006	16694	47218	13738
周口市	66421	15763	47213	14873
驻马店市	49774	12550	36184	9733

　　根据双重差分模型实证结果分析，以高铁是否开通作为解释变量，高铁开通对于外资利用存在显著促进作用（见表7-2）。其中，第（1）列表示未考虑控制变量的情形下，核心解释变量系数为正且在1%的水平下显著，说明高铁开通对外资利用具有显著的正向影响；第（2）列表示加入控制变量但未使用个体固定效应的情形下，开通高铁会显著促进外资利用；第（3）列表示加入控制变量的同时使用个体固定效应，结果表明开通高铁对外资利用有正向促进作用，且在1%的水平下显著。综上可知，米字形高铁开通后不仅完善了河南省基础设施建设，也提高了中原区域市场开放度，增强了河南省对外商投资的吸引力。

表7-2　高铁开通对河南省各市外资利用的影响

	（1）	（2）	（3）
HSR_{it}	0.690***	0.407***	0.314***
城市化水平		0.000	0.000
城市规模		−0.001*	−0.004**
城市GDP		−0.000	−0.00
财政支出		0.000	0.001**
固定资产投资		0.000***	0.001**
个体固定效应	无	无	有
常数	10.603***	10.499***	12.103***

注：*、**和***分别代表通过10%、5%和1%的显著性水平检验。

为确保研究的严谨性和合理性，对模型进行稳健性检验。

（1）替换解释变量。通过对 HSR_{it} 进行变量替换，采用站点数量作为代理变量进行稳健性检验，站点数量指标用所在城市当年已开通运营的高铁站点数表示，实证结果如表 7-3 所示。结果显示，在替换核心解释变量时，各城市高铁站点数依旧对外资利用产生显著正向影响，证实了回归结论的稳健性。

表 7-3　替换被解释变量稳健性检验

	（1）	（2）	（3）
站点数量	0.201***	0.056*	0.048*
控制变量	无	有	有
时间固定效应	无	无	有
常数	10.817***	10.7949.994***	10.985***

注：*、**和***分别代表通过 10%、5%和 1%的显著性水平检验。

（2）改变高铁开通时间。对 HSR_{it} 进行滞后处理，实证结果如表 7-4 所示。结果显示，在对核心解释变量滞后 1 期或滞后 2 期的情形下，高铁开通依然对外资利用具有显著的促进作用。说明高铁开通对拉动外商投资的积极影响存在一定的滞后效应，进一步证实了前文实证结果的稳健性。

表 7-4　滞后核心解释变量稳健性检验

	（1）	（2）	（3）	（4）	（5）	（6）
HSR_{it}	0.483***	0.267**	0.225*	0.478***	0.267***	0.225***
控制变量	无	有	有	无	有	有
个体固定效应	无	无	有	无	无	有
常数	10.485***	10.707***	11.583***	10.835***	10.707***	11.583***

注：*、**和***分别代表通过 10%、5%和 1%的显著性水平检验。

第八章 米字形高铁赋能现代化 河南区域协调发展

新发展格局下的发展，不仅是以区域行政区划为范围求发展，而且是以国内统一市场为背景，全面参与市场分工，深度融入国内大循环、国内国际双循环的一体化发展。米字形高铁的建成，使得人力、资本等生产要素能够更充分流动、资源配置更加有效，能够有效降低区域一体化阻碍因素影响，加速区域一体化发展进程。米字形高铁促进河南省区域协调发展主要通过进一步压缩时空距离来优化要素配置，重塑沿线城市区位优势，从而补齐发展短板，促进不同区域经济活动的关联，动态调整空间分布，实现区域协调均衡发展。图8-1描绘了米字形高铁建设对区域协调发展的相关影响机理。

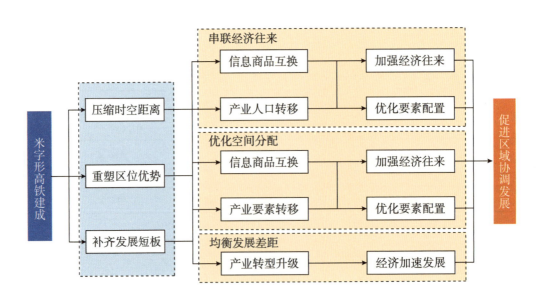

图8-1 米字形高铁建设对区域协调发展的促进作用机理

　　具体来说，一是米字形高铁对区域要素协调流动发挥积极作用，可以有效串联区域经济往来。伴随高铁运输能力的不断提高，城市之间时空距离的压缩加快了生产要素的快速流动、人员信息交流和产业转移，不同区域城市围绕高铁进行产业、要素的合理分工，实现协调发展。二是米字形高铁为优化沿线地区交通资源配置，为产业集聚和城市联通带来了新的发展机遇。高铁运输的便捷性进一步强化了区域间枢纽城市的辐射能力，进一步实现了沿线城市的优势重构。三是米字形高铁建设进一步拉动投资，带动产业结构转型升级，促进欠发达地区加速发展，有助于缩短区域贫富差距。

第一节　串联区域经济往来

　　作为交通基础设施的重要组成部分，高铁所具有的载客量大、速度快、准点率高、安全性好的优势将进一步优化区域交通网络，产生显著的"时空压缩"效应。米字形高铁显著拉近了河南省域内时空距离，区域间相互关联作用日益增强。本节将基于引力模型①对比高铁开通前后河南省各地市间的经济联系强度和其对外经济联系总量的空间分布特征，评估米字形高铁对于河南省区域融合发展的影响。与此同时，考虑到经济联系强度表示的是城市之间的相互作用，本书将计算对外经济联系总量，以反映某一地区与其他地区的对外联系总强度。以河南 17 个地级市之间及至米字形高铁沿线邻近省份的 16 个地市以及国家战略区域的 9 个地市的最短旅行时间为基础，分析区域之间的经济联系。

　　河南省经济联系强度的空间格局由"轴辐式"朝着"网络式"演化。米字形高铁建设前（2010 年），河南省总体联系强度水平较弱，省内的经

---

　　① i，j 两地区间经济联系强度 $R_{ij} = \sqrt{P_i G_i} \times \dfrac{\sqrt{P_j G_j}}{D_{ij}^2}$；$i$ 地区对外经济联系总量 $R_i = \sqrt{P_i G_i} \times \dfrac{\sqrt{P_j G_j}}{D_{ij}^2}$；式中，$P_i$，$P_j$ 为地区 i，j 的人口规模，G_i，G_j 为地区 i，j 的生产总值，在本研究中采用的是区域内城市 2010 年（高铁开通前）与 2021 年（高铁开通后）的人口数据及 GDP 数据；D_{ij} 为地区 i，j 间的最短旅行时间，在本研究中表示为铁路最短旅行时间。

济往来较为稀疏，与省外的经济联系也比较松散。米字形高铁建成后（2023年），一方面直接加强了河南省各地市之间的联系强度，经济往来更为密切，关联强度更加紧密，联系强度明显加深加密；另一方面，米字形高铁的建成显著拓展了河南省地市至周边区域的空间格局，增加了河南省其他地市经由郑州直达国内其他都市圈的可能性，相关区域之间的经济联系更为频繁，空间格局逐步由以郑州为枢纽连接省内各地市扩展成河南省内结密成网作为中心与其他区域中心连接，形成区域联动效应。城市间经济联系逐步由沿"十"字形主线发展向多级延伸的"中心—外围"式发展，整体以省内联系为主，向东北及东南方向稳步拓展（见图8-2到图8-5）。

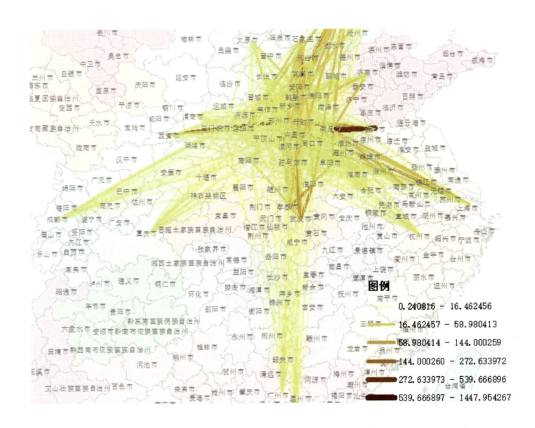

图8-2 米字形高铁建成前河南省各地市省际经济联系强度（2010年）

资料来源：笔者根据《河南省统计年鉴》、石开列车时刻表、中国铁路12306网站计算所得。

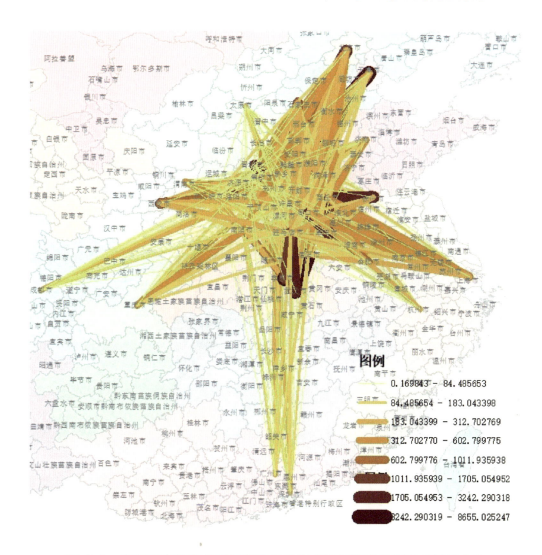

图 8-3　米字形高铁建成后河南省各地市省际经济联系强度（2023 年）

资料来源：笔者根据《河南省统计年鉴》、石开列车时刻表、中国铁路 12306 网站计算所得。

河南省各地市对外经济联系总量显著增强。2010 年，河南省各地市（不考虑濮阳）的对外经济联系总量均值为 1797.1，其中省内联系总量为 1358.1，占对外联系的 75.6%，是省外经济联系总量（439.14）的 3.09 倍，省内经济联系是河南省经济主要连通方向。在各地市中，郑州对外经济联系占河南省全域对外联系总量的 27.4%，其中省内联系总量占河南省的 30.8%，省际联系总量占河南省的 17%。米字形高铁开通后，各地市对外经济联系总量明显增强，平均对外联系总量上升至 20913.4，是 2010 年的 11.64 倍。其中，省内联系总量均值增加至 15067.1，平均增长率 1188%，

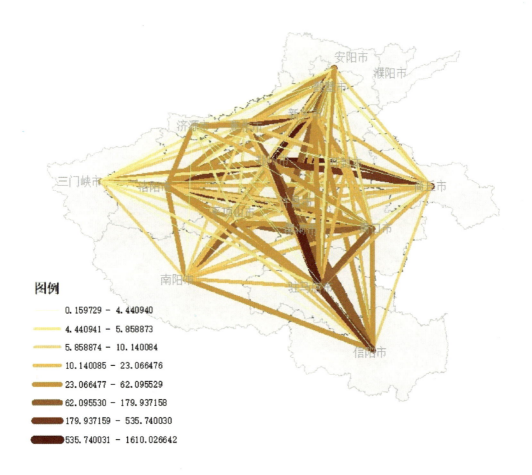

图 8-4　米字形高铁建成前河南省各地市省内经济联系强度（2010 年）

资料来源：笔者根据《河南省统计年鉴》、石开列车时刻表、中国铁路 12306 网站计算所得。

省内联系明显加深加密；省外联系总量均值增加至 6511.5，平均增长率 1900%，占省内联系总量的 43.2%，省外联系取得新突破。对省外的联系总量占比由 24.4%上升至 28.0%，河南省各地市对外联系明显增强，融入国内大循环的经济趋势更为明显。其中，郑州市与省际外围沿线地市及国家重点战略地区的引力逐渐增强，由原本的由 17.0%上升至 21.3%，虽然省内经济联系总量略有下降，但省内经济联系更为均衡。相关数据可视化展示，如图 8-6 到图 8-10 所示。

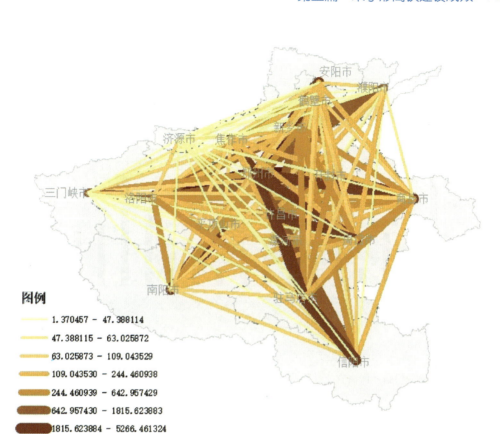

图 8-5　米字形高铁建成后河南省各地市省内经济联系强度（2023 年）

资料来源：笔者根据《河南省统计年鉴》、石开列车时刻表、中国铁路 12306 网站计算所得。

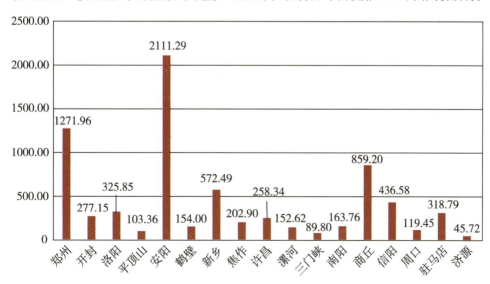

图 8-6　米字形高铁建成前河南省各地市省际经济联系总量（2010 年）

资料来源：笔者根据《河南省统计年鉴》、石开列车时刻表、中国铁路 12306 网站计算所得。

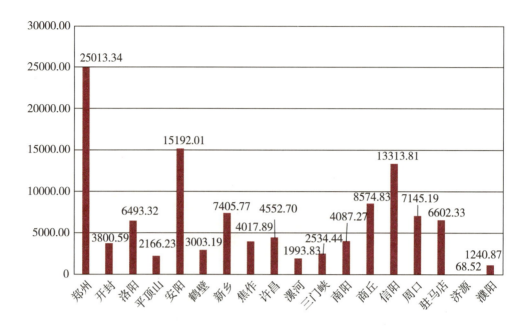

图 8-7　米字形高铁建成后河南省各地市省际经济联系总量（2023 年）

资料来源：笔者根据《河南省统计年鉴》、石开列车时刻表、中国铁路 12306 网站计算所得。

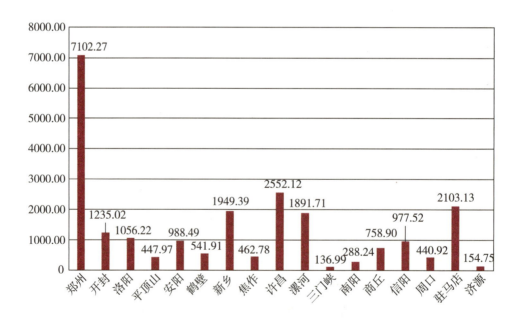

图 8-8　米字形高铁建成前河南省各地市省内经济联系总量（2010 年）

资料来源：笔者根据《河南省统计年鉴》、石开列车时刻表、中国铁路 12306 网站计算所得。

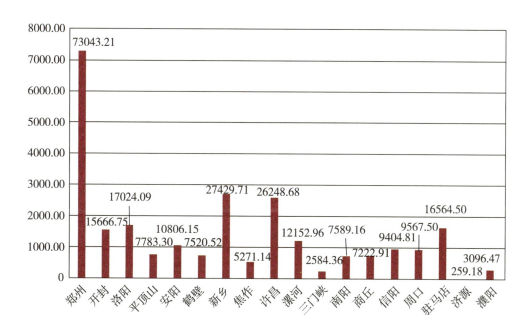

图 8-9　米字形高铁建成后河南省各地市省内经济联系总量（2023 年）

资料来源：笔者根据《河南省统计年鉴》、石开列车时刻表、中国铁路 12306 网站计算所得。

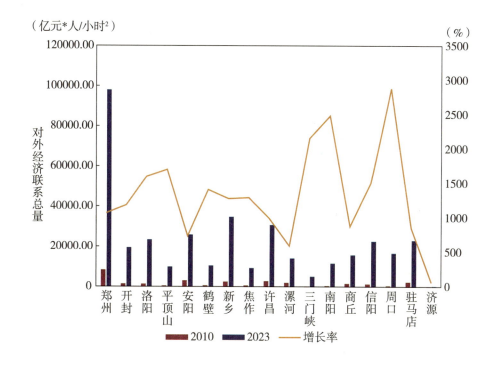

图 8-10　河南省各地市对外联系总量

资料来源：笔者根据《河南省统计年鉴》、石开列车时刻表、中国铁路 12306 网站计算所得。

第二节　优化交通空间分配

　　交通是人类参与社会活动、建立社会关系的前提条件，减少交通的限制因素有利于促进空间分配均衡，进而实现社会整体公平。为更好地全面评价米字形高铁开通前后，河南省内各地市与其他城市可达性的比较关系，本节将用时间变异系数和交通公平系数来进一步衡量省内区域到沿线地区可达性改善程度与空间分配情况。借助时间变异系数，可有力表征区域间通达性差异的高低，表示不同城市群的相对通达性关系。借助交通公平系数测度河南全域空间公平性，能充分考虑人民群众的切实需求，更好地评估高铁开通对可达性空间分配状态的影响指标。

　　变异系数一般可以表征地理数据波动的情况，通常用标准偏差和平均值的比值衡量，在分析观察值的差异性和异质性方面具有重要作用。时间变异系数[①]即平均旅行时间的变异系数。交通公平系数[②]又称全域变化系数，为加权平均旅行时间的加权标准差。本书进一步考虑了研究城市的城镇化建设情况，测算值越低，表示公平性越高，即可达性的空间分配更加公平。基于前文中最短旅行时间数据，以及《河南省统计年鉴》《中国城市统计年鉴》等得到相应数据。不难发现，从 2010 年到 2022 年，河南地市到沿线城市及国家重点战略地区的通达性得到明显改善。

　　各地市交通可达性均衡发展态势。河南省平均旅行时间变异系数从 0.12 降至 0.11。其中，沿线地市的平均旅行时间变异系数从 0.21 降至 0.16，显著下降 25%，体现出米字形高铁建设对均衡改善河南地市至沿线主要城市通达性具有显著作用。米字形高铁至沿线主要地市及国家重要战

---

①　时间变异系数 $CV=\dfrac{\sum\limits_{i=1}^{m}A_i}{m}\times SD$。式中，$A_i$ 表示城市 i 的平均旅行时间，m 表示评价的城市总数，SD 表示平均旅行时间的标准差。

②　交通公平系数 $CV'=\dfrac{\partial'\sum p_i}{\sum\limits_{i=1}^{m}(A_i\times p_i)}$，城市权重 $p_i=\dfrac{w_i\times c_i}{\sum\limits_{k=1}^{m}w_k\times c_k}$。城市权重式中，$w_i$，$c_i$ 分别表示 i 个城市的常住人口和城镇化率，∂' 表示加权平均旅行时间 A_i 的标准差，其他字母与上式一致。

略区域的标准差明显缩小，表明高铁开通对均衡区域内交通可达性差异具有显著作用，相关数据展示如表 8-1 所示。

表 8-1　米字形高铁建成前后平均时间变异系数

	标准差		均值		变异系数	
	2010 年	2023 年	2010 年	2023 年	2010 年	2023 年
至沿线主要城市平均通达性	1.34	0.45	6.41	2.75	0.21	0.16
至国家战略区域主要城市平均通达性	1.47	0.44	15.47	5.31	0.09	0.08
总体平均通达性	1.17	0.41	9.43	3.60	0.12	0.11

资料来源：笔者根据《河南省统计年鉴》、石开列车时刻表、中国铁路 12306 网站计算所得。

各地市交通公平性得到明显提升。河南省全域变化系数从 0.128 降至 0.125。其中，省内变化系数从 0.369 降至 0.272，改变幅度尤为明显，米字形高铁建设对均衡改善省内交通公平性具有显著作用。相关数据展示如图 8-11 所示。

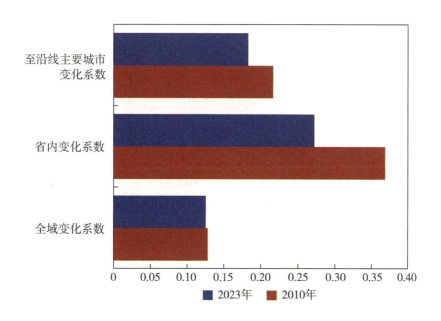

图 8-11　米字形高铁建成前后河南省全域变化系数

资料来源：笔者根据《河南省统计年鉴》、石开列车时刻表、中国铁路 12306 网站计算所得。

郑州都市圈一体化发展格局趋势明显。米字形高铁的建成显著缩短了中原城市群，特别是郑州都市圈内的时空距离，推动人口经济布局更加合理、区域发展更加协调，串联起了城市群内部城市的经济一体化，共同打造具有竞争力的高级城市群。基于卫星灯光图展示的经济发展、人口和交通联系情况来看，郑州市与开封市、许昌市之间已形成空间上的连绵化，尤其是郑州市与开封市之间几乎连绵成片，构筑大都市区域空间格局的基础条件已经具备。郑州都市圈、中原城市群沿米字形轴带逐渐呈现集聚发展态势。

第三节　均衡区域发展差距

在经济发展新常态下，经济社会发展日益呈现多元化、异质性特征。米字形高铁建设正值我国整体民生状况发展飞跃期，为进一步衡量河南省域内贫富均衡情况，本节将基于人均 GDP 首末城市的发展差距及各地市的变异系数进行说明。所谓首末城市人均 GDP 相差倍数是指各省区人均 GDP 第一和最后的城市相差倍数情况，其倍数越大，证明省域内贫富差距越大。例如，2021 年新疆维吾尔自治区、青海省、甘肃省分别位列首末城市倍差值的前三名，分别为 12、9.5、6.1。变异系数为均值与标准差的比值，有效反映了区域内人均 GDP 的数值分布均匀情况，其数值越小，表明经济发展越均衡。

（1）河南省首末城市发展差距逐步缩小。从全省来看，河南省人均 GDP 首位城市在不考虑济源情况下均为郑州市。米字形高铁建设以来，河南省人均 GDP 首位城市与末位城市人均 GDP 相差倍数逐年减小，由 2010 年的 3.68 逐步降低至 2021 年的 2.56，总计下降了 30.4%，年均下降了 3.1%，显著优于周边省市。以 2021 年为例，陕西省榆林与商丘之比为 3.6，山东省东营与聊城之比为 3.5，河北省唐山与邢台之比为 3.1，远高于郑州与周口的比值 2.56，相关数据可视化展示如图 8-12 所示。

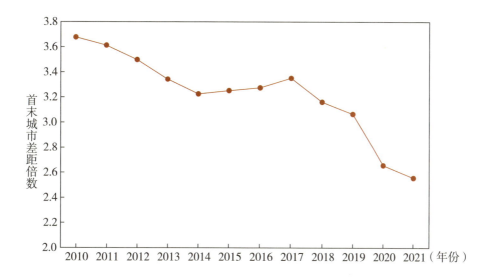

图 8-12　米字形高铁建成前后河南省首末城市人均 GDP 差距倍数

资料来源：笔者根据《河南省统计年鉴》计算所得。

（2）各地市区域差异缩小的态势更为明显。利用变异系数①衡量河南省区域经济社会发展水平差距程度及其变化趋势，从整体来看各地市人均 GDP，自米字形高铁建设以来，河南省人均 GDP 发展差异系数由 0.37 逐步下降至 0.29，为历年最低水平。分区域来看，豫中（郑州、许昌、漯河、平顶山）区域差异最大，其平均变异系数为 0.308 与 0.295，但总体呈先增后减的趋势，表明近年来豫中区域的区域差异水平有所减缓。同时，郑州作为省域中心，其经济增速一般高于其他区域，随着区域往来日益密切，发展速度保持相对稳定。豫南（信阳、南阳、驻马店）与豫西（洛阳、三门峡）的区域差异不大，分别为 0.059 和 0.041。豫北城市群（焦作、鹤壁、新乡、安阳、濮阳）和豫东（开封、周口、商丘）始终保持较为一致的发展水平，变异系数保持相对稳定，分别为 0.185 和 0.167，相关数据可视化展示如图 8-13 和图 8-14 所示。

---

①　在概率论和统计学中，变异系数，又称"离散系数"，是概率分布离散程度的一个归一化量度，其定义为标准差与平均值之比。一般来说，变量值平均水平高，其离散程度的测度值越大，反之越小。

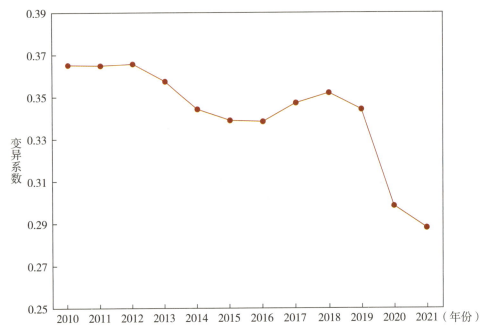

图 8-13　2010~2021 年米字形高铁建成前后河南省各地市人均 GDP 变异系数

资料来源：笔者根据《河南省统计年鉴》计算所得。

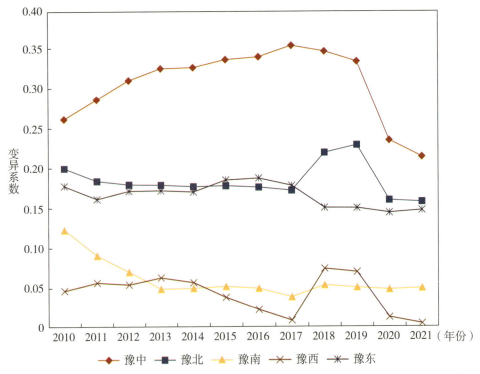

图 8-14　2010~2021 年米字形高铁建成前后河南省各区域人均 GDP 变异系数

资料来源：笔者根据《河南省统计年鉴》计算所得。

第九章　米字形高铁赋能现代化河南绿色发展

2020 年 9 月 22 日，我国政府在第七十五届联合国大会上提出，中国将提高国家自主贡献力度，采取更加有力的政策和措施，二氧化碳排放力争于 2030 年前达到峰值，努力争取 2060 年前实现碳中和。2021 年 3 月 5 日，时任国务院总理李克强在 2021 年国务院政府工作报告中指出，扎实做好碳达峰、碳中和各项工作，制定 2030 年前碳排放达峰行动方案，优化产业结构和能源结构。

生态文明建设是一个长期任务，需要持续努力，久久为功。绿色发展已经成为中国各行各业的共同追求，"绿水青山就是金山银山"成为全国各族人民的共同理念。铁路建设和发展也应当同生态文明建设协同推进，深度探索以绿色发展、生态优先为导向的高质量发展新路子，成就中国式现代化发展，助力建设出彩河南。米字形高铁的建设，对河南省贯彻国家双碳战略，加快塑造绿色交通产业链高质量发展模式，引导交通产业生态文明建设发挥了重要作用。

第一节　助力绿色生态发展

我国力争 2030 年前实现碳达峰，2060 年前实现碳中和，是党中央经过深思熟虑作出的重大战略决策，事关中华民族永续发展和构建人类命运共同体。交通运输行业是能耗大户，更是世界最大的化石燃料消耗部门之一。据统计，我国交通运输行业能源消费量占能耗总量的 7.4%，其中石油消费量约占全国石油消耗总量的 40%，且比重逐年上升。① 铁路是世界公认的绿色低碳环保交通方式，在打好污染防治攻坚战、加快发展方式绿色转型中发挥着重要作用，相关影响机理如图 9-1 所示。

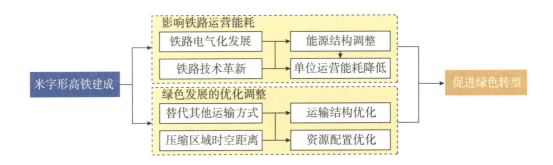

图 9-1　米字形高铁建设助力绿色生态发展作用机理

　　米字形高铁对全省绿色低碳发展的促进作用，主要体现在降低单位能耗、优化运输结构和提升资源配置效率三个方面：第一，高铁均采用电气化技术，米字形高铁的建设发展显著提高了铁路电气化率，调整了铁路能源结构。同时，高铁技术的发展进一步提升铁路能源管理水平，使得单位运营能耗进一步降低。第二，高铁的普及推动了河南省交通运输结构的变革，高铁相比其他传统运输方式单位能耗更低，其对于其他交通方式的替代对绿色发展起积极作用。第三，高铁实现了对可达性的极大改善，压缩了时空距离，从而最大限度地削弱了地理距离和行政力量对要素流动的束缚，使得跨区域间要素流动和交换更加迅速和便捷，提升了资源利用的程度和效率，进一步促进绿色发展。

一、营运能耗持续降低

　　高铁是发展低碳经济的首选交通工具，有利于资源节约型和环境友好型社会建设。高铁每人每公里能耗较低，利用电力牵引，不依赖石油等液体燃料，可采用多种形式获得电能，如太阳能、核能和水力等；高铁的快速发展提升了河南铁路的电气化水准，优化了铁路行业的能源消费结构，

---

① 李连成，吴文化. 我国交通运输业能源利用效率及发展趋势 [J]. 综合运输，2008（3）：16-20.

在一定程度上和部分线路实现了"以电代油",既减少了对燃油的依赖,又提高了能源的利用效率。同时,高铁网络建设一方面有助于电气化发展,优化机车能源结构;另一方面有助于提升技术水平,优化能源转化效率,从而调整单位周转量能耗。

基于客货周转量可对铁路能耗总量进行核算[①]。为进一步明确米字形高铁建设前后的能源消耗优化情况,本书将以 2010 年能耗情况作为基准线,估算有无条件下能源消耗情况,即高铁开通以来铁路运输的能耗优化量[②]。考虑到高铁能耗系数缺少公开数据,本节将考虑高铁建设全周期内铁路整体减排效益,基于国家铁路能耗系数及河南省铁路周转量进行核算,数据来源于 2010~2022 年《国铁集团统计公报》和《河南省统计年鉴》。

电气化进程持续推进。电气化铁路牵引功率大、效率高、能耗低、无污染,能大幅度提高客、货运输能力,降低运输成本,具有经济、环保等诸多优越性,是各国优先发展的铁路牵引动力方式。米字形高铁建设以来,河南省铁路电气化进程稳步推进,不断攀升。截至 2022 年底,河南省"四纵五横"普速铁路网全部实现复线电气化。

机车能源结构持续优化。2010~2021 年,河南省铁路机车单位能耗系数与日产量的变化如图 9-2 至图 9-5 所示。不难看出,随着铁路几次提速,电力机车单位耗电量也有所增加,特别是 2019 年以来电力机车日益替代内燃机车成为主要牵引动力。随着货运结构调整,2010~2021 年内燃机车日产量有所下降,货运内燃机车逐步退出历史舞台,日产量大幅度降低,由2010 年的 125 万吨公里下降至 2021 年的 19 万吨公里。货运内燃机车耗油量也逐渐稳定在 130 千克/万吨公里的范围。而货运电力机车产量则保持相对稳定,基本维持在 120 万吨公里的水平。根据铁路机车相应数据变化情况,得到河南省货运耗油量为年均 1013 吨,年分布较为平均;耗电量为年均487 万千瓦时,近年来略有增加。相关数据可视化展示如图 9-6 所示。

---

① 铁路能耗量 $Y_j = Z_j \cdot F_j$。式中,Z_j 表示客货周转量,F_j 表示单位周转量能耗系数。

② 铁路能耗优化量 $\Delta Y_j = Z_j \cdot \Delta F_j$;单位周转量能耗系数差 $\Delta F_j = F_j^i - F_j^0$。式中,$F_j^0$ 表示基准年单位周转量能耗系数,F_j^i 表示计算年单位周转量能耗系数,ΔY_j 表示铁路能耗优化量。

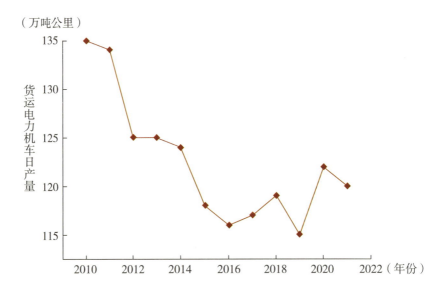

图 9-2　米字形高铁建成前后河南铁路货运电力机车产量变化

资料来源：《河南省统计年鉴》。

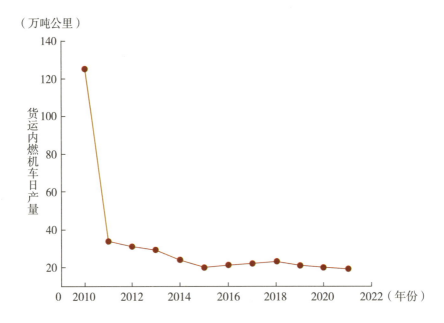

图 9-3　米字形高铁建成前后河南铁路货运内燃机车产量变化

资料来源：《河南省统计年鉴》。

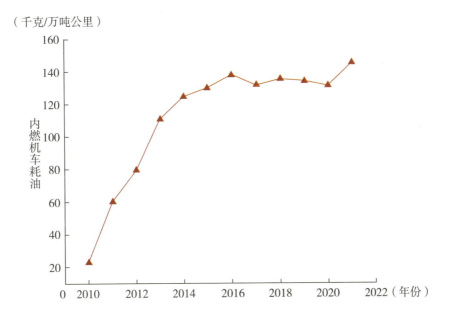

图9-4 米字形高铁建成前后河南铁路内燃机车耗油量变化

资料来源：《河南省统计年鉴》。

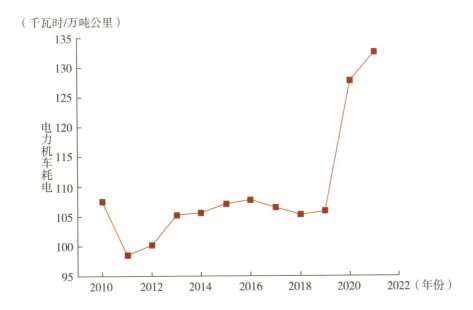

图9-5 米字形高铁建成前后河南铁路电力机车耗电变化

资料来源：《河南省统计年鉴》。

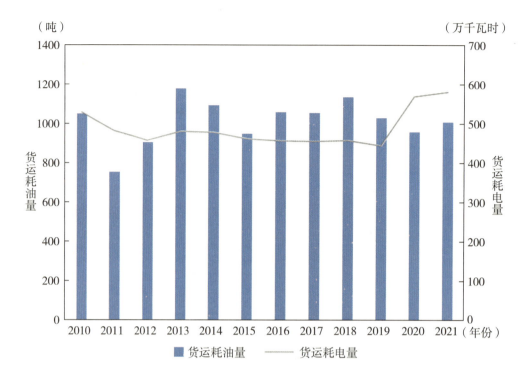

图 9-6 米字形高铁建成前后河南铁路货运机车能源消耗量

资料来源：笔者根据《河南省统计年鉴》计算所得。

能源消耗水平持续下降，货运能耗下降明显。2010～2021 年河南省铁路能源消耗情况如图 9-7 所示。不难看出，尽管 2010 年来河南省客货运周转量持续提升，但随着能源结构的不断调整、能耗系数持续优化，总体而言，河南省铁路客运综合能耗呈下降趋势。由于 2015～2016 年客货运周转量大幅度提升，但相对能耗系数降低不够明显，因此相对能耗优化量呈现先减少后增加的趋势。旅客年均能耗优化量可达 4.28 万吨标准煤，货运年耗能耗优化量可达 11.65 万吨标准煤，相应的换算能耗优化量年均可达 16.8 万吨标准煤。受疫情影响，2020 年，客货运列车上座、装载率低，单位运输工作量综合能耗比上年增加 0.45 吨标准煤/百万换算吨公里，部分影响了综合能耗调整水平，但 2021 年相应能耗系数又进一步降低，货运能耗优化水平恢复到疫情前的 90.6%，换算能耗优化量达到疫情前的 78.0%，相关数据可视化展示如图 9-7 和图 9-8 所示。

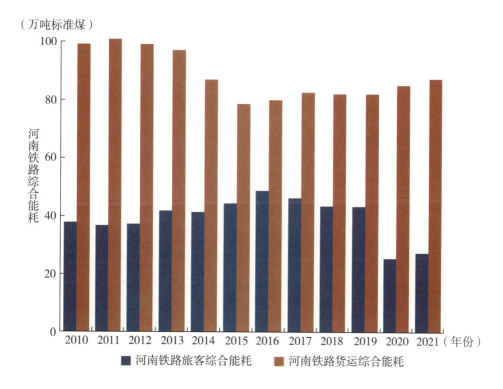

图 9-7 米字形高铁建成前后河南铁路综合总能耗

资料来源：笔者根据《河南省统计年鉴》、国家铁路发展公报计算所得。

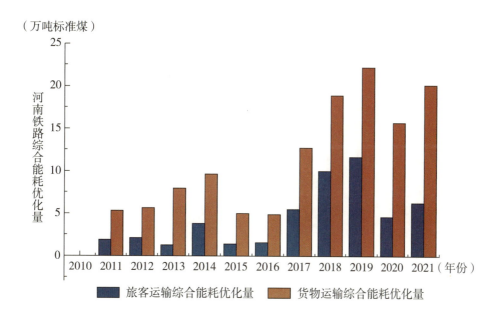

图 9-8 米字形高铁建成前后河南铁路综合能耗优化量

资料来源：笔者根据《河南省统计年鉴》、历年国家铁路发展公报计算所得。

二、绿色转型成效显著

一般说来，高铁在大约 150~800 公里的出行范围内具有较大的竞争力。基于效用理论考虑旅客出行行为选择视角，从不同交通运输方式的时间、费用、舒适、便捷等属性进行分析。相关研究发现，高铁与汽车、航空的变动临界点分别为 152 公里、633 公里，而高铁对客运大巴、民用航空的替代效应最显著的区间则分别是 100~300 公里、700~1000 公里。米字形高铁的建成，势必对河南省的绿色转型发挥积极作用，对调整交通结构发挥新优势。

高铁作为新型大型公共运输方式，对传统的道路运输起着关键替代作用。高铁使得传统铁路客运能力实现飞跃，当前"四纵四横"、未来"八纵八横"的高铁网络有助于进一步释放传统铁路运力，显著缓解了客货相争的运输压力，有效调整了现有客货运输结构。特别是，当高铁与现有运输方式互为补充时，会进一步刺激原有运输需求加快相关枢纽节点演化。例如，相关研究基于京津高铁的问卷调查发现，其开通后高铁客运分担率高达 73%以上，对城际间其他交通运输方式替代效应十分显著。相关研究表明，在高铁开通后，高速公路交通流量显著下降，高速公路客车流量的对数值下降了 20.5%，货车流量的对数值下降了 15.7%。

（1）米字形高铁与其他交通方式互为补充。当前河南省公路运输对省域地市间的串联作用不强，米字形高铁网的开通可以有效支撑省内互联互通，优化交通运输客运结构。根据高德地图工作日非高峰时段的最短推荐时长，截至 2023 年，高速公路出行 30 分钟内各地市间无法实现互联互通，1 小时内仅有 6 对地市实现相互通达，2 小时内平均通达情况仅为 31.25%，3 小时内仍有三门峡、信阳、南阳、安阳、商丘、濮阳 6 个地市连通区域不足半数，其与省内周边地市的连通明显不畅。从热力图来看，与汽车相比，米字形高铁建成对郑州、安阳、鹤壁、新乡等地的便捷程度提升明显。对于三门峡、南阳、商丘等原本通达性较差地区的交互往来起到了明显的推动作用，显著缩短了平均通行时长至少 130 分钟，对交通结构的优化明显。济郑高铁濮郑段开通前，从濮阳到郑州自驾需要近 3 个小时，到南阳需要 5 个小时。目前，从濮阳到郑州最快只需要 52 分钟，到南阳只需要两个半小时。济郑高铁将濮阳带入了高铁出行公交模式。濮阳东站累计发送旅客 132

万人，日均发送旅客由开站初期的 2700 人增长至 4787 人，增幅 77.3%，相关数据可视化展示如图 9-9 所示。

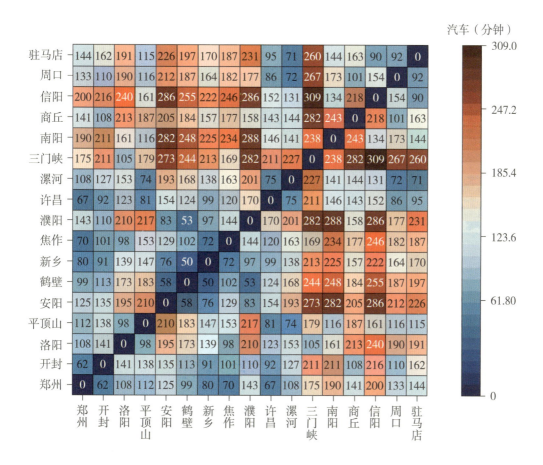

图 9-9 2023 年河南汽车省内旅行时间

（2）米字形高铁建成，势必会对民航市场产生明显的重构效应。由于高铁运营班次繁多，市场结构完善，票价合理，对于中短距离的民航具有显著的替代作用。高铁对航线影响的规律具有显著异质性：一是大型及超大型交通枢纽城市之间旅客存量大，高铁对航空替代性显著；二是高铁开通对航线影响存在马太效应，即大城市与中小城市之间的航线更容易受到影响。总体而言，高铁在 3~4 小时左右的出行范围内备受青睐，相关文献基于自然实证分析，发现高铁引入对民航线路 0~4 小时，4~6 小时，6~8 小时航班的替代效应分别为 75%、42%、13%。2022 年 6 月 20 日，京广高铁京武段常态化按时速 350 公里高标运营，郑州东至北京西高铁时间压缩至

2小时11分，比原有车次快了14分钟。高铁提速，势必对该方向上的航班具有更大的影响，高铁的优势也将进一步凸显。

（3）米字形高铁建成一定程度上也改变着河南物流格局。米字形高铁网释放出的货运能力，有利于深入推进大宗货物向铁路转移和"公转铁"货运的攻坚任务，有利于科学安排计划，优化运输组织。高铁运营释放的既有线货运能力，为优化河南省交通运输结构创造有利条件。2021年上半年，河南省铁路货运发送量5454万吨，同比增加617万吨，增幅12.8%[①]。2023年春运期间，郑州铁路累计货物发送量1863万吨，较2019年春运同期增加264.4万吨、增长16.54%[②]，"公转铁"成效显著。预计未来随着米字形高铁进一步成形成网，河南铁路运输在整个物流体系中的比重将进一步提升，物流格局将加快重塑。

第二节　改善全省生态环境

近年来，河南省各级各部门强化责任担当、勇于攻坚克难，社会各界广泛参与、携手共治，全面推进美丽中国建设河南实践，推动全省生态环境质量持续改善。从铁路绿色转型看城市低碳发展，从推进铁路沿线系统治理和场站生态建设看生态文明建设，米字形高铁建设发挥着对绿色生态的促进作用，对建设人与自然和谐共生的现代化美丽河南起着引领作用。

一、促进低碳减排

"绿水青山就是金山银山"，近年来，河南省空气环境质量显著改善，河南省生态环境厅的数据显示，2018~2022年，全省PM2.5、PM10平均浓度下降率均超过20%。2023年前7个月，全省优良天数131天，特别是4月、5月、6月、7月连续4个月多项指标达到近年来最好水平，PM2.5浓度实现环境空气质量二级达标，5月、6月优良天数同比分别增加5.6天、

---

① 河南：绿色发展推动企业减污增效［EB/OL］.人民网，［2021-09-25］.http：//henan.people.com.cn/n2/2021/0925/c351638-34929775.html.

② 郑州：飞驰在大高铁时代［EB/OL］.河南省人民政府，［2023-04-11］.https：//www.henan.gov.cn/2023-04-11/2722830.html.

3.3 天，在全国各省份中均排名第一。交通作为三大主要排放行业，其节能
减排对于全省减排贡献巨大。随着技术的飞跃，铁路单位能耗持续降低，
单位运输空气污染物排放量进一步下降，这对我国双碳战略实现具有重要
意义。与此同时，高铁的进一步发展优化调整了交通结构，间接影响了排
放情况，加速了双碳目标顺利实现。

　　为计算铁路减排效果，本部分将从铁路总体能耗优化减排和电气化替
代带来的能源转化部分减排两部分计算。考虑综合营运能耗优化情况，基
于米字形高铁建成前后国家铁路综合能耗变化情况，以 2010 年能耗系数作
为基准线进行减排量计算①。考虑电气化发展进程，采用替代算法计算电气
铁路的节能减排量，即同样的牵引工作量采用电力机车代替内燃机车的能
源消耗量（不考虑电力生产结构带来的能源消耗）。由于客运数据缺失，本
书基于河南省货运电力机车及内燃机车的牵引工作量，以及当年内燃机车
的单位耗油量，得到历年来河南省货运减排情况。

　　（1）铁路综合营运低碳减排成效显著。高铁时代的来临加速了铁路技
术革新，推动营运减排不断转型。2010~2021 年河南省铁路减排情况如图
9-10 所示。河南省高铁建成对旅客运输方面的减排成效明显，2010~2019
年综合减排量持续增加，平均年减排量可达 10.52 万吨；对货运减排更是持
续加速，平均年减排量 28.67 万吨。2010~2021 年，年均换算周转量综合减
排量可达 65.1 万吨。同时，聚焦高铁主营业务即只考虑运营减排情况，换
算年均减排量约为 11 万吨，减排效果较为显著，相关数据可视化展示如图
9-10 所示。

　　（2）电力替代减排优势明显。考虑客运电气化，以郑焦城际铁路为例，
每年 600 万人客流量约可减少碳排放量 8 万吨。高铁运营进一步释放了既有
普速铁路的货运能力，为提升河南铁路货运减排水平提供了条件。进一步
考虑货运电气化，2010~2013 年，河南省货运电气化水平快速推进，年均
减少消耗量 20%以上，对应的二氧化碳排放量由减少 703 吨逐步变为减少
3148 吨。自 2013 年以来，货运内燃机车单位耗油量急速提升，但相应的燃
油消耗与减排量依旧保持稳定中有所增加，十年来年均燃油消耗量减少 5717

---

　　①　铁路排放总量 $E = \sum_j (Y_j \cdot EF_j)$ 减排量 $\Delta E_j = EF_j \cdot \Delta Y_j$。式中，$Y_j$ 表示铁路能耗量，F_j 表示
单位能耗对应的排放因子，取标准煤排放系数为 3.16。

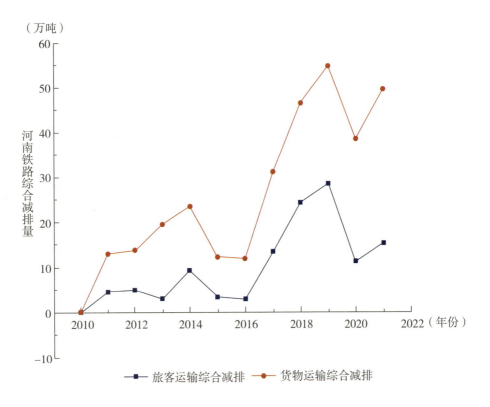

图 9-10　米字形高铁建成前后河南铁路综合营运减排量

资料来源：笔者根据《河南省统计年鉴》、国家铁路发展公报计算所得。

吨，年均减排量 3548.2 吨。米字形高铁建设以来，年均货运电力替代燃油量 4933 吨，综合减排量 3062 吨，累计 12 年减排达 3.67 万吨，相关数据可视化展示如图 9-11 所示。

　　从碳排放角度考虑，高铁百公里能耗是飞机的 18%、公路的 50%，高铁的建成运行会减少人们中短途距离使用汽车和航空飞机的需求，减少能耗和汽车尾气排放，从而减轻对环境的污染，有利于建设资源节约型和环境友好型社会。考虑高铁开通对其他交通方式的重构作用，基于数据可得性，本书将以高铁对飞机的替代效应为基础，估算高铁的替代效应带来的减排量。高铁的间接减排量等于所替代部分的交通运输方式运输量与该交通方式与高铁单位能耗量的差值的乘积，再乘以排放系数①。

　　（3）米字形高铁开通后对于交通结构优化的替代效应显著。相关研究证实，若将普通铁路每一公里的能耗设为 1.0，则高铁为 1.42，公共汽车为

---

① 节能减排量＝替代交通方式运输量×（替代方单位能耗量－高铁单位能耗量）×排放因子。

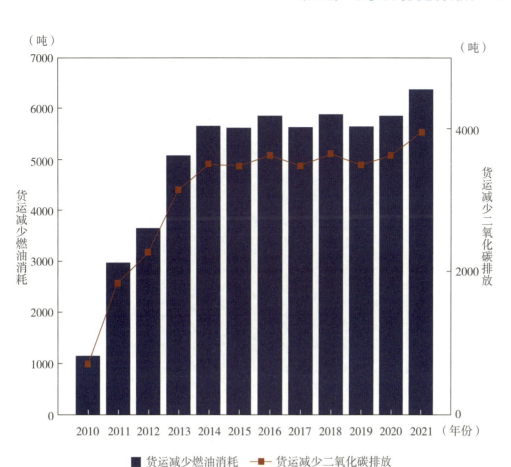

图 9-11　米字形高铁建成前后河南省货运铁路电力替代减排量

资料来源：笔者根据《河南省统计年鉴》计算所得。

1.45，飞机为 7.44，轿车为 8.5。如果以每位旅客单位燃料的移动里程来比较，飞机∶小汽车∶高铁为 0.26∶0.62∶1，高铁单位里程的燃料消耗量显著低于其他交通方式。米字形高铁建设以来对飞机的能源替代效应约为年均 18.5 万吨标准煤①，对应年均碳减排量约 60.1 万吨。2010~2019 年，替代能源消耗年均减少 18.65 万吨，年均减排量减少 60.14 万吨；受疫情影响，客流量波动导致替代减排量在 2020 年后有所下降，相关数据可视化展示如图 9-12 所示。

---

① 基于 2010~2021 年新郑机场航班数据，假设新郑机场航行时间数据分布为 0~4 小时航班占 65%，4~6 小时航班占 20%，6~8 小时航班占 5%，飞机每小时耗油量为 2.5 吨，以每吨标准煤的碳排放量为 3.15 吨来计算替代减排量。

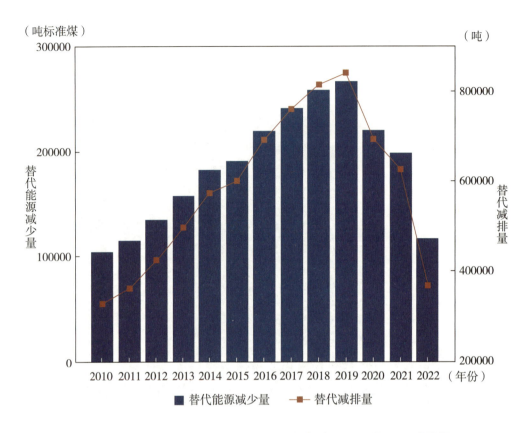

图 9-12   米字形高铁建成前后河南省高铁客运替代飞机减排量

资料来源：新郑机场官方公报。

二、优化生态环境

坚持新发展理念，河南米字形高铁建设始终重视环境问题，积极建设高铁沿线生态修复与保护工程，推动生态治理和生态廊道建设提质。2018年10月，河南省印发了《省会铁路沿线生态廊道过境干线公路高速互通立交及出入口区域绿化工作方案》《省会铁路沿线生态廊道过境干线公路高速互通立交及出入口区域绿化工作督导考核办法》，为高铁环境安全整治提供明确指引。

人在车上坐，车在画中游。河南省深化铁路沿线环境整治，积极推进高铁"绿色廊道"建设，取得了较好的成效和经验。例如，开封市着力推动黄河沿线生态绿化美化升级，打造沿黄生态廊道示范段，构成了"城市园林景观+乡村田园景观+村庄人文景观+黄河自然景观"复合型绿色生态廊道。2020 年，开封市共有干线铁路 3 条，总里程 148 公里，其中可绿化里程 121 公里，已绿化里程 102.2 公里，绿化率达 84%。

铁路沿线绿化提升工程稳步推进，因势利导建设生态城市。以"立足郑州、引领河南、服务全国"为工作思路，以消除铁路沿线环境安全隐患、提升铁路窗口形象为契机，郑州市着力打造郑州铁路新名片，积极打造高铁公园。目前，郑州铁路沿线等五项综合整治工作已基本完成，218 公里铁路沿线区域综合整治已经完成新建绿化及提升项目 7622 万平方米（含过境干线与高速立交出入口整治），初步呈现良好的生态景观。

枢纽场站生态绿色发展持续推进。高铁枢纽作为高铁网络建设的重要节点，其建设运营也应当遵循生态保护原则，促进资源有效利用。米字形高铁建设以来，部分枢纽场站充分发挥产业优势，因势利导打造生态绿色枢纽。以济郑高铁濮阳东站枢纽为例，濮阳东站是集交通集散、城市生活于一体的综合枢纽，其设计始终围绕生态建设，广场绿化率超过 60%，在全国高铁站中排名前列。其运营管理依靠科技创新为生态绿色发展持续赋能。相关实景效果如图 9-13 所示。

图 9-13　濮阳东站广场图景

资料来源：河南广播电视台和河南铁建投集团联合推出的系列融媒体报道《坐着高铁看河南》截图。

促进土地资源集约利用，减少噪音环境污染。高铁与公路相比，在土地占用方面明显有优势，例如与 4 车道高速公路相比，即使按道路最低等级测算，高铁占地仅为其 50%，完成相同单位运输量的占地不足其 10%。根据统计资料，完成单位换算周转量占用的土地，国外公路一般是铁路的 5～10 倍，我国则高达 25 倍。米字形高铁在建设过程中始终坚持合理选线、优化线路纵断面设计，合理确定路桥分界高度，在规划过程中力争与既有铁路、高速公路共用交通廊道，有效节约土地。噪音和废气是城市生活中的两个重要污染源。相关研究表明，若假设汽车每千人每公里产生的噪音为 1.0，航空与汽车大体相当，而高速铁路仅为汽车的 1/10，推进高铁建设有效降低整体环境污染。

第十章　坐着高铁看河南，
米字高铁汇中原

中原通，天下畅。河南，地处九州腹地、中国之"中"，在构建新发展格局和推动高质量发展上有着得天独厚的区位、交通优势。习近平总书记在河南考察时强调，以强化基础能力建设为主导推进培育发展新优势。河南省牢记总书记嘱托，积极推进以郑州为中心的米字形高铁建设，进一步巩固提升河南的交通区位优势。

第一节　中心城市：郑州——从
"铁路心脏"到"高铁心脏"

天地之中，华夏腹地。得天独厚的区位优势为郑州的发展插上腾飞的翅膀。作为河南省省会，郑州位于中国东部、西部、南部和北部之间的十字交通要地，是连接华北、华中、华东和西南等地的重要节点。在铁路方面，郑州是中国高速铁路"四纵四横"的交汇点，有陇海、京广等普速铁路大动脉，是中欧班列的重要始发站点，也是国铁集团郑州铁路局的总部驻地，是名副其实的中国铁路心脏。《现代综合交通枢纽体系"十四五"发展规划》中明确的"十四五"时期重点推进的 20 个左右国际性综合交通枢纽城市中，郑州也榜上有名。高铁时代，郑州乘势而上，助力"铁路心脏"升级为"高铁心脏"。

郑州被誉为一座"被火车拉来的城市"。根据《清史稿·交通志》记载，1889 年，时任湖广总督的张之洞奏请修建卢汉铁路。1909 年，汴洛铁路全线竣工。这两条铁路绕过了当时河南的省会开封，转向了开封西侧、彼时还被称为郑县的郑州，使当年的郑县一举成为繁华的商埠，为郑州铁路的发展奠定了基础。《郑县志》记载："郑为古东里，自铁路开通后，纷华靡丽，不亚金陵六朝。"铁路因郑州而建，郑州也因铁路而兴，铁路对于郑州交通体系的完善、国民经济体系的构建、区域流通往来的促进等影响作用非常明显。

从"十字路口"到"铁路心脏"，郑州铁路枢纽地位在普铁时代展现得淋漓尽致。郑州火车站始建于 1904 年，距今已有 119 年的历史，是我国八大铁路枢纽之一。不断拉长的卢汉、汴洛铁路成长为京广、陇海两条十字主动脉，造就了郑州站得天独厚的区位优势。其扼守中原腹地，辐射八方铁路网，是全国为数不多的既办理高铁、城铁、动车，同时又办理普速客车业务的铁路特等客运站。1953 年，原为郑县站的郑州站开始扩建，1963 年，郑州车站正式成为办理旅客运输的特等客运站。当年的一座小站，如今已是全国最大的旅客中转站和行包中转站，日均发送旅客可达 4 万以上。从郑州站开出的列车可通往全国所有省会城市，中欧班列（中豫号）辐射范围覆盖 40 多个国家 140 多个城市，郑州站也升级为"中国铁路心脏"。

从"十"字铁路枢纽到"米"字形高铁枢纽，郑州飞驰在高铁时代。2004 年，郑西高铁项目获批，郑州吹响进军高铁时代的号角。2010 年，郑西高铁开通，郑州正式迈入高铁时代；2012 年，郑州东站投用（见图 10-1），京广高铁全线开通运营，郑西高铁与之交汇画下高铁半个"十"字；2015 年，郑焦城际开通，米字形高铁一"点"初现；2016 年，郑徐高铁全线开通运营，"十"字彻底成型，郑州正式成为普铁、高铁"双十"字枢纽；2019 年，郑万、郑阜高铁相继开通运营，一"撇"一"捺"连通河南西南、东南区域；2020 年，郑太高铁全线贯通，一"点"正式成型；2021 年，河南铁建投集团揭牌成立，河南铁路发展迎来重大机遇；2022 年，郑州航空港站投用（见图 10-2），济郑高铁河南段宣布通车，郑渝高铁全线贯通，最后一笔"撇点"收尾；自此，米字形高铁落笔成型。从 2010 年郑西高铁正式投用之初，到 2022 年济郑高铁河南段建成通车，米字形高铁网终于化"纸上蓝图"为"地上通途"；从 2012 年郑州东站开站初期日均发送旅客不足 5000 人次，到 2023 年郑州东站暑运日均发送旅客 15 万人次[①]，

---

① "最忙暑运"收官！国铁集团郑州局累计发送旅客 3372.3 万人次，同比增长 95.1%［N/OL］. 河南日报，［2023-09-02］. https：//baijiahao. baidu. com/s？id＝1775874954100011744&wfr＝spider&for＝pc.

高铁、动车、城际、普速"四铁联动",铁路发展持续拓宽郑州"朋友圈"。

图 10-1 郑州东站广场图景

资料来源:中铁第四勘察设计院集团有限公司。

图 10-2 郑州航空港站广场图景

资料来源:河南铁建投集团。

因交通而兴，因交通而优，因交通而强。在习近平总书记"建成联通境内外、辐射东中西的物流通道枢纽"的指引下，在河南省委、省政府的大力支持下，郑州不断加快米字形高速铁路网建设，实现了以郑州为中心，高铁1小时覆盖全省地级市，2小时联通周边沿线地市及京津冀地区，4~6小时通达长三角地区、粤港澳大湾区、成渝地区等国家重点经济区，形成了一日辐射全国主要地市的高铁出行圈。今天郑州人口已过千万，是中国公路、铁路、航空兼具的综合交通枢纽，伴随商业的繁荣、交通的发展、产业的增加，人流、物流、信息流均在此交汇。作为全国重要枢纽节点和人流物流信息流中心，米字形高铁的开通加快了郑州与其他城市间的交流速度，也进一步促进了各类资源产业要素向郑州汇聚，人才持续涌入郑州，更多的发展机会不断扩充，助力郑州融城成圈。

米字形高铁走廊显著压缩时空距离，将中原城市群的辐射范围进一步扩大，将研发、金融、制造等各具特色的城市相互串联，打造功能完备、产业分工合理的新型城市群。高铁开通加速新技术、人才流通，赋能郑州制造向"中国智造"转变。郑州的六大主导产业包括汽车及装备制造、电子信息、新材料、生物及医药、铝及铝精深加工、现代食品制造等。作为基建中的核心装备，盾构机已经成为衡量装备制造水平的核心装备。2023年5月9日，世界首台绿色盾构机"中铁1237号"在郑州经开区成功下线，标志着郑州产的装备在隧道掘进机领域的研发正朝着高端化、智能化、绿色化方向不断迈进，"郑州造"擦亮了中国品牌新名片。在河南自贸区郑州片区，平均每天新注册企业就有80多家，高新技术、5G、人工智能等创新型企业纷纷抢滩入驻，共绘中国式现代化郑州图景。

覆盖中原、"米"通八方，在米字形高铁的助力下，郑州正昂首挺进在国家中心城市、国际物流中心建设的新征程上。在未来，郑州将持续放大米字形高铁的开放发展优势，聚焦"买全球、卖全球""投全球、全球投""交全球、全球交"，以打造开放平台、提升枢纽能级、创新制度体系为重点，加快构建更大范围、更宽领域、更深层次对外开放新格局，全力建设开放高地。面向2035，作为米字形高铁网核心的郑州，聚焦"四高地、一枢纽、一重地、一中心"和郑州都市圈建设，将加快建设"1+8"郑州都市圈轨道交通体系，不断开创郑州国家中心城市现代化建设的新局面，为加快推进中国式现代化郑州实践赋能增彩。比如，郑州东站开通以来，场站片区发展突飞猛进，东站商务区已成为郑州乃至全省的高端服务业发展引擎。早期东站片区与近期东站片区对比如图 10-3 所示。

图 10-3 早期东站片区（上）与近期东站片区（下）对比情况图

资料来源：河南铁建投集团。

第二节 副中心城市：洛阳、南阳
——高铁引领枢纽蝶变

一、洛阳——打造全国性枢纽

居天下之中，处九州腹地。洛阳，作为中国七大古都之一，是中国历史文化名城，有 5000 多年文明史，是华夏文明的发祥地之一、丝绸之路的东方起点，京杭大运河的中心，历史上先后有十三个王朝在洛阳建都，具有得天独厚的区位优势。洛阳位于河南西部、横跨黄河中下游南北两岸，是国家区域性中心城市、中原城市群副中心城市、"一带一路"重要节点城市。洛阳具有承东启西、连南接北的区位优势，正在加快建设全国重要的综合交通枢纽城市。洛阳市曾经是郑州铁路局洛阳铁路分局的总部驻地，也是中欧班列的重要始发站点。陇海、焦柳、郑西高铁等铁路干线穿境而过；目前，呼南高铁焦洛平段前期工作顺利推进，"十"字形高铁枢纽呼之欲出。

2010年2月6日，我国中西部地区的第一条高铁——郑西高铁开通运营，同期，洛阳龙门站正式投入运营，洛阳拥有了第一条高铁（见图10-4）。高铁的开通，大大增加了旅游辐射半径，洛阳的旅游辐射范围由之前的300公里辐射到现在的1000公里左右。地处豫西深山区的栾川县，虽然坐拥奇山秀水，却因大山阻隔至今不通铁路，随着郑西高铁的开通以及栾川高铁无轨站的设立，越来越多的游客坐着高铁走进了栾川，栾川的旅游产业在高铁助力下得到了进一步发展。

图10-4 洛阳龙门站广场图景

资料来源：河南铁建投集团。

高铁路网的贯通，也加速了高端人才、产业等城市要素向当地聚集。为了留住人才，洛阳提出建设青年友好型城市，积极加快产业结构调整，着力打造创新平台和业态，吸引众多优秀青年"千军万马会洛阳"。炎黄科技园位于洛阳经济技术开发区核心区，园区及周边优质企业集聚。以新一代信息技术为主导产业，以创业创新平台建设为抓手，炎黄科技园着力打造智能制造中心、生物技术中心，已建成河南科技大学·大学科技园、中航联创（洛阳）创新中心、洛阳市为侨服务产业园等多元化双创服务体系，初步形成创业苗圃+孵化器+加速器的企业发展生态。

洛阳 LYC 轴承有限公司（后称洛轴）始建于 1954 年，是目前产销规模、配套服务能力位于中国轴承行业综合性制造企业前列的行业一流公司。依托国家级创新平台的科研优势，洛轴紧跟高铁行业的发展前沿，加快推动科研成果的产业化转换（见图 10-5）。目前时速高达 385 公里的轴承样品已经送往国铁集团，进行台架试验和装车实验。

图 10-5　洛轴高铁轴箱轴承

资料来源：河南广播电视台和河南铁建投集团联合推出的系列融媒体报道《坐着高铁看河南》截图。

在全国城市铁路网加速布局中，洛阳不断地追寻着新的发展机遇。作为国家"八横八纵"高速铁路中的重要"一纵"，2022 年 1 月，呼南高铁焦洛平段正式纳入国家"十四五"综合交通发展规划。呼南高铁焦洛平段建成后将填补洛阳南北向高铁的空白，构建起以洛阳为中心、辐射豫西北、晋东南等地区的高铁"十"字形枢纽，推动洛阳从"区域性交通枢纽"向

"全国性综合交通枢纽"蝶变，对于助力洛阳建强副中心城市、形成增长极，带动区域协调发展都具有重要意义。

二、南阳——建设强交通枢纽

南阳古称宛，因地处伏牛山以南，汉水以北而得名。南阳市是河南省辖地级市、省域副中心城市，国务院批复确定的中部地区重要的交通枢纽，豫鄂陕交界地区区域性中心城市。南阳市历史文化厚重，是楚汉文化的重要发祥地。南阳地处承东启西、连南贯北的优越地理位置，交通便利。焦枝铁路纵贯南北，宁西铁路横穿东西，伴随郑万高铁开通，南阳已经进入"高铁时代"。立足区位资源优势，南阳统筹推进传统产业提质发展、新兴产业培育壮大和未来产业前瞻布局，扎实推进副中心城市建设。

2019年12月1日，郑渝高铁郑襄段开通，南阳加入高铁朋友圈，正式融入了全国"八纵八横"的高铁网络。2022年6月20日，郑渝高铁全线贯通，郑渝高铁是南阳第一条高铁，是中原至西南地区最便捷的客运通道，是河南省"米"字形快速铁路网的重要"一撇"。只有165公里的南阳段，却极大地拓展了南阳发展的广度和深度，改变着人们的生活版图。从南阳出发，除了能直接到达成都、重庆、昆明、贵阳、天津、沈阳、太原、青岛、南通等多个大中城市，也可经郑州等枢纽通达全国各地。立足高铁优势，南阳市超前谋划争取到15组高铁动车组冠名宣传权，进一步宣传展示南阳特色文化、知名品牌、名胜景区、龙头企业，推动了"引客入宛"工作稳步开展，助力南阳市加快高质量高效率跨越发展。2023年4月26日，"南都帝乡 魅力宛城"高铁冠名列车首发仪式在南阳市南阳东站举行。图10-6为南阳东站广场鸟瞰图。

高铁时代为南阳优化产业发展布局带来更多机遇，装备制造、数字光电、生物医药等新兴主导产业在加速推进。在中光学，每年有超过2亿件的精密光学元件运达全球，企业自主研发的超硬功能光学镀膜，实现了与世界一流光电信息企业的并肩同步。

此外，南阳是天然中药库，也是医圣张仲景的老家。依托中药资源禀赋，当地打造优质中医药产业链群，实施"艾产业倍增计划"等，中医药产业年产值突破300亿元（见图10-7）。而随着生物医药产业勃然兴起，宛西制药、福森药业等一批全国知名的龙头中药生产企业，也在加快生物制

图 10-6　南阳东站广场鸟瞰效果

资料来源：段平．"高铁时代"对南阳意味着什么［N/OL］．南阳日报，［2019-10-25］．http：//epaper. 01ny. cn/http_ rb/html/2019-10/25/content_ 689605. htm.

图 10-7　南阳打造全球中医圣地

资料来源：河南南阳：打造全球中医圣地［EB/OL］．南阳网，［2023-08-21］．https：//www. 01ny. cn/html/news/2023/08/11/show-384882. html.

药领域的发展。河南省发改委印发《河南省促进生物经济发展实施方案》，支持南阳建设国家中医药综合改革试验区。高铁不仅缩短城市间的时间距离，也串联起沿线城市丰富的文旅资源。中秋小长假，不少游客乘坐高铁来到南阳，在西峡老界岭打卡秋日云海，体验中秋赏月会、月饼大作战等特色主题活动。

未来，南阳将以构建综合交通枢纽为先导，在物流通道建设、完善物流体系网络等领域不断发力，形成"空铁水公"立体交通网络，打造临港临空经济区和物流枢纽经济。此外，将加速推进机场迁建，加快唐河、白河航运工程建设，开工建设南信合高铁，推动高速公路里程突破 1500 公里。通过建设全国性综合交通枢纽，全力打造"三区一中心一高地"，推动河南省域副中心城市建设跑出加速度、跨出高质量。

第三节   其他城市：米字形高铁赋能城市发展

一、商丘——对外开放桥头堡

"殷商之源"商丘，是商人、商品、商业和商文化的发源地。习近平总书记在视察河南时指出"殷商文化起源于商丘"。近代以来，铁路与商丘发展密不可分，从早期的陇海铁路，到京九铁路，再到现在的郑徐、京港、商合杭等高铁，商丘都是重要的枢纽站。商丘地处豫、鲁、苏、皖四省接合部，是全国性综合交通枢纽和建设中的区域性中心城市，是国家"一带一路""八纵八横"高铁网络节点城市，是中原对外开放桥头堡、枢纽经济新高地，拥有国家级商丘保税物流中心和民权保税物流中心。立足于交通区位优势，商丘以枢纽经济为引领，打造特色文化品牌，培育支撑枢纽经济发展的产业集群。

1916 年，随着陇海铁路开徐段通车运营，商丘迈入铁路时代。而百年后的今天，高铁时代的来临，让商丘的城市建设与发展焕发生机。2016 年，郑徐高铁通车，商丘进入"高铁时代"。随着商合杭高铁通车运营，商丘东站投入使用（见图 10-8）。商丘形成了高铁普铁"双十字"枢纽，成为全省第二大高铁枢纽城市。目前经商丘开行的商合杭高铁列数已经增至 50 列（见图 10-9）。打通了连接江淮和长三角地区的快速客运通道。

图 10-8　商丘东站广场图景

资料来源：河南铁建投集团。

图 10-9　高铁驶过商丘高铁枢纽图景

资料来源：商丘枢纽经济风正劲（奋进新征程 建功新时代）［N/OL］. 河南日报，［2022-07-15］. http：//newpaper. dahe. cn/hnrb/html/2022-07/15/content_579615. htm.

随着商丘交通优势的日益凸显，商丘把发展枢纽经济作为突破口，在全国第一个编制地级市《枢纽经济规划》，依托大交通、形成大物流、构建大产业、促进大发展。2022 年 7 月，示范区智能装备制造产业园项目开工，建成投产后预计年产值超 20 亿元。而在梁园区产业集聚区，涉及生物医药、人工智能等新兴产业也在加速推进。依托高铁普铁交通枢纽优势，以北航星空科技园、大学生科技园为平台，培育一批"链主"企业，加快补齐产业链短板，形成配套生产体系。2023 年前两个月，商丘市外贸进出口增长 23.2%，进口增速全省第三位，其中，对欧盟（27 国，不含英国）、韩国、中国香港和中国台湾进出口分别增长 56.2%、157.6%、198.5% 和 1490.9%，对 RCEP 其他成员国进出口 3.1 亿元，增长 37.8%①。

商丘以枢纽经济为坐标引导产业发展，大力推动巩固拓展脱贫攻坚成果同乡村振兴有效衔接，打造"一户一幅画、一村一风景、一乡一特色、一县一品牌"，致力实现乡村让生活更美好。面向新型城镇化需求，"中国冷谷"民权、"中原鞋都"睢县、"钻石之都"柘城等相继建成，形成了装备制造、超硬材料、电子信息等多个千亿级、百亿级产业集群，促进了商丘城市枢纽功能和产业集聚辐射能级提升。

物尽其流，客达南北。枢纽经济也为文旅产业发展带来新发展机遇。商丘古城已有四千年历史，是当今世界上现存的唯一一座集八卦城、水中城、城摞城于一体的古城遗址。立足打造殷商之源、汉兴之地等文化品牌，深耕高铁沿线客源市场，以点带面，串珠成链，构建商丘古城全域旅游发展新格局。暑假期间，古城陈家大院推出研学游，游客可以亲身体验造纸、印刷、陶艺等传统文化技艺。随着郑徐高铁开通，永城北站投用，也带动了周边区域巨大消费潜力。

作为"开放前沿、枢纽高地"，商丘充分发挥比较优势、后发优势，坚持项目为王，全力构建"3+4+N"制造业高质量发展现代产业体系，向东积极融入长三角，向西主动对接郑州都市圈，努力把商丘建设成中原对外开放桥头堡、枢纽经济新高地。未来，商丘继续实施枢纽能级提升行动，加快推进商丘机场、京港台高铁雄安至商丘段等重大项目建设，推进"空水铁公"一体发展，规划豫东物流枢纽经济区、高铁枢纽经济区、航空枢纽经济区。

---

① 商丘市枢纽经济：在崛起中更加出彩［EB/OL］. 河南省人民政府，［2023-04-13］. https：//www. henan. gov. cn/2023/04-13/2724022. html.

二、三门峡——变"交通圈"为"经济圈"

品虢国之风韵，观大坝之雄美。三门峡又称"崤函"，东连洛阳，南接南阳，西与陕西接壤，北隔黄河与山西相望，是连接豫晋陕三省、北上南下、西进东出的区域交通枢纽城市。三门峡历史文化底蕴浓厚，相传大禹治水，挥神斧将高山劈成"人门""神门""鬼门"三道峡谷，引黄河之水滔滔东去，三门峡由此得名，仰韶文化、道家文化和虢国文化等皆发源于此。

三门峡作为河南的"西大门"，陇海铁路、郑西高铁横贯东西，与即将建设的运三客专联通南北，高速铁路和干线铁路"双十字"格局已经基本形成。三门峡境内铁路全长 501.1 公里，其中郑西高铁长 154 公里，陇海铁路长 189 公里，浩吉铁路长 158.1 公里。三门峡南站位于郑西高铁线上，是郑州东站和西安北站的正中间，是名副其实的"中间站"。郑西高铁开通以后，三门峡基本融入郑州、西安两个省会城市的 1 小时交通圈。此外，黄河流经三门峡 206 公里，郑西高铁在三门峡境内 154 公里，黄河生态廊道和郑西高铁线路有多个地方并行，形成了独特的生态风光。

近年来，三门峡凭借三省交界的区位优势，以"交通圈"拓展"城市圈"、激活"经济圈"，创新经济新业态，省际区域中心城市的地位更加凸显。

凭借交通优势，三门峡积极探索城市高质量发展新模式。在陇海铁路、浩吉铁路、三洋铁路三大干线以及郑西高铁、运三城际铁路交汇处，集多式联运、大宗物流、电商仓储等功能于一体的三门峡铁路综合枢纽物流园修建于此。目前，中通、韵达、极兔等物流企业已经率先入驻，充分发挥公铁联运的优势，打造大宗商品物流基地。物流园一期快递物流单元和冷链单元建成后，将直接辐射黄河"金三角"周边 500 万人的生活需求，同时也缩短至少 12 个小时以上的快递揽存件时间。

依托丰富的自然资源，深入发掘黄河文化，三门峡集全市之力全方位打造复合型沿黄生态廊道。沿黄廊道连接黄河南岸三门峡境全线 6 个县市区，建成了砥柱游园、大禹文化公园、万亩梯田、角古东商业街等，谋划了河南首个可在黄河主河道上举办龙舟赛事的水上运动公园，申办赛艇、冲浪等水上运动项目；将函谷关景区与周边的东寨黄河观景台、老子文化养生园、薰衣草庄园、樱花园等串联。沿黄廊道通过项目赋能不断提升综合功能，有效推动融合发展，成为一条造福群众的安澜廊道、生态廊道、节水廊道、富民廊道、幸福廊道。

依托铁路枢纽优势，三门峡市积极融入郑州都市圈、西安都市圈，缩短了与国家级城市群之间的时空距离，为推动区域间资源共享、产业合作、协同创新提供了"新走廊"，实现了区位优势、资源优势向枢纽优势、经济优势的转变。未来，三门峡市谋划实施6条干线铁路，进一步巩固豫西区域性交通枢纽和黄河金三角中心城市地位。

三、开封——高铁赋能双城生活

开封是河南省辖市，地处华中地区、河南东部、中原腹地、黄河之滨，紧邻省会郑州，位于河南省中东地区，是中国历史文化名城之一。开封历史悠久，迄今为止已有4000多年的历史，是中国历史上重要的政治、文化和经济中心之一。"高铁"时代，勇做新时代高质量发展的开路先锋，是河南省委对八朝古都开封的定位和要求。而随着黄河流域生态保护和高质量发展、宋都古城修缮与保护等重大战略机遇叠加，开封借高铁之势为经济社会发展"提速换挡"。

开封区位交通优越，陇海铁路、郑徐高速客运专线横贯全境，京广、京九铁路东西为邻；郑开城际铁路26分钟即可抵达郑州高铁东站，连接郑州地铁。2016年9月，郑徐高铁全线开通运营，开封正式加入到高铁朋友圈（见图10-10）。随着米字形高铁逐步连线成网，开封已经成为京津冀地区、长三角地区"4小时交通圈"的重要节点。同时，兰考南站投入使用，兰考步入"一城双站"时代（见图10-11）。

高铁网络带动全市开放合作、招商引资、产业培育实现了新跨越，为开封在锚定"两个确保"、实施"十大战略"中勇做开路先锋提供更加有力的交通支撑保障。2017年3月，兰考全国首批、河南第一个脱贫"摘帽"，从脱贫攻坚走在前，到与乡村振兴有效衔接，努力探索、阔步向前。通过高铁连通，兰考在国内大循环中占据了重要的枢纽位置，在产业发展，公共服务和基础设施方面与郑州形成一体化格局。未来，兰考将继续发掘和利用好区位优势，在基础设施、产业体系、公共服务等方面建立规划对接，优化要素配置，连汴融郑、提级扩能，打造郑开同城化东部示范区。

图 10-10　开封北站广场图景

资料来源：河南广播电视台和河南铁建投集团联合推出的系列融媒体报道《坐着高铁看河南》截图。

图 10-11　兰考南站广场图景

资料来源：河南广播电视台和河南铁建投集团联合推出的系列融媒体报道《坐着高铁看河南》截图。

高铁提速不仅为对外贸易打开广阔的市场，也打通了海外艺术品回流通道。国际艺术品保税仓的建立，为国际艺术品"走进来"和国内艺术品

"走出去"提供了全方位的服务。河南自贸区国际艺术品保税仓坐落于开封自贸区商务核心区域，是全国第一家设立在海关特殊监管区域以外的艺术品保税仓，也是第一个集艺术品仓储、展览展示、拍卖交易、鉴证、金融等功能于一体的综合艺术品业务平台。截至 2021 年 7 月底，该保税仓进出口 5 批次，共进出口 140 幅字画和绘画，其中进口 105 幅字画和绘画，出口 35 幅绘画；进口金额为 8263 万元；出口金额为 3167 万元①。

黄河奔流，铁塔耸立，"城摞城"的奇观，州桥明月下的夜市烟火，"千年梦华"的开封到处体现着传统和现代的交融共生。2022 年全市生产总值突破 2600 亿元，固定资产投资同比增长 13.4%，增速居全省第 4 位；高新技术产业增加值增速居全省第 1 位、高技术产业增加值增速居全省第 4 位，主要经济指标增速高于全国全省平均水平②。奇瑞汽车公司的总装 5G 智慧车间便坐落于此，目前已具备年产 30 万台的整车生产能力。据悉，奇瑞汽车的产品出口 20 多个国家，也是开封市首家突破百亿元的工业企业③。

未来，开封市将以高速铁路、城际铁路、市域铁路为重点，着力打造郑开、开港、开兰间多方式、复合型交通走廊，构建一体联动、合作共赢的同城化空间新格局。其中，郑开城际铁路是中原城市群城际铁路网的主骨架之一，伴随着延长线的建设，城市的优质资源也将更多地聚集于沿线站点，形成新的经济社会发展优势和动能。

四、新乡——借力米字形高铁

新乡古称牧野，南临黄河、北依太行。新乡市和省会郑州隔河相望，加快郑新一体化进程，不断提高两地互通互联效率，是历届市委、市政府常抓不懈的头等大事，新乡市也把打造综合立体交通网络作为扩大对外开放、推动高质量发展的重要抓手。2022 年 6 月，随着济郑高铁濮郑段开通运营，新乡迎来高速铁路"双线驱动"，助力新乡深度融入郑州都市圈，也

①　立足政策，面向未来，艺术品保税仓助力文化产业发展［EB/OL］. 河南国际艺术品保税仓，［2021-09-02］. https：//baijiahao. baidu. com/s? id=1709754345228088794&wfr=spider&for=pc.

②　开封概览［EB/OL］. 开封市人民政府，［2023-06-27］. https：//www. kaifeng. gov. cn/viewCmsCac. do? cacId=8a28897b41c065e20141c3e9c9e7051f&tsrqbfrltdz.

③　河南广播电视台和河南铁建投集团联合推出的系列融媒体报道《坐着高铁看河南》截图。

将赋能"先进群体之乡"优势再造换道领跑，在建设国家创新高地上彰显作为。

京广高铁已经开通运营十年的时间，高铁为新乡发展带来了持续不断的动能。济郑高铁是河南米字形高铁网的收官之笔，济郑高铁的开通运营，将成为引领全区跨越崛起的通达之路、致富之路、幸福之路。郑济高铁开通后，新乡与京津冀地区、长三角地区等主要城市群的时空距离进一步缩短，与郑州、济南等省会城市的互动更加密切。图 10-12 为新乡南站广场图。

图 10-12　新乡南站广场图景

资料来源：河南铁建投集团。

一体化发展，交通要先行。新乡市一体化平原示范区位于郑州、新乡、焦作三市交汇处，是豫北地区联系郑州的重要节点，也是郑州辐射豫北的"桥头堡"。新乡南站正位于此，是加快平原示范区融入郑新一体化格局的重要枢纽。作为郑新一体化的桥头堡，平原示范区正全面启动中原农谷、平原科教城、智慧医院等载体的建设，不断引进高端人才，支撑科技发展。未来，中原农谷、河南种业集团、神农种业实验室将相继入驻，开展小麦、玉米、花生、大豆等育种研究，形成集聚效应（见图 10-13）。

图 10-13　中原农谷，国家生物育种产业创新中心的 4150 亩高标准试验田

资料来源：拼创种业新高地——写在中原农谷建设一周年之际［EB/OL］. 河南省人民政府网，［2023-04-13］. https：//www. henan. gov. cn/2023/04-13/2723952. html？ eqid = b86192bd000263250000000264759e06.

　　随着高铁、高速等重点交通项目的持续建成，新乡市与郑州市在生物、电池等新兴产业方面采用联合发展模式，谋划打造"郑新经济合作区"。河南速轮精密制造公司位于新乡市封丘县产业集聚区，是国内第四家、省内第一家生产轨道交通车轮产品的高端装备企业。河南速轮精密制造有限公司一期投入使用的一条高端智能化的轨道车轮生产线，平均每一分钟就能生产出一件车轮。这条由 18 台机组组成的智能化无人值守生产线，年产 40 万件不同规格的轨道车轮，能锻轧 400～1350 毫米规格的车轮①，是目前全球覆盖范围最大的轨道车轮生产线。

　　产业协同是一体化发展的根本支撑力，截至 2022 年上半年，新乡市引进郑州 20 多个支撑带动作用强的产业项目，形成了一批集群式产业园区。② 原阳县已投资 29 亿元建设了占地 2110 亩的餐饮食材加工中央厨房产

---

① 河南广播电视台和河南铁建投集团联合推出的系列融媒体报道《坐着高铁看河南》截图。
② 龙头"领舞"——郑新一体化发展记［N/OL］. 新乡日报，［2022-03-26］. https：//mp. weixin. qq. com/s/8Gy4xlBPUUOlw8UWhCZy0Q.

业园①，汇集了 60 多家食品企业，日出货量 3000 吨②，是名副其实的"超级厨房"。便捷的交通物流为产业发展提供了必要支撑，只需 30 分钟到达郑州市主城区，这为预制菜的推广创造了优异的物流条件。

作为全省米字形高铁北部枢纽，新乡以开放促进创新、以创新引领发展，全面融入郑州都市圈，高效联通京津冀地区和胶东半岛，推动交通区位优势向枢纽经济优势转变，构建"高校即实验室、城市即孵化器、企业即创新场"的创新发展格局，建设国家创新型城市。面向高铁的快速发展，新乡市旅游经济将迎来新的发展机遇，也将让新乡跑出经济社会发展新的加速度。

五、许昌——"川"字形高铁在发力

"闻听三国事，每欲到许昌"，许昌作为曹魏故都，三国文化发源地，历史文化源远流长。许昌，又称莲城，位于河南省中部，是中原城市群、中原经济区核心城市之一。进入"高速轨道"时代的许昌，一座城，三条高铁线，五座高铁站，形成集高速铁路、航空、高速公路为一体的快捷交通体系，在现代化都市圈建设中实现高质量发展。

2022 年，许昌东站全图开行 91 趟列车，通达 21 个省会城市（见图 10-14）。京广高铁、郑合高铁、郑渝高铁等 3 条高铁线在许昌组成"川"字形、5 个高铁站投入使用，直达合肥仅需 2 小时左右，重庆仅需 4 小时。京港澳、盐洛等 6 条高速在此交汇，郑许城际铁路 2022 年底通车，构成了四通八达的交通格局，许昌中心城区与郑州中心城区形成了半小时通勤圈，成为中部乃至全国现代物流最便捷的地区之一，与京津冀、长三角、珠三角、成渝等核心城市群的距离被拉近，联系更紧密。

随着交通区位优势的变化，物流成本明显降低，产业结构有效优化，许昌市战略新兴产业已占到整个工业的比重 34% 以上。2015 年，联桥科技公司落户许昌，在这里设立公司总部、生产基地和研发中心，同时利用许昌的区位交通优势，还在深圳和郑州建设研发中心，在北京设立销售公司。

---

① 原阳县底气十足打造中国预制菜产业基地［N/OL］. 河南日报，［2022-06-27］. https：//news. dahe. cn/2022/06-27/1049927. html.

② 新乡经济"半年考"原阳 GDP 增速凭啥成"榜眼"［N/OL］. 河南商报，［2022-08-10］. http：//newpaper. dahe. cn/hnsb/html/2022-08/10/content_585878. htm.

图 10-14　许昌东站广场效果图

资料来源：中铁第四勘察设计院集团有限公司。

这家公司的产品处于行业的先进水平，离不开高铁的发展。就在郑渝高铁开通的当月，又在重庆投建了超级电容的产业，商务往来一日三城成为常态。

高铁开通推动产业升级、人才聚集。2016 年"许昌英才计划"启动以来，92 个创新创业人才（团队）项目，1004 名高层次人才来到许昌创业、科研。截至目前 30 多人承担省级以上科技攻关项目，100 多人获得近 400 项专利授权，30 多人参与起草制定包含国际标准在内的各类标准 50 多个[①]。目前，许昌已经形成 1 个超千亿元产业集群和若干个超百亿元产业集群，成为全国重要的电力装备、汽车零部件生产基地，全球最大的人造金刚石和发制品生产基地。

除了城区的 2 个高铁站外，许昌下辖的 4 个县有 3 座高铁站，高铁站也成了当地县域经济的"发展动力站"。鄢陵花卉，禹州神垕的"钧瓷"，长葛的新材料、装备制造，许昌的三国文化旅游等不同的业态，因为高铁在许昌的"全覆盖"，注入了新活力。近年来，长葛市持续开展"科技型中小

---

① 河南广播电视台和河南铁建投集团联合推出的系列融媒体报道《坐着高铁看河南》截图。

企业、高新技术企业、创新型企业"三级梯次培育行动，高新技术企业达89家，高新技术产业增加值占规上工业增加值比重达46%；认定国家级两化融合对标贯标企业65家、"专精特新"企业38家、备案科技型中小企业203家①。

多路高铁的建成通车，让许昌市的营商市场覆盖的范围更广、环境更好。随着全国统一大市场的建设与发展，许昌的优势地位将更加凸显。面向未来，许昌市将加快交通体系、物流枢纽与区域、城市、产业的互动融合，努力把"流量"变为"留量"，培育高质量发展新动能。

六、鹤壁——转型蝶变数智赋能

鹤壁因相传"仙鹤栖于南山峭壁"而得名，位于河南省北部，是中原城市群的核心城市之一，也是一座著名的花园城市。鹤壁交通便利，资源禀赋良好。境内京广高铁、京广铁路纵贯南北，晋豫鲁铁路和郑济高铁横穿东西，乘高铁30分钟到达郑州、2个半小时到达北京、武汉、西安、徐州。乘上高铁建设的东风，鹤壁以数字经济为引领，赋能传统产业、发展新兴产业、布局未来产业。

2012年，京广高铁全线开通运营，鹤壁东站建成投用（见图10-15）。十年来，鹤壁东站累计发送旅客量突破1400万人次。2022年6月20日，济郑高铁濮郑段正式开通，滑浚站开门迎客（见图10-16）。这座高铁站拥有南北两座站房，跨越两市，全国唯一，从此，浚县正式加入郑州"1小时高铁圈"。随着济郑高铁滑浚站开通，鹤壁正式进入双高铁时代。短短10年时间，鹤壁高铁飞速发展，滑浚站投用以后，经停鹤壁东站的旅客列车也由85列增加至91列，鹤壁人乘坐高铁出行变得越来越便捷。

立足数字强省战略，鹤壁市围绕高铁纽带积极谋划产业布局，充分发挥高铁聚集而来的各类资源要素。从卫星图上可以看到，鹤壁东站高铁沿线3公里范围之内，布局了众多智能制造、数字经济这样的新兴业态。而在科创新城，吸引了许多像华为、阿里这样的数字经济相关企业，目前已超过400家。

---

① 许昌：长葛市创新驱动制造业高质量发展［EB/OL］.大河网，［2023-06-26］.https：//city.dahe.cn/2023/06-26/1259770.html.

图 10-15 鹤壁东站广场鸟瞰图景

资料来源：河南广播电视台和河南铁建投集团联合推出的系列融媒体报道《坐着高铁看河南》截图。

图 10-16 济郑高铁滑浚站站台图景

资料来源：河南广播电视台和河南铁建投集团联合推出的系列融媒体报道《坐着高铁看河南》截图。

借助高铁区位优势，鹤壁市浚县现代物流开发区白寺园区充分挖掘区位优势、交通优势，聚焦招商引资、项目建设、优化营商环境等重点工作，着力打造现代物流产业新高地，全力推动园区现代物流产业高质量发展。在首家投入运营的重点项目京东"亚洲一号"仓库，从存储、拣选、包装到输送、分拣环节均都采用自动化设备，不仅降低成本，效率也得到提升。京东"亚洲一号"业务辐射半径200公里，豫北五市都可享受到"211限时达"，2022年上半年累计发货近400万件，产值近12亿元。

以园区转型为基础，鹤山进一步加快推进当地主导产业转型，培育了化工、新材料、装备制造等多项产业集群，在新兴产业领域取得了不俗成绩。2020年，鹤壁市联合京东云推动智能制造产业园建设，推动平台供应链资源在园区的规模集聚和协同生产。作为河南省重点项目，京东（鹤壁）智能制造产业园以京东订单及外贸订单为牵引，汇集智造企业，打造3C智能产品（计算机、通信消费类电子产品）产业链集群。

从因煤而建、因煤而兴到加快培育"四优三新"主导产业体系，鹤壁以优势产业升级改造实现弯道超车，以新兴产业培育实现换道领跑，以未来产业布局抢滩占先，数字经济核心产业增加值占比全省第二。下一步，鹤壁市将深入落实省数字化转型战略，进一步巩固加强数字基础设施建设，健全完善数字经济产业生态体系，加快培育形成一批引领能力强、具备核心竞争力的未来产业链群，打造全省未来产业创新发展先行区，为建设数字强省做出鹤壁贡献。

七、安阳——现代化区域中心城市

安阳，河南的北大门，豫晋冀三省交界区域性综合交通枢纽。厚植交通区位优势，依托丰富文旅资源，安阳以转型发展为主攻方向，坚持传统产业提升和新兴产业培育并举，做强优势、做精特色、做优品牌，加快建设现代化区域中心城市。安阳是国家二级物流布局城市，是陆港型国家物流枢纽承载城市，是中原经济区5个区域物流枢纽之一，已被纳入中原经济区、京津冀协同发展区，成为"一带一路"、河南"三区一群"、环渤海经济圈国家战略辐射带动的重要节点。

安阳是区域性综合交通枢纽城市，京广高铁、京广铁路贯穿南北，晋豫鲁铁路横贯东西，形成"两纵一横"铁路网。2012年12月26日，京广高铁北京—郑州段通车，安阳、鹤壁、新乡高铁通车。而随着济郑高铁濮郑段开通运营，内黄站投入使用，最快66分钟就可抵达省会郑州。

借助于高铁优势，当地规划建设高铁小镇，发展现代农业、陶瓷、康复设备等特色产业。滑县大力推进文旅文创融合和家具产业提质升级，高铁片区规划面积约5平方公里，将建设高端商务会展区、数字大厦、人才公寓等，打造集枢纽服务、高端商业、创新孵化、生态宜居等功能于一体的城市中央活力区。内黄县将规划建设总面积约4.5平方公里的特色小镇，形成"一心两轴三片区"总体格局，打造陶瓷小镇，以贝利泰为引领，吸引国内外品牌设立专卖店，带动周边300公里以内群体消费。目前，内黄县陶瓷产业园贝利泰的智能车间，从进料到成品1000米的生产线已经全部采用自动化设备，其产品通过中欧班列远销塞尔维亚等国（见图10-17）。

图10-17 内黄高铁站广场图景

资料来源：河南内黄：济郑高铁开通在即 内黄站这样的新面貌！［EB/OL］.大象网，［2022-04-01］. https：//www.hntv.tv/rhh-0589761536/article/1/1509713185619922945？v=1.0.

依托太行山特有资源优势，安阳立足航空资源，在无人机制造、飞行培训、农林作业、航空会展等领域打造特色品牌（见图10-18）。此外，安阳建立了14个重点和新兴产业链链长制工作推进机制，积极培育壮大电子信息、高端显示等新兴产业，着力打造区域先进制造业中心。新兴产业不断抢滩占先，传统的钢铁焦化纺织行业也在结构调整中主动求变、积极变革。安彩高科凭着光伏和光热新材料打开海外市场；老牌国企安钢积极开展工艺技术创新，全面加快创新成果转化。

图 10-18　2023 年中国飞行家大会暨第十五届安阳航空运动文化旅游节在安阳开幕

资料来源：活力古都展翅翱翔　第十五届安阳航空运动文化旅游节盛大开幕［EB/OL］. 大象网，
［2023-09-28］. https：//www.hntv.tv/anyang/article/1/1707303062501801985.

2021 年底，国家发展和改革委员会公布的"十四五"首批国家物流枢纽年度建设名单中，由万庄安阳物流园建设运营的安阳陆港型国家物流枢纽榜上有名。万庄安阳物流园位于汤阴县，具有独特的区位优势和政策优势。周边交通具备发展铁、陆、空多式联运的深厚基础，一墙之隔便是位于京广线和瓦日线铁路交汇处货运编组站汤阴东站。通过 12 公里的铁路专用线，安阳物流园实现了与日照港、烟台港、天津港等港口无缝通关。

济郑高铁开通运营，进一步强化了安阳市交通区位优势，对融入郑州 1 小时经济圈具有重要意义，给滑县、内黄县带来重大发展机遇。未来，安阳将以提升运输能力为重点，持续推进在建铁路建设，规划研究安阳经濮阳至菏泽城际铁路，将基本建成"一枢五通五提升"综合交通运输和枢纽经济体系。加快重大项目建设，增强承载能力，安阳厚植交通优势增强发展胜势，着力构建"通道+网络"高效物流运行体系，充分发挥陆港型国家物流枢纽承载城市作用，推动交通区位优势向枢纽经济优势转变，基本建成豫北枢纽经济引领区，促进枢纽经济提质升级。已经开通高铁的滑县、内黄县和市直有关部门要抢抓机遇、抢占先机，高标准规划设计、分期分批建设、合理拓展边界、形成辐射带动，加快高铁经济发展，不断提升安阳吸引力、影响力、凝聚力、带动力，助力现代化区域中心强市建设。

八、漯河——乘势高铁食品名城

漯河市是河南省辖地级市，别名"河上街""隐阳城"，位于河南省中南部，伏牛山东麓平原与淮北平原交错地带。漯河市是全国经济体制综合改革试点城市、河南省办内陆特区，中部地区具有影响力和辐射力的商贸物流中心。漯河市综合立体交通区位优势明显，构成了全省重要的水运、公路、铁路多式联运网络。"十"字形高铁、"井"字形高速立体交汇，河南省首条西部陆海新通道漯河—北部湾港—泰国（林查班）国际班列常态化开行，使漯河成为河南省第二大快递物流分拨转运节点城市。

漯河因铁路而生，因铁路而兴。在百年城市化进程中，漯河与铁路结下了不解之缘。1898 年开始修建的（北）京汉（口）铁路（今北京至广州铁路北段）给漯河带来了一次千载难逢的发展机遇。当时漯河属郾城县管辖，名为"漯湾河镇"。1906 年 4 月 1 日铁路全线竣工通车，"漯湾河"也由此改名"漯河"，1948 年县级漯河市建立，1986 年升格为河南省直辖市。2005 年 6 月，（北）京广（州）高速铁路开工建设，2009 年 7 月 11 日，京广高铁在漯河境内全面开工建设，2012 年 9 月 28 日，全线贯通并投入使用，漯河幸运地成为这条铁路途经的一个重要站，漯河历史上首趟高铁G635 次列车驶入漯河西站（见图 10-19）。

图 10-19　漯河西站广场图景

资料来源：河南广播电视台和河南铁建投集团联合推出的系列融媒体报道《坐着高铁看河南》截图。

"新驱动打造现代化食品名城，乘势而上融入郑州都市圈建设"，是河南省委对漯河下一阶段发展定下的总基调。国家统计局统计的 21 类食品行业中，漯河就拥有 18 大类、50 多个系列、上千个品种，麻辣面制品、火腿肠、冷鲜肉等单品产量居全国第一（见图 10-20）。不管是休闲食品还是生鲜食品，物流是重中之重，顺丰、圆通等 19 个龙头快递品牌区域总部的扎堆聚集，助推漯河成为河南唯一的"中国快递示范城市"。每年的中国食品博览会，四面八方的客商都会乘坐高铁来到漯河投资签约，为漯河发展注入强大的活力。

图 10-20　漯河食品产业工厂车间图景

资料来源：河南广播电视台和河南铁建投集团联合推出的系列融媒体报道《坐着高铁看河南》截图。

截至 2023 年 9 月，平漯周高铁项目可行性研究、初步设计已由河南省政府和国铁集团联合批复，国铁集团工管中心已出具施工图设计初步咨询意见，相关参建单位已有序进场开展工作，先行用地段工程已开工，现场正在进行桥梁工程、大临工程施工（见图 10-21）。河南省委第十一次党代会系统性重构了河南区域协调发展新格局，漯河通过加强食品产业、物流产业等产业体系对接，打造郑州都市圈食品产业研发中试和生产基地、产业转移基地，成为郑州都市圈一体化发展的关键支撑。未来要充分发挥

"公铁水"多式联运的交通优势，大力发展冷链物流、快递物流和农产品物流，打造都市圈综合物流副中心。

图 10-21　2022 年 6 月平漯周高铁建设动员会

资料来源：河南铁建投集团。

九、信阳——老区振兴推动产业创新

信阳是河南省辖地级市，位于鄂豫皖三省交界处、河南省南部，处于大别山北麓与淮河上游之间，地处大别山革命老区核心区域。京广、京九、宁西三条铁路和京广高铁，五条高速，六条国道在境内形成多个十字交叉。近年来，围绕塑造"美好生活看信阳"品牌，当地加快培育主导产业和特色产业集群，加快老区振兴、加速绿色崛起。

2012 年 9 月 28 日，高铁信阳东站开通运营后，使信阳融入到郑州及武汉 1 小时都市圈的辐射范围（见图 10-22）。作为全国高铁"大公交"的一个重要站点，信阳到省会郑州只需 78 分钟，到湖北武汉最快仅 40 分钟。信阳东站共有 44 趟始发的高铁车次，分别发往全国各大中城市，成为河南省除郑州站以外发送旅客量最多的高铁站。而信阳，也成为全省唯一一个设两个高铁站的地级城市。作为京广高铁重要的中间车站，从信阳东站出发，40 分钟可以到达武汉，2 小时到达长沙，5 小时到达上海。开站运营 10 年以来，信阳东站已经累计发送旅客突破 2400 万人次。苏信直达高铁开通，极大缩短信阳与苏州、与长三角的时空距离，加快两地交通联通、产业贯通。

图 10-22　信阳东站广场图景

资料来源：河南广播电视台和河南铁建投集团联合推出的系列融媒体报道《坐着高铁看河南》截图。

　　信阳具有得天独厚的立体交通优势，是全省唯一一个拥有"公铁水空"多式联运立体综合交通运输体系的城市。借助独特的区位优势，信阳全力打造绿色食品、绿色建造、时尚家纺、智能制造、电子信息 5 大千亿级产业集群，积极培育"链主型"龙头企业。天扬光电，全国最大民营液晶模组生产企业；舜宇光学，全球最大的光学镜片冷加工基地；明阳风电，拥有陆上最长 94 米的风叶生产线。而为了加快老区产业振兴、加速绿色崛起，2022 年 3 月，豫东南高新技术产业开发区揭牌。豫东南高新区重大联通设施较为完备，大力发展高铁经济和枢纽经济，将豫东南高新区打造成为中部地区连接长三角和粤港澳大湾区的桥头堡、苏信合作的主平台，为老区振兴构造新的增长极，是豫东南高新区发展的重要目标，也成为新时期河南促进区域协调发展的重要方向（见图 10-23）。

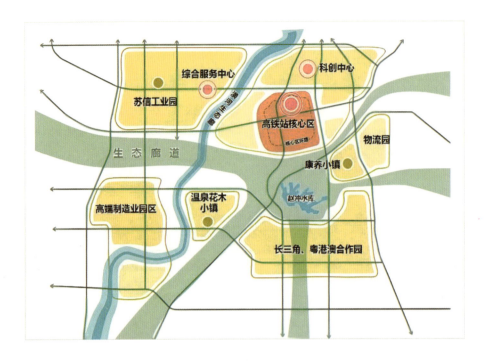

图 10-23　以高铁站为核心的豫东南高新区空间布局

资料来源:《豫东南高新技术产业开发区国土空间总体规划（2022-2035 年)》(征求意见版)。

高铁的开通也为区域文化旅游发展提质增效。乘京广高铁,来红军的摇篮、新县的将军山忆苦思甜,到国家 5A 级旅游景区"云中公园"鸡公山消暑纳凉。好山好水出好物,信阳菜鲜、香、爽、醇,中国十大名茶信阳毛尖,品牌价值连续 13 年位居全国前三位。依托茶叶文化、红色文化、民俗文化等资源禀赋,基地设计开发茶韵体验类、红色传承类等主题研学课程,打造乡村旅游新业态。

高铁开通为信阳发展注入新活力。未来,信阳将紧抓南信合、京港台高铁建设机遇,以现代综合交通运输体系为支撑,发挥"枢纽+通道+网络"优势,所有县(区)实现"1 小时上高铁"。综合交通线网规模达到 31000公里以上。还将打造"两纵三横"高速通道,实施明港机场二期、开工建设潢川等通用机场,实施内河水运"通江达海"工程,进一步提升鄂豫皖省际区域中心城市地位,持续为"美好生活看信阳"提供强力支撑和强大动能。

十、周口——高铁助力开放前沿新高地

周口历史悠久、文化灿烂，有着 6500 多年的文明史，享有"人之祖、史之初、国之根、文之源"的美誉。周口市位于河南省东南部，地处黄淮平原腹地，地处中西部地区连接东南沿海地区的关键地带，是连接中原经济圈和华东经济圈的"交汇点"，是周边地区重要的商品集散地，是承接产业转移的示范区。郑阜高铁这一捺开通后，周口正式加入高铁朋友圈（见图 10-24）。

图 10-24 周口东站广场图景

资料来源：河南广播电视台和河南铁建投集团联合推出的系列融媒体报道《坐着高铁看河南》截图。

2011 年国家发布的支持河南省加快建设中原经济区的指导意见中明确提出，研究规划郑州至济南、郑州至太原、郑州至合肥等快速铁路通道。2015 年 12 月 24 日，郑州至合肥铁路（河南段）工程建设动员会在周口市举行，郑阜高铁河南段正式开工建设。2019 年 10 月 25 日，首趟 G55501 次郑州东至界首南（局界）动车组列车准时从郑州东站发出，途经郑州南站、许昌北站、鄢陵站、扶沟南站、西华站、周口东站、淮阳南站和沈丘北站，终到界首南站，全程运行约 270 公里。2019 年 12 月 1 日 6 时 30 分，由郑州东站开往周口东的 G6625 次列车从郑州东站开出，标志着郑阜高速铁路开通运营。目前，郑阜高铁设计时速 350 千米，周口境内设立了 5 座车站，从

周口东站到省会郑州最快只需 51 分钟，周口东站开站以来单日发送旅客最高值达 21000 余人。郑阜高铁 2019 年开通以来，让周口搭上了"高铁经济"这趟列车，实现快速融入郑州"一小时经济圈"，拉近了与"京津冀""长三角"的时空距离。

立足交通区位优势，周口市倾力打造千亿级优势产业集群，以高质量项目建设为经济发展增势赋能。抢抓建设"豫东承接产业转移示范区"战略机遇，周口市坚持推动产城融合发展。高铁开通以来，西华的区位交通优势进一步凸显，有力推动了西华承接产业转移和产业、人才的聚集。高铁片区食品全产业链加工、航空新兴产业以及高端智能精密制造实现了飞速发展。得益于靠近西华高铁站，产业园实现了研发在深圳，生产在西华的模式，已形成了全国先进的无人机产业集群。截至 2022 年，该园已吸引河南酷农、深圳大疆等 17 家知名无人机企业入驻。

周口港是河南省唯一一个全国主要港口，境内水路通航里程达 400 公里左右（见图 10-25）。周口在水铁联运上具有明显优势，漯阜铁路连贯东西，郑合高铁直达沪杭，平漯周高铁即将开工，直通港口码头的疏港铁路专用线项目也在规划建设中。通过陆路运过来的原材料再通过水路运输至目的地，能极大地节约运输成本，如今水陆联运已成为周口新增的一张名片。

图 10-25　周口港图景

资料来源：河南广播电视台和河南铁建投集团联合推出的系列融媒体报道《坐着高铁看河南》截图。

依托交通区位优势，周口市全力推动多式联运枢纽建设。未来，周口要立足"临港新城、开放前沿"的发展定位，大力推动"铁水"联运。以水运、铁路运输、陆路运输、航空运输推进综合交通枢纽建设，力争形成 1 个综合立体的交通网络、形成 4 大功能港口、建设 6 个客货运营中心。以交通体系建设来推动现代物流业和跨境电商的发展，以跨境电商和现代物流业发展推动枢纽经济发展。以物流来聚集产业，以产业来推动高质量发展。同时创新铁路投融资体制改革，设立总规模 300 亿的铁路产业基金，已开工建设的平漯周高铁，将进一步释放周口的区位优势。

十一、平顶山——创新驱动重构产业体系

应国古都、千年鹰城，因煤而立，因山得名。平顶山市位于河南省中部，是国家重要的能源原材料工业基地、中原经济区重要的能源和重工业基地，中原城市群 9 个骨干城市之一，也是豫中地区中心城市。地处黄河流域生态保护和高质量发展、淮河生态经济带等国家战略叠加区，也是"1+8"郑州都市圈重要一极，位于京广和焦枝两大铁路干线之间，郑万高铁过境设站并贯通中原米字形高铁网。围绕交通优势，"中原煤仓"平顶山正在加快转型升级，重构产业体系，在创新驱动下不断蓄势赋能。

2019 年 12 月 1 日，平顶山两个高铁站的正式通车运营，代表着平顶山正式进入"高铁时代"。郑渝高铁开通后，从平顶山到重庆从原来的 15 个小时缩短到最快四个半小时。随着郑渝高铁全线开通，新开通了重庆、昆明、成都、沈阳等热点城市的列车，平顶山西站成为平顶山对外交流联系的明亮窗口和便捷通道（见图 10-26）。

高铁强大的集聚效应也形成了更为充裕的人流、物流、信息流和资金流，助力平顶山加快培育壮大装备制造、新能源、新医药等产业。依托平顶山西站，铁福来装备制造集团将研发、制造和营销售后三大环节用高铁串联起来，业务半径越来越大，产品销售到山西、安徽、沈阳等多个省份。高端生物制药更需要高层次的人才，高铁畅通以后，也引发了人才的会聚效应。2022 年 8 月，河南真实生物科技有限公司新冠口服药阿兹夫定片在平顶山投产。高铁大大缩短了技术服务人员到达客户现场的时间，减轻去郑州接送专家、客户等 80% 的工作量。

图10-26 平顶山西站广场图景

资料来源：河南铁建投集团。

高铁助力平顶山不断夯实尼龙新材料、特钢不锈钢、电气制造"三大支柱"优势产业。尼龙新材料产业今年有望突破千亿级，逐步形成"雁阵式"产业集群，进一步夯实基本盘、育强企链群、挺进中高端。平煤神马集团引进专业人才，依托技术创新拉长产业链，打造年产40万吨PC项目，助力平顶山成为国内重要的聚碳酸酯产业基地。

坐高铁，逛尧山；心徜徉，白云上（见图10-27）。高铁也为平顶山旅游业发展带来新机遇。乘坐高铁，来白龟湖看碧波荡漾，到马街书会听民间曲艺，去叶县县衙赏明代建筑，旅游资源优势进一步转化为经济发展优势。高铁开通之后，游客量成倍增加，从过去省内游居多，到现在辐射半径扩大到全国。

米字形快速铁路网的全面建成助力平顶山融入国家"八纵八横"高铁主通道网，融入郑州都市圈，推动了交通联通、产业贯通、创新融通、要素畅通。河南铁建投集团与平顶山市签订铁路沿线土地综合开发实施协议，助力站城融合发展，锻塑区域经济新的增长极。未来，平顶山将继续发挥

图 10-27　尧山风景区图景

资料来源：河南广播电视台。

交通运输基础性、先导性、战略性作用，加快建设区域性中心城市，加快构建"一主两优四新多支撑"的先进制造业新体系，着力建设"四城四区"，向着"壮大新动能、奋进百强市"的目标不断迈进。

十二、驻马店——创新铸强优势产业

驻马店市是河南省辖地级市，位于河南中南部，因历史上设皇家驿站而得名，素有"豫州之腹地""天下之最中"的美称，是华夏文明的重要发祥地之一。驻马店区位优越、交通便利。驻马店是郑州、武汉两大国家中心城市的节点城市，京广铁路、京深高铁纵贯南北。驻马店坚持创新驱动发展，做强农产品深加工产业集群，培育壮大新兴产业，在建设现代化区域中心城市中展现新作为新成绩（见图 10-28）。

驻马店火车站始建于 1897 年。它见证了驻马店的繁荣发展，承载了一代又一代驻马店人的历史记忆。2012 年，驻马店另一个火车站驻马店西站开始投入使用（见图 10-29）。现在，从驻马店西站出发，最快 47 分钟到达郑州，1 个小时到达武汉。开站运营十年来，驻马店西站已累计发送旅客突破 2100 万。驻马店因驿而兴，境内京广铁路、京深高铁和京港澳、大广等

图 10-28　驻马店市城区图景

资料来源：河南广播电视台和河南铁建投集团联合推出的系列融媒体报道《坐着高铁看河南》截图。

7条高速、7条国道穿境而过。依托独特资源禀赋，当地加快布局现代物流业，开通直达宁波港、青岛港的铁海联运专列，多式联运的综合交通枢纽优势日益显现。

图 10-29　驻马店西站广场图景

资料来源：河南广播电视台和河南铁建投集团联合推出的系列融媒体报道《坐着高铁看河南》截图。

区位交通优势的持续提升，为当地培育主导产业提供有力支撑。驻马店常年粮食总产 160 亿斤以上，夏粮产量实现"十九连丰"。当地锚定粮头食尾、农头工尾，打造优势产业集群。在中国（驻马店）国际农产品加工产业园，今麦郎、克明面业等龙头企业正开足马力，产品源源不断地包装下线、装车待发。自 2018 年农业园批复建设以来，农产园已经成为优势品牌、技术和产品的汇聚宝地，截至 2022 年，驻马店农产品加工企业 1700 多家，产值在 2000 亿元以上，产业规模稳居全省第一。积极培育农产品精深加工、高端食品制造、食品机械装备制造等产业集群，高标准打造"中国农业硅谷、现代产业新城"。

立足国际农都、中国药谷两大战略平台，驻马店积极培育装备制造、食品加工、生物医药等九大产业集群，不断叫响院士经济，全力赋能驻马店换道领跑。驻马店正积极搭建战略咨询、科技攻关、人才培养"三大平台"，不断激发科技创新活力，形成一个院士带强一个产业的集聚效应，为建设现代化区域中心城市集聚"最强大脑"。平舆县将五大支柱产业之一的户外休闲产业作为富民产业强力推进，构建了"基地在县城、车间在乡村、加工在农户"的立体化产业体系，经由铁路、港口和企业深度合作，产品远销欧洲等地。

交通网络的互联互通，为驻马店经济社会高质量发展注入了强劲动能。未来，驻马店将加快推进东西向高铁规划建设，形成驻马店西站"十字"高铁枢纽中心；加快明港机场临港经济区建设，建成平舆通用机场，打造以空陆双港为主、多式联运的交通门户枢纽。借助中国农加工投洽会、国际农产园开放平台，驻马店市将持续发挥国际农都、中国药谷带动效应，朝着打造现代化区域中心城市的目标奋勇前行。

十三、濮阳——跑出全面向"新"加速度

濮阳市位于河南省东北部，地处黄河下游冀、鲁、豫三省交界处，是河南省的东北门户，是中原经济区重要出海通道，为豫鲁冀省际交汇区域性中心城市。濮阳是国家级历史文化名城，有"颛顼遗都、帝舜故里"之称，被中国古都学会命名为"中华帝都"。

2022 年 6 月 20 日，济郑高铁濮郑段正式开通运营，米字形高铁网全面建成，河南终于实现了市市通高铁。作为河南省最后一个通高铁的省辖市，

濮阳东站的开通运营，终于圆了 380 万濮阳人民期盼多年的"高铁梦"，彻底告别了濮阳不通高铁的历史，让濮阳正式融入郑州"一小时经济圈"（见图 10-30）。济郑高铁濮阳到郑州段的开通运营，为濮阳产业转型升级插上了腾飞的翅膀。

图 10-30　濮阳东站广场图景

资料来源：河南广播电视台和河南铁建投集团联合推出的系列融媒体报道《坐着高铁看河南》截图。

高铁不仅扩大了濮阳的城市半径，更改变了区域和濮阳发展的路径、逻辑和格局。濮阳依靠科技进步、创新驱动，全面重塑了富有竞争力的现代化产业体系。2022 年 6 月 30 日，首批 25 台氢燃料电池洗扫车和 5 台氢燃料电池公交车在濮阳交付使用，2022 中国氢能产业发展峰会在濮阳召开。目前，整个氢能产业的制氢运氢加氢储氢和用氢的全链条上，华龙区已经在科技研发和应用场景上，率先迈出了第一步。济郑高铁的开通，极大推动了濮阳从区划边缘向豫东北门户枢纽城市转变，进一步放大濮阳的区位、交通、资源优势，同时为濮阳全面转型高质量发展提供新动能。通过招商引资，濮阳市当地米字形高铁建成一年新签约项目约 145 个，行业涉及医药、耐火材料、化工、石化等方面，总投资达 1600 亿元[①]，这些项

---

① 郑州：豫"米"绽放这一年　高铁跑出新精彩［EB/OL］. 河南省人民政府网，［2023-06-25］. https：//www. henan. gov. cn/2023/06-25/2766478. html.

目有力带动了当地产业转型升级和高质量发展。得益于高铁的开通，电子信息产业也有机会在濮阳县发展壮大，生产在濮阳，研发在北京和深圳。

濮阳市以杂技闻名，大型杂技剧目《水秀》表演更是吸引着八方游客。高铁开通以来，观看《水秀》表演的人数增长约 3 万人次，较往年同期相比增幅达 14%。

济郑高铁的开通，给濮阳带来了全新的发展机遇。未来，濮阳要立足资源禀赋和既有的产业基础，在原来三大三专产业体系基础之上，大力发展新材料、新能源、节能环保、新一代信息技术四新战略性新兴产业和氢能、人工智能两能未来产业，加快补链强链延链。

十四、焦作——立足高铁新优势

焦作北依太行，南临黄河，是郑州大都市区门户城市、中原城市群和豫晋交界地区的区域性中心城市。其地处我国南北交汇点、东西结合部，与郑州洛阳隔黄河相望，作为河南米字形高铁网重要节点城市，承担了豫西北地区物资集散的重要功能。焦作交通优势明显，呼南高铁、京广线等 6 条铁路穿境而过，半小时城铁可达郑州、一小时车程可达新郑机场、两小时高铁可达太原，物流一天内可到达除西藏、新疆外所有省会城市。借助独特交通区位优势，焦作依靠创新驱动，聚焦新材料等优势产业，强化人才支撑，聚力文旅文创融合，探索特色高质量发展新路。

作为国家批复的河南省规划中的米字形铁路的组成部分，太焦城际铁路实现了中原城市群与太原城市群的集群有效对接，对焦作市铁路建设新跨越具有重要意义。2015 年 6 月，郑焦城际铁路开通，焦作融入郑州半小时经济圈。2016 年 10 月 10 日，焦作至上海虹桥 G1821 次高铁始发车开通，标志着焦作市拥有了贯通江苏、安徽、上海等省市的高铁。2018 年 7 月 1 日，焦作火车站南站房、南广场投用，成为"美丽焦作"的形象窗口和新地标（见图 10-31）。2019 年 1 月 5 日，开往深圳北的 G75 次列车从焦作站启程，标志着焦作市有了始发广深方向的高铁。随着 2020 年 12 月，郑太高铁正式开通运营，这条贯穿河南和山西的高铁"大动脉"，也成了拉动太行山沿线城市经济发展的牵引线（见图 10-32）。

图 10-31　2018 年 6 月郑焦城际铁路焦作站南站房、南广场正式投入运营
资料来源：河南铁建投集团。

图 10-32　焦作站图景

资料来源：河南广播电视台和河南铁建投集团联合推出的系列融媒体报道《坐着高铁看河南》截图。

　　作为首条纵贯太行山的高铁，郑太高铁不仅方便老区人民出行，也为当地铺就了一条致富路。作为全国著名的"百年煤城"和老工业基地，焦作把制造业高质量发展作为主攻方向，抢抓新能源产业发展机遇，打造锂离子电池新材料产业集群。目前，焦作市新能源材料产业发展迅猛，规模以上企业由 2021 年的 14 家增至 39 家、产值由 140 亿元增至 300 亿元，集聚发展渐成优势。作为全国锂电池隐形冠军，多氟多自主研发的六氟磷酸锂国内市场占有率 35%、国际市场占有率 30%，产销量位居全球第一[①]。而距离焦作站不远，当地正打造河南首家以工业设计为主题的园区，通过"设计+"的方式，链接了智慧教育、康养、体育和文化创意等产业方向。

焦作是中国优秀旅游城市，是世界非物质文化遗产——太极拳的发源地，山水雄秀双绝，文化源远流长。借助高铁带来的虹吸效应，焦作的旅游业也在积极提档升级，发展全域旅游，实现旅游资源串珠成链、融合发展。焦作市深耕高铁沿线客源市场，打造高能级文旅，做好黄河文章，做强云台山品牌，做大太极拳产业，加快文旅文创融合发展，着力打造"1+8"郑州都市圈休闲目的地。

作为普速铁路时代的重要交通枢纽，面向高铁发展机遇，焦作将开工建设呼南高铁焦洛平段、新焦城际铁路。依托郑州都市圈一体化发展机遇，启动轨道交通 S3 线焦作段前期研究，构建现代综合交通运输体系。

---

① 焦作市中部·新能源材料城方兴未艾［EB/OL］.河南省人民政府网，［2023-04-11］.
https：//www.henan.gov.cn/2023/04-11/2723273.html.

第三篇

米字形高铁拓展成网

在总结米字形高铁网成就的同时，也要清醒认识到河南省高铁建设及其赋能高质量发展方面仍存在的问题，如高铁通道网络仍需完善、省内高铁互通仍需加强、高铁枢纽经济发展潜力有待挖掘等，这些问题要在今后一段时期重点解决。新起点、新征程，河南要推动米字形高铁拓展成网，加快形成"多枢纽、网络化"现代化高铁网络布局，打造高铁强省和高铁枢纽经济新高地，加快推动交通区位优势向枢纽经济优势转变。

第十一章　高铁拓展成网：
发展机遇与挑战

新时期，河南省加快推动高铁拓展成网，既面临国家多项战略叠加的宝贵发展机遇，也存在高铁通道和网络不够完善的短板。正确认识和把握这些机遇和挑战，有利于客观认识河南省高铁建设基本现状和面临形势，更好地指导开展后续全省高铁网络优化和建设。

第一节　高铁拓展成网的发展机遇

一、国家战略层面

交通运输是发展现代化经济、推动高质量发展的"大动脉"，也是优化区域发展格局、构建立体全面开放格局的重要支撑。高铁是我国综合立体交通体系中非常重要的一环，党的十八大以来，系列国家级战略涉及高铁、涉及河南，为河南高铁建设和高质量发展提供了新的机遇。

1. 服务构建新发展格局

2020 年 10 月，党的十九届五中全会通过的《中共中央关于制定国民经济和社会发展第十四个五年规划和二〇三五年远景目标的建议》提出，要加快构建以国内大循环为主体、国内国际双循环相互促进的新发展格局。2020 年 11 月 19 日，国家主席习近平在北京以视频方式出席亚太经合组织工商领导人对话会并发表题为《构建新发展格局实现互利共赢》的主旨演讲。党的二十大报告也阐明了构建新发展格局是推进中国式现代化的必由之路。构建以国内大循环为主体、国内国际双循环相互促进的新发展格局需要构建适应产业布局特征的综合交通运输体系，推动交通、物流、产业协同发展，提升保障产业链供应链稳定运行的能力。新发展格局为高铁及其关联产业发展提供了新的历史机遇，高效便捷的高铁网络有利于吸引高端生产性服务业和高端制造业的集聚发展，支撑相关产业链供应链资源流转，进一步放大高铁的物流功能和经济要素流通功能，为服务构建新发展格局提供有力支撑。

对河南省而言，高铁网络进一步发展将有效顺应新发展格局下依托综合交通枢纽发展枢纽经济的需求。积极推动综合交通枢纽由传统作业中心向组织中心、要素配置中心的战略升级，可以加快培育高铁经济的新范式，着力构建分工合理、功能清晰、互为支撑的枢纽经济新体系，全面提升以枢纽为支点的要素聚集和经济辐射效能，差异化发展枢纽经济和建设枢纽经济区，引导城市空间形态良性发展和城镇组团协调发展。创新发展高铁枢纽经济，优化高铁产业圈层和城市空间格局，强化高铁枢纽与周边区域联动开发和辐射带动能力，推动高铁枢纽关联产业集聚发展，打造集交通、商业、经贸等于一体的高品质高铁枢纽经济区。一方面，以国内大循环为主体要求交通运输组织重心由沿海港口向内陆枢纽转变，已建设成米字形高铁的河南具有先发优势，未来拓展发展有利于进一步挖掘内陆腹地优势，加快补齐国内大循环短板，市场和资源两头在外的发展模式将会发生明显改变，内陆地区将以更高水平融入循环体系。另一方面，为加快融入国际经济产业发展大舞台，要进一步高效畅通国际国内资源要素流动大循环，高铁网建设有利于充分挖掘内陆腹地优势，助力内陆地区以更高水平融入循环体系。

2. 交通强国发展战略

2019 年 9 月，中共中央、国务院印发了《交通强国建设纲要》，提出构建安全、便捷、高效、绿色、经济的现代化综合交通体系，打造一流设施、一流技术、一流管理、一流服务，建成人民满意、保障有力、世界前列的交通强国，为全面建成社会主义现代化强国、实现中华民族伟大复兴中国梦提供坚强支撑。具体发展目标有：到 2020 年，完成决胜全面建成小康社会交通建设任务和"十三五"现代综合交通运输体系发展规划各项任务，为交通强国建设奠定坚实基础。到 2035 年，基本建成交通强国。现代化综合交通体系基本形成，人民满意度明显提高，支撑国家现代化建设能力显著增强；拥有发达的快速网、完善的干线网、广泛的基础网，城乡区域交通协调发展达到新高度；基本形成"全国123出行交通圈"和"全球123快货物流圈"等。到21世纪中叶，全面建成人民满意、保障有力、世界前列的交通强国。

同时，《交通强国建设纲要》中还提出建设现代化高质量综合立体交通网络、构建便捷顺畅的城市（群）交通网、形成广覆盖的农村交通基础设施网、构筑多层级、一体化的综合交通枢纽体系。2019年10月，交通运输部公布第一批交通强国建设试点单位，同意河北雄安新区、辽宁省、江苏省、浙江省、山东省、河南省等开展第一批交通强国建设试点工作，力争用1~2年时间取得试点任务的阶段性成果，用3~5年时间取得相对完善的系统性成果，打造一批先行先试典型样板，并在全国范围内有序推广。

河南省作为中原人口大省，其交通区位优势明显，是全国承东启西、连南贯北的重要交通枢纽，全国"十纵十横"综合运输大通道中有五个通道途经河南。由于优越的区位优势，河南省建立现代化高质量综合立体交通网络不仅有利于自身发展，还将促进周边其他地区共同发展。同时，河南省作为中原城市群核心，拥有众多农村人口，对构建便捷顺畅的城市交通网，形成广覆盖的农村交通基础设施网，构筑多层级、一体化的综合交通枢纽体系具有更高要求。

河南省已积极响应交通强国发展战略，从持续完善交通基础设施网络、强力推动综合运输服务提档升级、全面强化安全应急保障能力、深入推进交通运输治理体系现代化、加快推进交通运输创新型行业建设、推动形成交通运输绿色发展方式"六个方向"发力，争创交通强国示范省。

3. "一带一路"建设

"一带一路"是国家级顶层合作倡议。依靠中国与有关国家既有的双多边机制，借助既有的、行之有效的区域合作平台，"一带一路"旨在借用古代丝绸之路的历史符号，高举和平发展的旗帜，积极发展与沿线国家的经济合作伙伴关系，共同打造政治互信、经济融合、文化包容的利益共同体、命运共同体和责任共同体。2015年3月28日，国家发展改革委、外交部、商务部联合发布了《推动共建丝绸之路经济带和21世纪海上丝绸之路的愿景与行动》。根据"一带一路"走向，陆上依托国际大通道，以沿线中心城市为支撑，以重点经贸产业园区为合作平台，共同打造新亚欧大陆桥、中蒙俄、中国—中亚—西亚、中国口—中南半岛等国际经济合作走廊；海上以重点港为节点，共同建设通畅安全高效的运输大通道。

河南处于新亚欧大陆桥的咽喉位置，是中国在新亚欧大陆桥上最主要的省份。新丝绸之路经济带是沟通中国和中亚、中东及欧洲地区的重要贸易通道和交通网络。丝绸之路经济带沿陇海、兰新线布局，新亚欧大陆桥应该是其最主要的通道。丝绸之路经济带的建设，为河南实施东进西出的双向开放战略提供了极为有利的历史机遇。近年来，不沿边、不靠海、不临江的河南紧抓国家建设"一带一路"建设的有利时机，加快打造"连通境内外、辐射东中西的物流通道枢纽"，借力陆上、空中、海上、网上四条丝绸之路，朝着"买全球、卖全球"的目标迈进，由内陆腹地走向开放前沿。"一带一路"建设为河南高铁的持续发展提供了新的发展机遇。

4. 中部崛起战略

中部崛起是党中央、国务院作出的重大战略决策。中部地区占全国陆地国土总面积的 10.7%，在全国区域发展格局中具有举足轻重的战略地位。促进中部地区崛起，是落实四大板块区域布局和"三大战略"的重要内容，是构建全国统一大市场、推动形成东中西区域良性互动协调发展的客观需要，是优化国民经济结构、保持经济持续健康发展的战略举措，是确保如期实现全面建设小康社会目标的必然要求。

中部崛起战略中提出巩固提升"三基地、一枢纽"地位，即全国重要粮食生产基地、能源原材料基地、现代装备制造及高技术产业基地和综合交通运输枢纽的定位。同时，中部崛起战略还提出建设全国重要先进制造业中心、全国新型城镇化重点区、全国现代农业发展核心区、全国生态文明建设示范区、全方位开放重要支撑区。牢牢抓住推进"一带一路"建设的重大机遇，积极融入京津冀协同发展、长江经济带发展战略，推进高水平双向开放。

中部地区在中国经济社会发展全局中占有重要地位，长期以来为全国经济社会发展作出了重大贡献。对中部六省来说，河南省不仅是人口与经济总量最大的省份，而且是除了靠资源而暂时获得高增长的山西省外人均与经济总量增长最快的省份，河南在促进中部崛起中发挥着举足轻重的作用。近年来，河南省不仅加快推进以郑州为中心的城市群建设来发挥更大带动与辐射作用，同时高度重视郑州航空港的建设，以更大的魄力与创新驱动力促进河南自贸区的建设与创新。预计河南现代交通综合运输体系建设完成以后，我国东中西部的物流通道将更加畅通，南北资源将更方便整合，中欧、中国与东南亚、中国与南亚、中非之间的国际贸易更加便利。现代综合交通运输体系的建设对河南省交通高质量发展提出更高要求，也为河南高铁进一步发展提供了有利的条件。

5. 黄河流域生态保护和高质量发展战略

黄河流域在我国经济社会发展和生态安全方面具有十分重要的地位。黄河发源于青藏高原，流经 9 个省区，全长 5464 公里，是我国仅次于长江的第二大河。根据各省份统计年鉴数据计算，黄河流域省份 2018 年底总人口超过 4 亿，占全国比重超过三成；地区生产总值超过 25 万亿元，占全国比重 1/4 以上。

2019 年 9 月 18 日，习近平总书记在河南考察调研时指出：黄河流域是我国重要的生态屏障和重要的经济地带，是打赢脱贫攻坚战的重要区域，在我国经济社会发展和生态安全方面具有十分重要的地位。保护黄河是事关中华民族伟大复兴和永续发展的千秋大计。黄河流域生态保护和高质量发展，同京津冀协同发展、长江经济带发展、粤港澳大湾区建设、长三角一体化发展一样，是重大国家战略。习近平总书记在黄河流域生态保护和高质量发展座谈会上提出要坚持绿水青山就是金山银山的理念，坚持生态优先、绿色发展，以水而定、量水而行，因地制宜、分类施策，上下游、干支流、左右岸统筹谋划，共同抓好大保护，协同推进大治理，着力加强生态保护治理、保障黄河长治久安、促进全流域高质量发展、改善人民群众生活、保护传承弘扬黄河文化，让黄河成为造福人民的幸福河。

河南省在全国生态格局中具有重要地位，沿黄区域是河南重要的生态屏障和经济地带。黄河流域河南段是黄河文化核心带和资源富集区。黄河冲积形成的中原地带，是中华民族的文化之源和血脉之根。黄河流域生态保护和高质量发展首次上升为重大国家战略。河南省已提出黄河流域生态保护和高质量发展是新时代中原更加出彩的战略支撑，同时加强生态保护治理推动高质量发展、推动黄河文化创造性转化和创新性发展、聚焦民生建设造福人民的幸福河是未来河南省推动黄河流域高质量发展的奋斗方向。高铁作为最为绿色低碳的交通方式之一，其在黄河流域生态保护中的作用将不断凸显，获得更大发展。

6. 五大国家级平台定位

为提高发展的协调性、均衡性和可持续性，支撑中原经济发展更出彩，河南省相继获批"国家粮食生产核心区""郑州航空港经济综合实验区""郑洛新国家自主创新示范区""中原经济区"和"中国（河南）自由贸易试验区"等国家级发展示范区。

其中，粮食生产核心区是河南立足已有优势、在中国工业化大潮中为确保国家粮食安全而最先启动的国家战略。早在 2010 年，河南省人民政府办公厅发布《河南粮食生产核心区建设规划》，旨在稳步提高粮食生产能力、为国家粮食安全多做贡献、统筹城乡发展、破解"三农"难题、改善农村民生、有效应对危机。到 2020 年，在保护全省 1.03 亿亩基本农田的基础上，粮食生产核心区粮食生产用地稳定在 7500 万亩，使河南省粮食生产的支撑条件明显改善，抗御自然灾害能力进一步增强，粮食生产能力达到 650 亿千克，成为全国重要的粮食生产稳定增长的核心区、体制机制创新的试验区、农村经济社会全面发展的示范区。

中原经济区是在国家提出中部崛起大战略背景下，为促进河南振兴推动中部崛起而实施的国家战略。中原经济区是以郑州都市圈为核心、中原城市群为支撑、涵盖河南全省延及周边地区的经济区域，地处中国中心地带，全国主体功能区明确的重点开发区域，地理位置重要、交通发达、市场潜力巨大、文化底蕴深厚，在全国改革发展大局中具有重要战略地位。根据 2016 年国家发展和改革委员会印发的《中原城市群发展规划》，《中原城市群发展规划》提出：建设现代化郑州都市圈，推进郑州都市圈国际化发展。把支持郑州建设国家中心城市作为提升城市群竞争力的首要突破口，强化郑州对外开放门户功能，提升综合交通枢纽和现代物流中心功能，集聚高端产业，完善综合服务，推动与周边毗邻城市融合发展，形成带动周边、辐射全国、联通国际的核心区域。2018 年 11 月 18 日，《中共中央国务院关于建立更加有效的区域协调发展新机制的意见》明确指出，以郑州为中心引领中原城市群发展。

郑州航空港经济综合实验区则是为放大河南区位和交通优势，探索深化改革新模式，扩大开放新路径而部署的国家战略。郑州航空港经济综合实验区是 2013 年由国务院批准设立的航空经济先行区，定位于：国际航空物流中心、以航空经济为引领的现代产业基地、内陆地区对外开放重要门户、现代航空都市、中原经济区核心增长极。是一个拥有航空、高铁、地铁、城铁、普铁、高速公路与快速路等多种交通方式的立体综合交全国十七个河南唯一一个区域性双创示范基地、河南体制机制创新示范区，被列为郑州国家中心城市建设的"引领"、河南"三区一群"国家战略首位、河南最大的开放品牌、带动河南融入全球经济循环的战略平台。

郑洛新示范区是在国家需要科技创新技术引领，突破传统发展藩篱，提升、增强国家竞争力的大背景下，实施的新一轮发展战略。郑洛新示范区是中原地区的高科技产业中心，是 2016 年国务院批准的第 12 个国家级自主创新示范区，也是河南省体制、机制创新的重要示范基地。郑洛新国家自主创新示范区依托郑州、洛阳、新乡 3 个城市高新技术产业开发区，举全省之力将其建设成为具有较强辐射能力和核心竞争力的创新高地。

中国（河南）自由贸易试验区的建立是紧紧围绕国家战略实施，发挥独特优势，以郑州航空港、中原国际陆港、海关特殊监管区、国家级开发区等为载体，以促进流通国际化和投资贸易便利化为重点，以国际化多式联运体系、多元化贸易平台为支撑，着力深化改革开放，强化体制机制创新，借鉴推广上海等自贸区经验，着力打造具有国际水准的内外流通融合、投资贸易便利、监管高效便捷、法制环境规范的对外开放高端平台，发展成为"一带一路"倡议核心腹地，为内陆地区开展国际经济合作和转型发展探索新模式。自贸区的定位为：加快建设贯通南北、连接东西的现代立体交通体系和现代物流体系，将河南自贸区建设成为服务于"一带一路"建设的现代综合交通枢纽、全面改革开放试验田和内陆开放型经济示范区。

相关发展平台的建设与发展，均离不开高质量的高铁网络与高铁服务对人口等各类生产要素的流通、集聚以及对现代化产业的带动，将在发达完善的高铁网络下形成集成发展新优势。因此，聚焦相关国家级政策资源，也对河南高铁进一步高质量发展提供了重要的发展机遇。

二、省级政策层面

根据《中共河南省第十一次代表大会报告》，未来全省经济社会发展格局要坚持龙头带动和整体联动相结合，推动中心城市"起高峰"、县域经济"成高原"，加快形成以中原城市群为主体、大中小城市和小城镇协调发展的现代城镇体系。

1. 加大郑州国家中心城市建设力度

郑州作为国家中心城市，必须当好国家队、提升国际化，引领现代化河南建设。要积极承接国家重大生产力和创新体系布局，强化科技创新、枢纽开放、教育文化、金融服务等功能，提升集聚、裂变、辐射、带动能力，打造国内一流、国际知名的创新高地、先进制造业高地、开放高地、人才高地。加快郑州都市圈一体化发展，全面推进郑开同城化，并将兰考纳入郑开同城化进程，加快许昌、新乡、焦作、平顶山、漯河与郑州融合发展步伐。

2. 强化副中心城市能级和区域协同发展

洛阳作为中原城市群副中心城市，要锚定万亿级经济总量目标，坚持创新产业双驱动、改革开放两手抓、文旅文创成支柱、统筹城乡强融合、优化环境搭舞台，尽快形成全省高质量发展新的增长极，与三门峡等协同发展，建设豫西转型创新发展示范区。支持南阳建设副中心城市，与信阳、驻马店协作互动，建设豫南高效生态经济示范区。支持商丘、周口建设豫东承接产业转移示范区。支持安阳、鹤壁、濮阳建设豫北跨区域协同发展示范区。支持大别山、太行山等革命老区振兴发展，创建革命老区高质量发展示范区。

3. 加快县域经济高质量发展

县域活则全盘活，县域强则省域强。要把县域治理"三起来"作为根本遵循，在融入新发展格局中找准定位、彰显特色，在创新体制机制中激发活力、破解难题。把"一县一省级开发区"作为重要载体，着眼国内国际市场大循环、现代产业分工大体系，培育壮大主导产业，建设一批经济强县。推进县城扩容提质，支持永城、林州、项城、长垣、新郑、禹州、巩义、固始、荥阳、邓州等发展成为中等城市。深化放权赋能改革，赋予县（市）更多经济社会管理权限，全面推行省直管县财政体制改革。践行乡镇工作"三结合"，增强乡镇联城带村功能。稳步推进行政区划调整，推动符合条件的地方撤县设市。

高铁在服务河南省重大战略、在郑州国家中心城市建设、在副中心城市能级提升和区域协同发展以及加强县域经济高质量发展中都将起到十分关键的作用。高铁建设在《河南省"十四五"现代综合交通运输体系和枢纽经济发展规划》中也占据了十分重要的地位。

近年来河南省委、省政府在党代会、政府工作报告中也多次就推动高铁进一步发展作出相关指示。2021 年 7 月，河南省委、省政府主要领导在重大项目推进会上的讲话：要鲜明树立起"项目为王"的工作导向。2021 年 11 月，河南省第十一次党代会提出"推动铁路拓展成网，建设交通强省。"2021 年 12 月，河南省委、省政府主要领导在铁建投揭牌讲话时提出"结合发展需求，优化路网布局，加快构建布局合理、功能完备、高效便捷、绿色智能的现代铁路网络。"2022 年 1 月，河南省政府工作报告提出"建成运营郑州南站、郑济高铁郑濮段，开工建设郑州枢纽小李庄站、呼南高铁焦济洛平段、平漯周高铁、京港台高铁雄安至商丘段、S2 线贾鲁河至登封段，加快南信合高铁、郑州北编组站综合提升工程前期工作，力争'十四五'期间高铁投资 3000 亿元。"因此，河南省各级规划政策以及发展战略都为高铁进一步发展提供了广阔的空间。

4. 加快推进优势再造战略

河南省委提出，实施优势再造战略，推动交通区位优势向枢纽经济优势、产业基础优势向现代产业体系优势、内需规模优势向产业链供应链协同优势转变，形成高质量发展新动能。当前和今后一段时期，仍是河南省铁路建设的机遇期、关键期、攻坚期。2023 年河南省政府工作报告中提出，"要建成济郑高铁，加快平漯周高铁、郑州南站建设，开工南信合高铁、呼南高铁焦洛平段"。7 月，河南省发布了《实施扩大内需战略三年行动方案（2023—2025 年）》，提出加快交通基础设施建设，实施铁路拓展成网等重大工程，为铁路及相关产业发展带来了新的发展契机。在枢纽经济发展方面，河南省加大力度实施优势再造战略，持续推动交通区位优势向枢纽经济优势转化，将有力推动高铁经济、枢纽经济取得新突破，加快形成"港产城"融合和"站城一体"开发新格局，为挖掘高铁经济资源潜力和推动土地综合开发、高铁物流等产业发展提供了难得机遇。

第二节　高铁拓展成网的挑战

新时代，新要求。对照中国式现代化河南实践 2035 年远景目标，米字形高铁仍有进一步提升完善的空间，以更好支撑现代化河南的建设，夺取更大的胜利。

一、骨干通道仍需完善，持续巩固攻坚成效

河南省作为承东启西、连南贯北的全国交通枢纽，是首批交通强国试点地区，《国家综合立体交通网规划纲要》提出的"6轴7廊8通道"总体格局中"1轴1廊1通道"经过河南，对标纲要要求，高铁通道发展仍显滞后（见图11-1）。长三角、成渝及长株潭等地区已出台新一轮多层次轨道交通规划，安徽、湖北等中部省份在国家"十四五"铁路规划中新增高铁规模是河南省的两倍。南阳、信阳等革命老区对接长三角、成渝等地区的通达性仍有不足，需进一步推进中部地区大通道大枢纽建设，更好发挥承东启西、连南接北功能。河南省铁路发展后劲不足，将难以发挥路网通道及全国重要枢纽作用，与中部地区崛起中"奋勇争先、更加出彩"的战略定位和要求不相适应。

图11-1　国家综合立体交通网"6轴7廊8通道"主骨架布局图

资料来源：《国家综合立体交通网规划纲要》。

豫西地区洛阳市是国家区域性中心城市、中原城市群副中心城市，目前仅有郑西高铁实现洛阳市东西向快速出行，洛阳市北向至华北、东北，南下华中华南地区均需绕行郑州枢纽，缺乏南北向对外出行便捷高铁通道，而且与落实市建设区域性中心城市和全国综合交通枢纽定位不符。豫东地区商丘市是全国性综合交通枢纽，北向高铁通道尚未打通。豫南地区南阳、驻马店、信阳3市缺乏东西向高铁通道。难以满足沿线地区与长三角地区及西北地区的便捷交流需求，亟须规划豫南地区东西向高铁通道。豫北地区安阳、濮阳缺乏东西向高铁通道。因此，米字形高铁拓展成网有利于完善骨干通道，进一步巩固攻坚成效。

二、网络空白仍需补全，持续完善基础能力

目前，铁路网规模仍有不足、铁路及高铁覆盖率有待提升。2022年，河南省铁路营业里程6715公里，高速铁路里程2176公里，人均铁路里程为0.68公里/万人，仅为全国平均水平的61.9%，全国排名第27位；人均高铁里程为0.22公里/万人，仅为全国平均水平的73.4%，全国排名第25位。路网覆盖方面，根据统计，河南省158个县级行政区，高铁仅实现了对70个县市区的覆盖，覆盖率为44.3%；铁路仅实现了对117个县市区的覆盖，覆盖率为74.1%（见图11-2）。目前，全省17个县级行政区含7个百万人

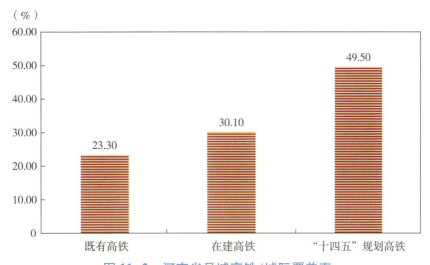

图11-2　河南省县域高铁/城际覆盖率

资料来源：由中原城市群（河南）多层次轨道交通规划课题研究组和《河南省统计年鉴》计算得到。

口大县至今不通铁路，且省内铁路多分布在中部、豫北和豫西等地区，豫东及豫南仍存在较大路网空白（见图 11-3）。根据中长期铁路网规划的规划目标，规划建成现代的高速铁路网，连接主要城市群，基本连接省会城市和其他 50 万人口以上大中城市，然而，豫西的济源市常住人口 73 万，截至目前仍未通高铁。因此，米字形高铁拓展成网可补全当前网络空白，进一步完善基础能力。

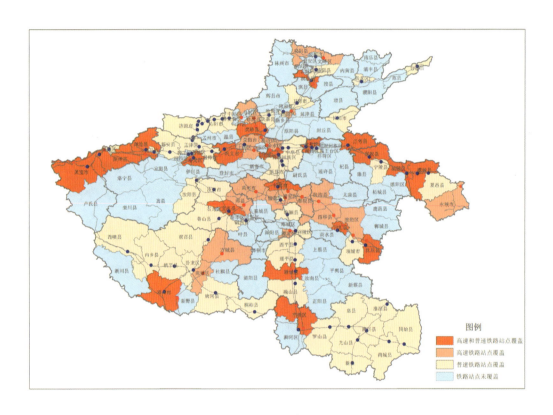

图 11-3 河南省铁路站点及线路覆盖

资料来源：由中原城市群（河南）多层次轨道交通规划课题研究组和《河南省统计年鉴》计算得到。

三、省内互通仍需加强，持续支撑协调发展

河南省大多数城市以郑州为中心分布在京广通道、陇海通道。目前，河南省已经建成了以郑州为中心的"米"字形高铁网，基本实现了郑州与其他城市间的 1 小时通达，有力支撑了河南省经济社会发展。但是除郑州

外，其他城市间的通达性较差，部分城市间仅能通过普速铁路或在郑州枢纽换乘联通，部分城市间开行高铁列车时必须绕行郑州枢纽，绕行距离及时间较长，难以满足城市间的客运交流需求，例如周口、驻马店等地市与其他地市乘坐高铁仍需经由郑州中转。此外，洛阳、商丘、南阳等全国性交通枢纽对外通达性较弱，例如洛阳市北向至华北、东北，南下华中华南地区均需绕行郑州枢纽。因此，米字形高铁拓展成网有利于提升省内通道互通能力，强化省内城市间的快捷交通交流，进一步支持区域及城乡协调发展。

四、通道能力仍需提升，持续发力改革开放

随着济郑高铁全线运营和米字形高铁全面贯通，河南省铁路事业由补齐发展短板的"关键攻坚期"转变为提升整体效能的"接续发力期"——全面进入"多枢纽、网络化"发展阶段。目前，城市群城际和都市圈市域（郊）铁路仍是发展短板，豫南、豫东等区域仍存在路网布局空白，高铁网通道功能和韧性仍需强化。京广通道现状有京广高铁、京广铁路，2019 年京广通道河南段客流密度为 4674 万人/年，规划 2035 年、2045 年分别达到 6483 万人/年、7357 万人/年，近期通道能力饱和，远期通道能力难以满足需求，需要规划城际铁路以缓解通道能力紧张。陆桥通道现状有徐兰高铁、陇海铁路等，现状陇海通道客流密度最大的是郑州—开封区段，客流密度为 4494 万人/年。规划 2035 年、2045 年陇海通道最大区段客流密度将达到 6193 万人/年、6974 万人/年，近期通道能力饱和，远期通道能力难以满足需求，需要规划城际铁路以缓解通道能力紧张。因此，米字形高铁拓展成网有利于提升通道能力，进一步推进对外开放。

五、路网韧性仍需强化，持续增进民生福祉

郑州枢纽位于呼南、京广、陆桥 3 个"八纵八横"高铁主通道的交汇处，已经建成米字形高铁网，实现了与国内主要城市群的快速通达，但是存在两个方面的问题：一是枢纽运输压力较大。根据《郑州铁路枢纽总图规划》，2030 年、2040 年郑州枢纽办理列车分别为 579 对/日、698 对/日；二是路网运输灵活性及韧性不足。郑州"7·20"特大暴雨灾害，导致郑西高铁、陇海铁路等发生水漫线路、路基坍塌、设备淹水等情况，列车无法

通行；途径郑州枢纽的京广高铁、京广铁路等线路的运输秩序均不同程度受到影响，从而对全国的交通运输产生较大影响。为此，国家《"十四五"铁路发展规划》明确提出"在郑州、武汉、西安、南京等重点铁路枢纽周边地区研究建设迂回线路，提升路网运输韧性和可靠性"。城际及市域（郊）铁路建设亟待大力推动。立足中原城市群及郑州国家中心城市的功能定位，需充分发挥城际及市域（郊）铁路辐射带动作用，由"单中心米字形"向"多枢纽网络化"发展，提高"四网融合"水平，打造轨道上的中原城市群和郑州都市圈，实现通道资源高效利用和客流效益综合提升，推动交通区位优势向枢纽经济优势转变。因此，米字形高铁拓展成网有利于强化路网韧性，进一步增进民生福祉。

六、枢纽优势仍需巩固，持续增强路网地位

当前全国各地纷纷把加快铁路建设作为提升区位优势、比较优势和先发优势的战略之举，集全省（市）之力推动铁路快速发展，河南省铁路发展正面临"不进则退、慢进亦退"的局面，竞争态势日益激烈。近年来，周边省份持续加大铁路建设投入，相继出台系列新政策新举措：山东省创新高速铁路建设管理模式开展铁路领域交通强国试点，江苏省印发《交通强国江苏方案》，浙江省印发《关于深入贯彻〈交通强国建设纲要〉建设高水平交通强省的实施意见》，广东省推动《粤港澳大湾区城际铁路建设规划》获批，四川、重庆、湖北、湖南等地持续加快对城际铁路、市域（郊）铁路公交化改造等。河南省铁路发展将持续面临"千帆竞渡、百舸争流"的竞争态势。

第十二章　高铁拓展成网：
发展要求与战略定位

第一节　高铁拓展成网的发展要求

一、服务构建新发展格局是现代化高铁网建设的根本目标

立足新发展阶段，贯彻新发展理念，必须要构建新发展格局。习近平总书记指出，新时代新阶段的发展必须贯彻新发展理念，必须是高质量发展。仔细阅读领会总书记对于构建新发展格局的重要论述，笔者研究认为新发展格局的构建对我国高铁系统提出了以下基本要求。

（1）建设完善的综合交通网络，助力扩大循环规模。构建新发展格局，需要形成大规模的国内与国际市场，而市场规模的扩大需要综合交通网络，尤其是高速铁路网络的支撑。我国高铁网络的规划建设正是遵循这样的根本目标，作为现代化高质量综合立体交通网的重要组成部分，现代化高铁网络的规划建设旨在完善交通基础设施，提升城市群、都市圈交通承载能力，推进综合交通枢纽提档升级，促进形成优势互补的区域格局，稳定和拓展交通投资空间。

（2）打造现代流通体系，助力提高服务双循环效率。流通效率是新发展格局成功构建的重要指标。2019 年 4 月 23 日，习近平总书记在中央财经委员会第一次会议上强调，要推动形成多种运输方式协调发展的格局，着力发展铁路货运、水运、公路货运等，加强与物流、金融、信息等领域的协同创新，形成优化运输方式、提高物流效率、降低物流成本的新格局。现代化高铁网络的建设以多式联运为重点，以基础设施立体互联为基础，

努力推动形成"宜铁则铁、宜公则公、宜水则水、宜空则空"的运输局面，进一步优化运输结构。习近平总书记的指示为未来高铁物流的发展提供了根本遵循。

（3）实现创新驱动发展，增强循环动能。习近平总书记在党的二十大报告中提出"必须坚持科技是第一生产力"，科技也是推动双循环发展的核心动能。现代化高铁作为高科技产品与技术综合体系的集成载体，有能力且必须在构建新发展格局中承担更大作用，更多集成5G、人工智能等先进技术在铁路领域的综合应用，促进"高铁+"等新业态新模式发展，为新发展格局构建提供更多动能。

（4）推进更高水平对外开放，保障循环安畅。安全、畅通的双循环是构建新发展格局的关键。在高水平国际大循环构建中，建设面向全球的铁路运输服务网络，建立安全可靠的国际物流供应链体系，提高国际运输应急处突能力，是高铁建设和运营的重要目标。

（5）优化行业治理，降低循环成本。习近平总书记在党的二十大报告中提出"建设高效顺畅的流通体系，降低物流成本"，大规模的双循环格局需要较低的流通成本来支撑。因此，构建新发展格局需要我国高铁系统不断发展，不断提升流通效率、降低流通成本。而我国高铁系统也正是朝着优化高铁网络、降低流通成本的目标而发展的。

交通运输是畅通国内国际双循环、服务构建新发展格局的重要纽带和基础支撑。在加快构建新发展格局中，交通运输尤其是铁路运输始终充当着交通强国"先行者"的角色，其中高铁运输的重要性逐渐凸显，始终紧扣国家重大战略的要求，努力服务构建新发展格局，为中国式现代化建设贡献更多力量。

二、现代化高铁网络是服务构建新发展格局的重要支撑

习近平总书记强调，基础设施是经济社会发展的重要支撑，要统筹发展和安全，优化基础设施布局、结构、功能和发展模式，构建现代化基础设施体系，为全面建设社会主义现代化国家打下坚实基础。现代化高铁网络是构建现代化基础设施体系的重要组成部分，在畅通国内、国际市场中发挥着巨大作用。高铁网络作为综合交通系统的重要组成部分，必须牢牢把握"先行官"的定位，打好基础支撑新发展格局构建。

（1）现代化高铁网络建设有利于优化综合立体交通网络，支撑扩大内需战略实施。习近平总书记在庆祝中国共产党成立100周年大会上的重要讲话中强调："立足新发展阶段，完整、准确、全面贯彻新发展理念，构建新发展格局，推动高质量发展。"构建新发展格局的关键在于经济循环的畅通无阻。高铁网络的建设有助于打通"堵点"，连接"断点"，增强区域间、城市群间、省际间、城乡间以及国际间交通运输联系，促进形成优势互补的区域格局。更能支撑优化铁路投资结构，创新融资渠道，拓展投资空间，激发全社会有效投资活力。

（2）现代化高铁网络建设有利于发展现代物流，支撑产业链供应链优化升级。高铁网络是现代化物流体系的重要组成，也是畅通国内国际双循环的关键一环。要加快推进铁路货运专业化、集约化、智能化，推进物流配送、运输组织、信息管理等现代化，加强对关键物流领域的标准制定和监管。高铁网络的发展能更好地畅通生产、流通及消费链条，助力循环效率提升，有效助力新发展格局构建。

（3）现代化高铁网络建设有利于强化创新驱动，助力塑造发展新优势。习近平总书记在省部级主要领导干部学习贯彻党的十九届五中全会精神专题研讨班开班式上的讲话中指出：构建新发展格局最本质的特征是实现高水平的自立自强。高铁建设完美体现了创新驱动发展、塑造新优势的过程。高铁动车体现了中国装备制造业水平，在"走出去""一带一路"建设方面也是"抢手货"，是一张亮丽的名片，未来高铁网络建设将进一步发挥科创引领作用，涌现出更多国际领先的技术与产品，为新发展格局构建提供新的发展动能与优势。

（4）现代化高铁网络建设有利于深化改革开放，加快形成统一开放交通运输市场。高铁网络纵深广阔，覆盖全国，连通内外。高铁网络进一步建成后能加快形成统一开放的全国交通运输大市场，助力循环规模与循环效率的提升，并降低循环成本。同时高铁网络的建立能进一步加强同"一带一路"建设相关国家及其境外市场的合作，助力扩大国际循环规模并使我国参与交通运输全球治理。

（5）现代化高铁网络建设有利于统筹发展和安全，牢牢守住安全发展底线。高铁网络是国家安全体系和能力建设的重要组成部分，是构建安全可靠的国际物流供应链体系的重要内容。安全发展是构建新发展格局的重要前提，高铁网络的建设将有效保障我国供应链安全，为双循环的安全畅通提供重要支撑。

（6）现代化高铁网络建设有利于建设人民满意交通，不断满足人民对美好生活的向往，提高人民生活品质，是畅通国内大循环的重要出发点和落脚点。高铁网络带来的高品质、绿色低碳、快速便捷的出行服务以及高质量高铁物流服务将极大丰富人民需要的各类产品与服务供给格局，从而为实现人民美好生活提供重要支撑。

三、服务中国式现代化建设河南实践是米字形高铁拓展成网的根本使命

站在河南发展的主视角，构建新发展格局这一重大战略，为河南在"十四五"时期乃至未来更长时期做好经济社会工作提供了根本遵循和行动指南。楼阳生书记要求，"构建新发展格局，我们必须入局而不能出局"。中国共产党河南省第十一次代表大会擘画了中国式现代化建设河南实践的宏伟蓝图，围绕牢记领袖嘱托、锚定"两个确保"，明确了全面建设现代化河南的使命任务，提出了中国式现代化建设河南实践新征程的行动纲领。大会提出一流创新生态基本形成、主导产业生态体系基本形成、新型基础设施体系基本形成、城乡融合发展格局基本形成、支撑高质量发展的体制机制基本形成、对外开放能级显著提高、生态环境质量显著提高、文化发展质量显著提高、人民生活品质显著提高、管党治党水平显著提高的五个基本形成和五个显著提高的目标。

十年来，河南保持快速的发展态势，形成了四通八达的区位交通优势，全国第一个米字形高铁网已经初步形成，2022年末全省铁路营业里程6715公里，其中高铁2176公里，以郑州为中心的高铁圈覆盖全国主要经济区域，中欧班列（郑州）综合指标居全国前列。立足"十四五"开端，河南正在谋划新一批铁路网规划，使米字形高铁拓展成网，在服务构建新发展格局与中国式现代化建设河南实践上更加奋发有为。因此，米字形高铁拓展成网正是为了更好地服务中国式现代化建设河南实践目标，加速实现五个基本形成和五个显著提高的目标。通过高铁科技自主创新体系的研究与建立，助力全省一流创新生态的构建。依托高铁产业发展，带动全省高铁产业链发展，助力打造高铁主导产业生态的形成。米字形高铁拓展成网将有力支撑全省新型基础设施体系的形成。更加密集的高铁网将有效拉进全省城市

间、城乡间距离，推动乡村振兴，助力形成城乡融合发展的新格局。米字形高铁拓展成网还能有效带动各类生产要素的流动与集聚，赋能全省高质量发展的体制机制发展。米字形高铁拓展更加便利全省的对外交流合作与吸引外资，有效提升全市对外开放能级。绿色节能的高铁网络进一步建成将有效助力全省生态环境质量的显著提高。米字形高铁拓展成网也将有助于文化的传播交流以及河南铁路文化的传播，助力全省文化发展质量显著提高。更加便捷的高铁网络将极大方便人民的出行与交流，结合周到的综合出行服务助力人民生活水平显著提高。党领导下的铁路建设治理体系改革也将助力全省党管治党水平的显著提高。

第二节　高铁拓展成网的基本内涵

党的二十大报告指出，要加快建设交通强国。《交通强国建设纲要》提出要建设现代化高质量综合立体交通网络，推动中部地区大通道大枢纽建设。构建便捷顺畅的城市（群）交通网，建设城市群一体化交通网，推进干线铁路、城际铁路、市域（郊）铁路、城市轨道交通融合发展。交通强国战略为河南米字形高铁拓展成网提出了要求、指明了方向。米字形高铁拓展成网则是中国式现代化建设河南实践的必然要求，是推动铁路现代化的必由之路。

河南省委主要负责同志在全省市厅级主要领导干部学习贯彻党的二十大精神研讨班上，作出了中国式现代化建设河南实践发展"五条新路子"的概括，这个概括为新时期米字形高铁拓展成网明确了发展内涵、指明了发展方向。新时代新征程，我们要立足于国家发展全局以及河南的战略定位，对照中国式现代化伟大任务以及现代化河南的要求，深刻认识领悟河南铁路事业面临的形势和任务，不断增强服务中国式现代化建设河南实践工作大局的能力。

一、服务经济与产业发展

习近平总书记在党的二十大报告中强调：加快建设现代化经济体系，着力提高全要素生产率，推动经济实现质的有效提升和量的合理增长。河南省委书记楼阳生同志也提出，加快建设现代产业体系。

交通运输是经济社会发展的"先行官"，高铁则是"先行官"中的"火车头"（见图12-1）。成网后的高铁网络作为河南全省综合交通运输体系的骨干，承载着全省经济进一步高质量发展以及现代化产业体系升级的期待，必须擦亮经济发展与产业升级带动的底色，摆正经济发展引领的核心定位。因此，米字形高铁拓展成网必须在服务全省经济与产业发展上更加着力，依托米字形骨架发挥高铁经济轴带引领的作用，夯实经济高质量发展与产业转型的基础。一是助力提升产业发展的平衡性，提升产业层次和供需匹配度，助力缩小城乡差距、区域差距。二是助力经济与产业发展的充分性，要不断缩小人均主要指标与全国平均水平的差距，争取达到甚至超过全国平均水平，提升创新能力、发展质量和效益。三是助力提升经济发展的协调性，高铁拓展成网可以协同推进经济社会发展和民生改善、优化资源能源利用和生态保护治理。

图 12-1   高铁服务经济与产业发展

二、支撑人口与城乡协调发展

习近平总书记在党的二十大报告中提出，中国式现代化是人口规模巨大的现代化。着力推进城乡融合和区域协调发展，坚持农业农村优先发展，坚持城乡融合发展，畅通城乡要素流动。因此，中国式现代化一定是人口与城乡协调发展的现代化（见图 12-2）。

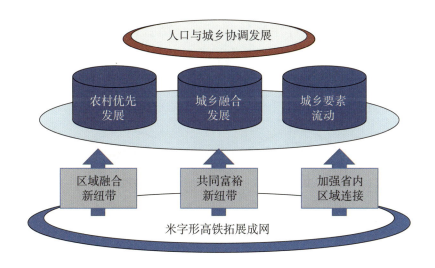

图 12-2　支撑人口与城乡协调发展

作为农业大省，河南省委提出，中国式现代化建设河南实践的第二条新路子就是农业大省统筹城乡的新路子。缩小城乡区域差距是农业大省实现共同富裕的必然要求，只有不断缩小城乡区域差距，加快让农业强起来、农村美起来、农民富起来，实现城乡融合发展、基本公共服务均等化，农村具备现代生活条件，才能让农民全面发展、过上更加富裕更加美好的生活，他们才有充足的获得感、幸福感、安全感。畅通城乡循环是农业大省服务和融入新发展格局的迫切需要。河南常住人口位居全国第三，在人口负增长和老龄化不断加剧的背景下，这是河南的优势和潜力所在，对各类技术、产品、服务的需求空间广阔，使得中原市场成为构建国内统一大市场的战略要地，因此，需要畅通城乡要素流动和经济循环，激活农业农村潜在的投资需求和消费动能。米字形高铁作为重要的交通基础设施，其拓展成网必须在实现现代化河南民生福祉增进、乡村振兴、城乡统筹发展、区域协调发展的伟大征程中展现更大作为。米字形高铁拓展成网建设必须要进一步加强省内各地区的连接，使之成为带动人民共同富裕的"致富车"，发展共同富裕新模式、打造区域融合新纽带。

三、促进对内对外高质量开放

党的二十大报告指出：推进高水平对外开放，依托我国超大规模市场优势，以国内大循环吸引全球资源要素，增强国内国际两个市场两种资源联动效应，提升贸易投资合作质量和水平。结合河南地处连接东西、贯通南北的战略枢纽优势，河南省委提出了内陆大省开放带动的第三条新路子，提出要乘势发力促开放，推动经济发展质量更高（见图12-3）。

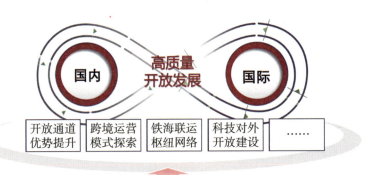

图 12-3　促进对内对外高质量开放

作为串联东南西北中的骨干网络，米字形高铁拓展成网建设必须要服务现代化河南对外开放的重大战略，在河南内陆开放高地建设中起到更大作用，把"传送泵"建的更长、更密。高铁拓展成网有助于拓宽开放工作的新空间，进一步提升开放通道的优势，探索"跨境电商+空港+陆港+邮政"运营模式，加速向"买全球，卖全球"目标迈进，让"网上丝绸之路"越来越便捷。加强铁海联运枢纽网络建设，让"海上丝绸之路"越来越畅通。加快中欧班列（郑州）扩量提质，让"陆上丝绸之路"越跑越快。依托高铁建设，巩固提升郑州在"一带一路"中的战略节点地位，以科技对外开放促发展、促创新，加快打造内陆开放高地，提升对外开放科技创新能力。

四、助力绿色低碳转型发展

习近平总书记在党的二十大报告中提出，推动绿色发展，促进人与自然和谐共生。习近平总书记还提出中国式现代化是人与自然和谐共生的现代化。河南作为生态大省，必须要坚决贯彻党的二十大精神和总书记的指示，按照楼阳生书记指示走出一条生态大省绿色发展的新路子，要推动经济社会发展绿色化、低碳化，加快推动产业结构、能源结构、交通运输结构等调整优化，如期完成碳达峰碳中和任务（见图12-4）。目前能源资源禀赋结构单一，河南省煤炭资源在资源结构和能源消费结构中长期占据主导地位，高铁拓展成网将提升铁路运输比例，改善交通运输的能源结构。此外，重工业导致的环境污染仍然比较严重，河汉全省传统工业企业中，重工业一直占比较高，高铁拓展成网有利于促进资金、人才、技术等要素的流通，从而助推产业结构升级，减少重工业污染。米字形高铁拓展成网必须进一步发挥生态友好、节能清洁、集约高效等独特优势，走出一条人与自然和谐共生的绿色铁路发展之路。

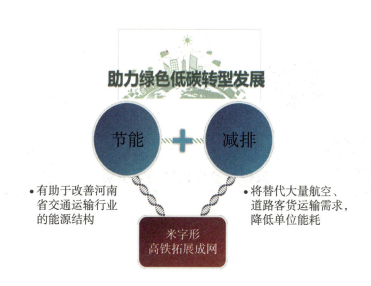

图 12-4　高铁助力绿色低碳转型发展

五、推动文化繁荣发展

习近平总书记在党的二十大报告中强调，推进文化自信自强，铸就社会主义文化新辉煌。河南作为中原文化、黄河文化的发源地，必将在社会主义文化事业重振的历程中扮演重要角色，贡献重要精神力量。楼阳生书记也提出文化大省以文兴业发展的新路子。河南把华夏历史文明传承创新区建设作为重大战略任务，以中华文明全景式集中展示地建设为重要抓手，以"创意驱动、美学引领、艺术点亮、科技赋能"为路径，全力打造中华文化传承创新中心和世界文化旅游胜地，推动传统优秀文化创新性发展、创造性转化，用持续的"破圈效应"有效弘扬中原文化和黄河文化（见图12-5）。高铁网络建设将作为重要的基础设施支撑和文化传播及文旅体验的载体，将助力塑造"行走河南·读懂中国"品牌，推动实施文化赋能乡村振兴行动，赋能特色鲜明的全链条文创产业发展，健全现代文化产业体系。米字形高铁拓展成网将有效支持以文兴业路径的顺利实施，将在实现物质富足和精神富有的新征程上承载更多责任，为文旅文创融合发展提供重要载体与旅客、货物流通渠道。

图12-5　高铁推动文化繁荣发展

第三节　高铁拓展成网的战略定位

一、经济发展的"火车头"

在中国式现代化河南实践的总体战略布局中，米字形高铁拓展成网后将成为牵引带动全省经济产业高质量发展的火车头，引领带动着全省经济产业转型升级（见图12-6）。

图 12-6　高铁飞驰在中原大地

资料来源：河南铁建投集团。

一是米字形高铁拓展成网将进一步拉近河南省内与省外、省内各地市间的时空距离，加速区域间的深度融合和协同发展，进一步促进区域间的人流、物流、商流、资金流等的联系，引领各类资源与生产要素的有序正向流动，从而直接带动经济高质量发展。河南省辖市 1 小时经济圈、周边省会城市 2 小时经济圈逐步形成，4~6 小时可通达长三角、粤港澳、成渝等全国主要经济区。

二是米字形高铁拓展成网将进一步加快产业转型升级的步伐。随着人才、资源、资本等经济要素的加速引入，高新技术产业、旅游业、服务业等行业将不断发展壮大，传统产业将不断疏解，三产结构在高铁带动下不断优化，围绕高铁核心骨架的经济轴带、产业轴带加速形成。

三是米字形高铁拓展成网将进一步使城市能级得以提升。发达的高铁网让郑州拥有了建设国家中心城市的硬实力，辐射带动洛阳、开封、新乡、焦作、许昌等地与郑州一体化发展，推进中原城市群互联互通。城市间时空距离缩短，人们追梦的脚步更从容。

二、民生福祉的奠基石

米字形高铁拓展成网，将更加有助于全省"保民生""促就业""推均衡"，起到统筹民生福祉与均衡发展的重要支撑作用，是现代化河南民生福祉与均衡发展的重要奠基石。

一是米字形高铁拓展成网将使全省亿万人民能更全面地享受高铁红利。以更加经济的出行成本、更加便捷的出行方式与时效为全省人民提供更加高质量的出行服务，满足人民日益增长的美好生活需要。"双城生活"成为现实，例如生活在焦作、工作在郑州可以把高铁当成公交，体验舒心便捷的"双城生活"。郑焦城际铁路开通后，河南铁路系统推行"铁路 e 卡通"，并协调地方政府加密了接驳公交班次。

二是米字形高铁拓展成网后形成的五纵五横网络将有效覆盖全省，尤其是对主要区县的覆盖，将解决全省交通运输发展与网络覆盖不平衡、不充分问题，提升全省高铁交通公平性。在河南省栾川县，铁路会同地方政府建设无轨站，通过分段式接驳运输，打通脱贫地区群众出行的"最先和最后一公里"。高铁也把栾川的旅游辐射半径从 300 公里扩展到 1000 公里，更多旅客乘高铁走进栾川等欠发达地区。

三是米字形高铁拓展成网后将促进沿线城市和乡村的均衡发展。高铁的建设与开通将直接或间接地创造大量就业岗位，带动相关产业链发展，促进产业结构优化，进而拉动就业结构，尤其是乡村地区的就业结构优化。此外，高铁拓展成网将进一步补齐乡村地区与脱贫地区的交通短板，将脱贫地区的货物、资源、人力"发出去"，把发达地区的资金、项目、游客"引进来"，从而支撑、巩固脱贫攻坚成效与实现城乡均衡发展。

三、均衡发展的协调器

河南米字形高铁网的建成和发展有望通过加强区域互联互通、优化产业布局、促进人口分流和城市协调发展等方式，推动河南省内不同地区的均衡发展，实现经济社会的可持续增长（见图 12-7）。

一是米字形高铁拓展成网后将促进区域互联互通。米字形高铁网将不同地区紧密连接起来，提高区域之间的互联互通能力，有助于减少地区之间的交通时间，促进人员、物资和信息的流动，从而实现不同地区的经济互补与合作。

二是米字形高铁拓展成网后将推动优化产业布局。高铁网的建设有望促进沿线地区的产业布局优化。更为便捷的交通条件可以吸引外部投资和资源进入河南，同时也有助于推动当地产业升级和创新，实现产业链的结

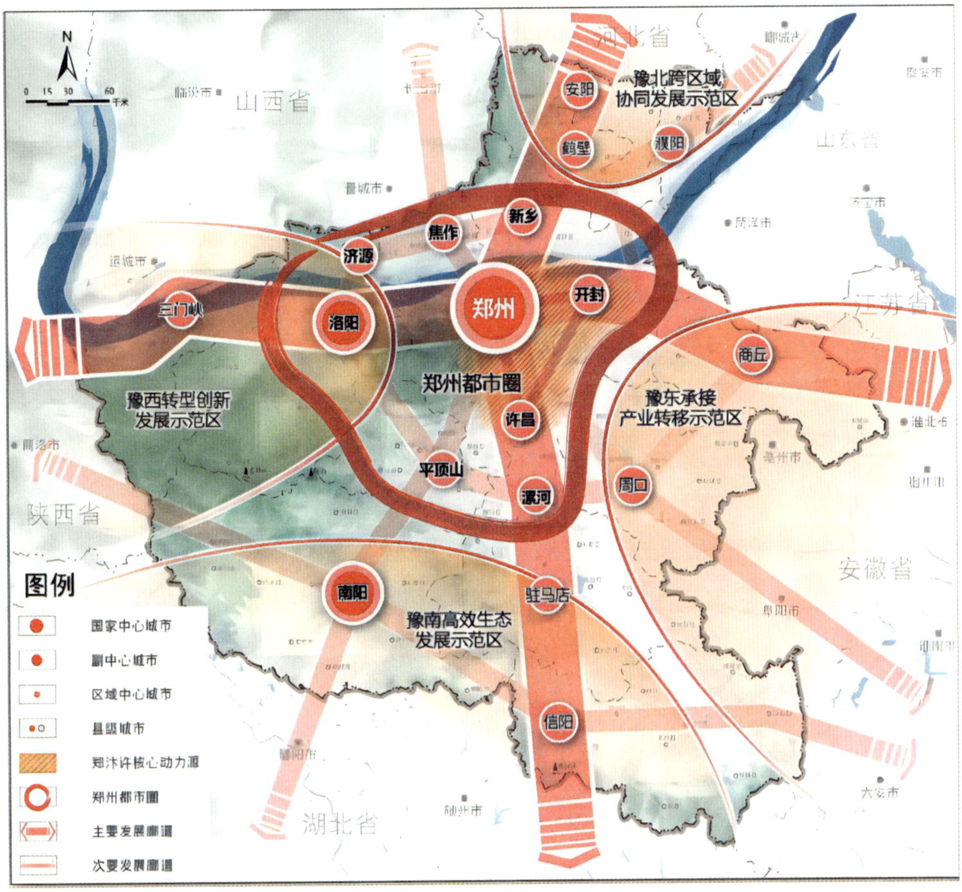

图 12-7　河南国土开发总体格局图

资料来源：河南省自然资源厅. 关于公开征求《河南省国土空间规划（2021-2035 年）》意见建议的公告［EB/OL］. https：//dnr. henan. gov. cn/2022/12-08/2653662. html.

构完善和质量提升。

三是米字形高铁拓展成网助力城乡均衡发展。高铁的便捷性能够吸引人才和劳动力进入河南省内不同地区，有助于缓解大城市（如郑州）的人口压力，促进小城市和县域的人口分流，实现城乡协调发展。

四是米字形高铁拓展成网实现优质资源共享，高铁成网的建设也将有助于教育、医疗等领域资源的共享。人们可以更容易地在不同地区就医、就学，提高了全省范围内的教育、医疗水平的均衡性。

四、绿色发展的新引擎

米字形高铁拓展成网，有助于全省交通运输行业"调结构""降能耗"

"提效率",是全省绿色低碳发展的新引擎。

一是米字形高铁拓展成网将进一步提升高铁在全省铁路系统中的占比,有进一步改善优化全省铁路以及交通运输系统的能源结构,提高能源利用效率,助力交通运输行业双碳目标的实现。

二是米字形高铁拓展成网将实现更大比例的高铁客运、货运需求,对河南全省交通运输结构产生明显的重构效应,以相比航空、道路等运输方式更低的单位能耗,产生显著的温室气体减排效益。

三是米字形高铁拓展成网后将极大改善河南省交通可达性,最大程度地削弱地理距离和行政力量对要素流动的束缚,使得跨区域间要素流动和交换更加迅速和便捷,提升资源利用的程度和效率,进而降低全省碳排放总量,驱动全省绿色低碳模式发展。

"让黄河成为造福人民的幸福河"是习近平总书记的殷切期望,也是铁路发挥在综合交通运输体系中的骨干作用和绿色优势、开展黄河生态保护和治理、推动经济社会高质量发展的责任使命。2022 年 8 月 15 日,随着一列载有 96 个集装箱的货物列车抵达龙泉村站"心连心"集装箱专用线,河南心连心化学工业集团股份有限公司铁路专用线集装箱三期扩建工程正式投运。至此,该企业已建成总里程 9 公里的 8 条铁路专用线,总运能达 600 万吨,实现原料运输 100%"公转铁"[1]。项目投用后,预计每年可为企业节省运输费用 1400 万元[2]。这是河南铁路系统融入推动黄河流域生态保护和高质量发展、助推当地企业调整运输结构的缩影(见图 12-8)。

绿色、高效、便捷、经济,"公转铁""散改集"优势显著。自 2018 年国家实施"公转铁"运输结构调整以来,在河南省 94 家年货运量 150 万吨以上的工矿企业和新建物流园区中,铁路专用线接入比例达 82%[3]。

2022 年 4 月 13 日,"新乡—青岛港"海铁联运列车从新乡站首发,河南海铁联运再添新通道(见图 12-9)。河南铁路系统持续优化货运产品供给,联合相关企业成立海铁联运中心,先后开行郑州至青岛港、郑州至连云港、三门峡至青岛港等海铁联运班列。河南"通江达海",2022 年全省海铁联运量达 11.2 万标准箱。黄河流域高质量发展,归根结底是绿色发展。铁路线修到哪里,绿色发展的触角就延伸到哪里。

---

①②③ 资料来源:铁路郑州局集团公司。

图 12-8　高铁经过黄河流域

资料来源：铁路这十年｜助力谱写中原更加出彩绚丽篇章［EB/OL］. 人民铁道网，［2022-09-29］. https：//www. peoplerail. com/rail/show-1810-500692-1. html.

图 12-9　"新乡—青岛港"海铁联运列车从新乡站首发

资料来源：铁路这十年｜助力谱写中原更加出彩绚丽篇章［EB/OL］. 人民铁道网，［2022-09-29］. https：//www. peoplerail. com/rail/show-1810-500692-1. html.

五、对外开放的"红丝带"

米字形高铁拓展成网后将成为串联河南同国内兄弟省市乃至全球的红丝带，在助力河南服务构建国内、国际双循环的新发展格局中发挥更大的联通带动作用。

一是米字形高铁拓展成网后，河南省内各地市省外城市乃至全球联系的时空距离进一步得到压缩。省内与省外、境外的人才、科技、资金、货物等要素的流通更加快速、便捷、经济、安全。更多的外部人才、资本、技术纷至沓来，强化了河南省与外部的联系和交流，助力河南开放强省建设。

二是米字形高铁的拓展成网也将进一步增强河南在中原乃至全国的区位优势，提高河南在"一带一路"建设中的地位和影响力。米字形高铁拓展成网后也将成为河南对外开放的一张金字招牌。

十年来，不沿边、不靠海、不临江的河南，实现了全方位、高水平的开放，其"铁路交通枢纽"的优势功不可没。中部畅，全国通。河南发达的高铁网，为构建全国统一大市场提供了基础支撑。河南为东部地区产业转移、西部地区资源输出、南北经贸交流合作提供了广阔通道，有力助推京津冀协同发展、长江经济带发展、粤港澳大湾区建设、长三角一体化发展、黄河流域生态保护和高质量发展、中部地区高质量发展等重大国家战略实施。高铁加速了中原地区人流、物流、资金流、信息流的流动，中欧班列则为进出口增长提供了重要通道（见图 12-10）。

以安阳内黄为例，安阳内黄是中原地区最大的陶瓷生产基地和产品集散地。2022 年 6 月 20 日，济郑高铁濮郑段开通运营，内黄融入郑州 1 小时经济圈，客户可以坐着高铁来采购瓷砖。同年 7 月 28 日，内黄首批陶瓷产品通过中欧班列出口塞尔维亚，打开了欧洲市场。

聚焦服务"一带一路"建设，坚持高质量开行中欧班列，推动中部地区优质产品和装备走向世界。经过多年发展，郑州始发终到中欧班列形成了"8 个口岸出入境、17 条线路直达"网络，实现每周"16 去 18 回"高频次往返对开，已累计开行超过 6000 列。其业务范围覆盖 30 多个国家 130 多个城市[①]，班列重箱率、回程比例、综合运营能力等指标均居全国前列。

---

① 资料来源：铁路郑州局集团公司。

图 12-10　中欧班列货物装卸作业图景

资料来源：铁路这十年 | 助力谱写中原更加出彩绚丽篇章［EB/OL］. 人民铁道网，［2022-09-29］. https：//www. peoplerail. com/rail/show-1810-500692-1. html.

郑州也成为全国 5 个中欧班列集结中心之一。

六、以文兴业的催化剂

米字形高铁拓展成网后能够像催化剂一样，充分催化、助力全省文旅产业的发展。高铁的建设不仅能够提供更加便捷的旅客进出通道，更能通过高铁网络的多种优势催化出同文旅行业的不同的化学反应，全方位助推文旅行业发展。

一是米字形高铁拓展成网将为全省文旅行业提供便捷、高效的出行与中转服务。方便省内外游客来豫旅游，充分感受中原文化。中原地区是中华文明的核心区域，在中华文明起源、发展、演进、形成过程中具有不可替代的重要地位，通过对高铁沿线文化遗产的全面包装、全新阐释、全力推出，可以让世界更加了解中国、更加了解河南，真正实现"行走河南"就能"读懂中国"，从而更加巩固、提升中原在中华历史文化中的地位和作用。

行走河南，读懂中国，必须高度重视相关产业发展和设施建设。河南长期注重交通基础设施建设，利用得天独厚的地理方位优势，成为名副其实的交通大省。遍布全省各市的高速铁路，优化了旅游业发展的基础条件，为行走河南提供了更加便利的行走条件；进一步扩大了交通运输的有效供给，为文旅产业空间布局提供了坚实的保障；有效促进形成交通运输与文化旅游融合发展的新格局，文化旅游与高速铁路相互促进的趋势越来越强劲。

二是高铁除了作为一种便捷的交通工具，也是一种展示文化和发展科技的重要方式。郑州位于"天地之中"，是中国历史上八大古都之一，拥有丰富的历史文化遗产。郑州新密李家沟遗址是旧石器时代文化、新石器时代文化演进的典型代表，裴李岗文化则展示了原始农业的主要特征，正处于中华文明的起步阶段；大河村遗址、双槐树遗址等都是著名的新石器时代聚落遗址，社会出现明显分化，尤其是双槐树遗址，"具有古国的都邑性质"，被认为已经进入古国文明阶段。郑州商城普遍认为是商汤所建亳都，同时还有两周分封的管国、郑国、韩国、邻国、东虢国、祭国、密国等诸侯国在此地区建都。新乡地区自古就是豫北地区重要的中心城市。新石器时代的孟庄遗址，也是一处区域中心性聚落，社会分化进一步加剧，有学者认为已经进入早期国家阶段。夏商之际的鸣条之战、商周之际的牧野之战，以及姜尚垂钓、张良刺秦、陈桥兵变等反映朝代兴衰更替的重大历史事件，都发生在这里。鹤壁是商末都城朝歌所在地，东周赵国、卫国也在此建都。浚县古称黎阳，是国家历史文化名城，大伾山石佛全国最早、北方最大。鹤壁集窑是唐宋时期北方地区著名的窑口之一。境内的赵长城是世界文化遗产长城的组成部分之一。大运河浚县段包括黎阳仓，是隋唐大运河永济渠中遗产最为丰富多样的一段，是世界文化遗产大运河的重要组成部分。河南省拥有着深厚的文化底蕴和丰富的旅游资源，而高铁的建设可以将这些资源更加快速、便捷地展示给外界（见图12-11、图12-12）。

三是高铁将直接促进文旅产业发展，带动上下游服务业及相关产业发展。旅游业有着较强的关联产业带动效应，高铁的开通运营会带动沿线周边地区的旅游业和服务业的发展，增加就业机会，提高居民的生活水平。

图 12-11　开封清明上河园景区图

资料来源：清明上河园：多部门联动　精心筹划　全力保障游客旅游体验［EB/OL］. 大象网，

［2023-10-03］. https：//share. hntv. tv/news/0/1709048359858946050.

图 12-12　洛阳龙门石窟景区图

资料来源：畅行中国出彩中原｜全国交通广播融媒采访团走进龙门石窟［EB/OL］. 大象网，

［2022-08-18］. https：//www. hntv. tv/rhh-5799866370/article/1/1560240555770589185.

四是高铁的建设也可以促进旅游、教育、科技等领域的交流和合作，同时也能促进技术和人才的流动，带来更多的文旅合作机会和商业开发机会。河南作为中华文明的发源地，拥有着丰富的历史文化遗产。高铁的建设将不同城市联系紧密，游客可以更便捷地游览不同的历史名胜古迹，如郑州的嵩山少林寺、洛阳的龙门石窟等。高铁的高速便捷为游客提供了更多的旅行选择，也促进了河南旅游业的繁荣。同时，高铁的运营使得各城市之间的距离缩短，为教育交流提供了更多可能。学生可以更方便地参与不同城市的学术活动、交流访问等，促进了各地教育资源的互通有无。同时，高铁也为合作研究项目的推进创造了便利条件，加强了不同地区高校之间的合作交流。高铁的便捷性不仅体现在人员出行方面，同时也为科技领域的合作与人才流动提供了便利。科研团队可以更快速地跨越城市参与合作研究，高铁的高效连接有助于加速科技成果的转化和推广。河南高铁的建设不仅促进了文化遗产的保护与传承，还为文化和旅游产业的融合提供了有力的平台。高铁所带来的游客流量为地方经济带来了显著的增长，同时也激发了文化创意产业的发展。各地可以通过打造特色文化旅游产品，如高铁主题景区、文化展览等，实现文化资源的转化和商业化，创造更多就业机会和商业发展机会。高铁高速、高效的特点为不同领域的合作提供了更多可能性，为地方经济的腾飞和文化繁荣注入了新的活力。高铁不仅是交通的工具，更是连接与合作的纽带，也是以文兴业的催化剂，为文化交流与传承创造了广阔的发展空间。

第十三章　高铁拓展成网：发展目标

随着现代社会的飞速发展，高铁作为一项重要的基础设施，已经在连接城市、推动经济、改善人民生活品质等诸多领域发挥了积极作用。然而高铁的使命和责任远不止于此，高铁拓展成网也需要不断向前迈进。高铁拓展成网有其新发展目标，从"6000"公里高铁线网到"12345"高铁交通圈，从"4+3"高铁枢纽体系到服务质量的新台阶，再到三大"高铁+"融合业态的拓展，每一个目标都是为了更好地满足人民对美好生活的向往，为全面建设社会主义现代化国家不断贡献力量。

第一节　打造 6000 公里高铁线网

（1）路网规模大幅增长。到 2027 年，全省高速铁路规划里程达 4200 公里，其中计划建成营业里程达到 3000 公里左右；到 2035 年，路网规模大幅度扩大，全省高速铁路规划规模达到 6000 公里左右（含城际）。

（2）路网质量显著提升。在地级市层面已经实现"市市通高铁"的基础上，推动高铁覆盖全省所有城区人口 50 万及以上城市，着力推进在县/区层面，到"十四五"末期实现 50% 的高铁/城际覆盖率。到 2035 年，高铁占比在 50% 左右，高铁在铁路中的地位更为重要。

（3）路网结构不断优化。推动高铁干线网络由"单中心"的米字形基础进一步向"多枢纽网络化"发展，在既有高铁网基础上进一步补强、拓展和优化，到 2035 年基本完成"五纵五横"高铁网建设。着力完善轨道交通网，支撑路网结构向多枢纽网络化进一步发展，打造四纵四横城际网。

（4）枢纽通道进一步完善。推动更多地市由"一"字形向"十"字形"米"字形转变，到 2027 年实现地市高铁/城际通道数均不少于 2 条，同时预留对接通道，为部分地市进一步向米字形拓展预留空间。核心枢纽由郑州进一步拓展，推动洛阳、南阳、商丘对接全国性枢纽建设性需要。

　　米字形高铁拓展成网规划方案示意图如图 13-1 所示，相关规划信息如表 13-1 和表 13-2 所示。

图 13-1　米字形高铁拓展成网规划方案

资料来源：由中原城市群（河南）多层次轨道交通规划课题研究组和《河南省统计年鉴》计算得到。

表 13-1　2025 年河南省高铁规划覆盖情况

	指标	规划效果
里程规模	铁路规划规模	>9500 公里
	其中高速铁路	4200 公里左右
	铁路营业里程	7600 公里左右
	其中高速铁路	3000 公里左右

续表

指标		规划效果
路网覆盖	地级市连接高铁数量	≥2 条
	城区人口 50 万及以上城市高铁覆盖率	100%

表 13-2　2035 年河南省高铁规划覆盖情况

指标		规划效果
路网规模	铁路规划规模	>1.2 万公里
	其中高速铁路	>6000 公里
路网质量	高铁占比	50%左右
	复线率	87%左右
	电气化率	91%左右
路网结构	城际铁路网	四纵四横
	高铁干线网	五纵五横
	普速铁路网	六纵六横
	市域（郊）铁路网	基本建成

第二节　建成"12345"高铁交通圈

（1）建成以郑州为中心的"12345"铁路交通圈。实现以郑州为核心 1 小时通达省内城市，2 小时连通周边省会城市及京津冀地区，3 小时通达长三角地区，4 小时通达成渝地区，5 小时通达粤港澳大湾区。米字形高铁拓展成网后，各地市与周边省会及重点城市间时空距离大幅缩短，内陆地区开放发展的区位优势显著提升。

（2）省内时空距离进一步压缩。省内地市间通行时间显著降低，地市间平均交流时间缩短 30 分钟以上，省内平均交流时长从 100 分钟左右下降至 70 分钟以内。省内各地市的通达性进一步提升，各地市间旅行总时长平均下降约 9 小时，其中濮阳、焦作、开封、信阳旅行时间优化最为明显。绝大部分地市实现 1 小时互通，除濮阳外各地市交流时间进一步压缩至 2 小时内。省内大容量中短途城际客运交流服务更加便捷、更高质量，运输骨干作用更加突出，人民出行更为便捷，显著强化省内联系。

（3）拉近与省外重点城市时空距离。米字形高铁拓展成网后，河南省地市至重点城市的时空距离不断拉近，空间效率进一步优化，以南阳、濮阳和周口为例，通往上海、重庆、广州等全国主要城市最多能节约 10 小时以上。其中南阳受到的影响最大，十大重点城市中有六个城市时间显著缩短，平均缩短 4.3 小时以上。濮阳、周口至济南更为便捷，东西向连通能力显著增强。米字形高铁成网后，省内地市人民群众出行更为高效，省外通达性显著提升。米字形高铁拓展成网后压缩时空距离的效果示意图如图 13-2 至图 13-8 所示。

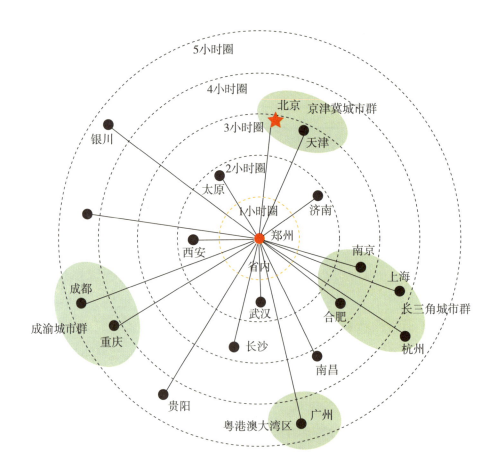

图 13-2　2035 年河南省铁路网时空距离示意图

资料来源：中原城市群（河南）多层次轨道交通规划研究课题组。

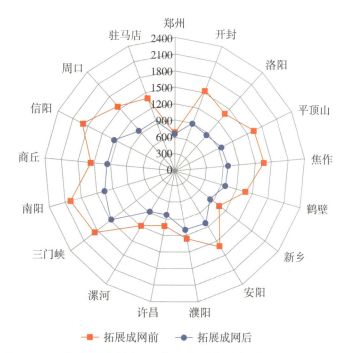

图13-3　米字形高铁拓展成网前后各地级市间旅行总时间

资料来源：中原城市群（河南）多层次轨道交通规划研究课题组。

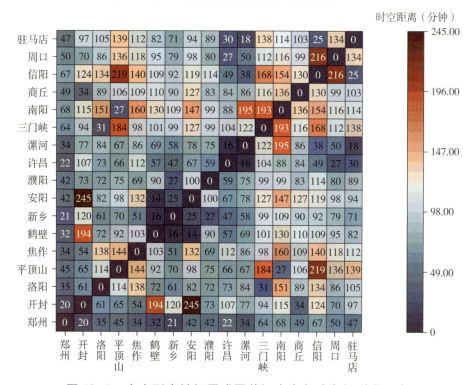

图13-4　米字形高铁拓展成网前河南省各地市间时空距离

资料来源：笔者根据中国铁路客户服务中心（12306cn）的数据计算所得。

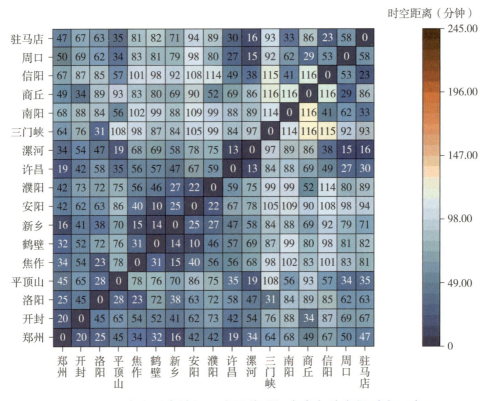

图 13-5　米字形高铁拓展成网前后河南省各地市间时空距离

资料来源：本书编写组计算所得。

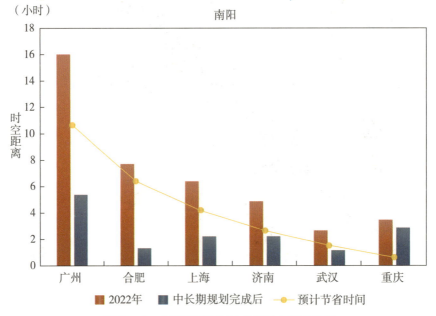

图 13-6　南阳至部分重点城市时空距离

资料来源：本书编写组计算所得。

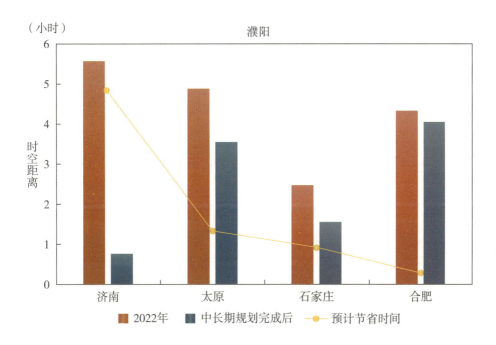

图 13-7 濮阳至部分重点城市时空距离

资料来源：本书编写组计算所得。

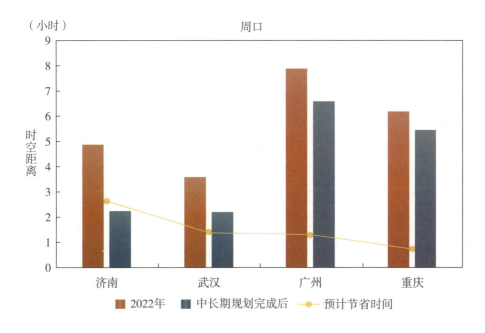

图 13-8 周口至部分重点城市时空距离

资料来源：本书编写组计算所得。

第三节　建设"4+3"高铁枢纽体系

（1）加快多枢纽建设发展。由单中心枢纽网络进一步扩展为多枢纽网络化新格局，"网络更完善、枢纽更强大、能级更提升、发展更高效"的发展格局进一步强化。多种交通方式一体衔接进一步强化。高铁与高速公路、航空、港口、城轨等多种交通方式有机衔接的现代立体化交通网络基本形成，加速畅通"大动脉"，促进"微循环"，服务"双循环"。

（2）郑州铁路枢纽不断优化，巩固提升郑州枢纽全国高铁核心服务功能和韧性。依托郑州东站、郑州站、郑州南站等中心城区主城枢纽与航空港区副城枢纽协作，推动干线铁路、城际铁路、市域（郊）铁路、城市轨道交通"四网"融合。在总图格局与规模方面，形成衔接石家庄（北京）、济南、徐州、阜阳（合肥）、武汉、重庆、西安、太原8个方向，京广、徐兰、郑万、郑太、郑阜、郑济高铁，既有京广、陇海铁路等干线及郑州开封、机场、洛阳等城际铁路引入的环形放射状特大型铁路枢纽。

（3）洛阳铁路枢纽地位进一步提升，强化副中心城市地位。在总图格局与规模方面，形成衔接郑州、登封、焦作、西安、平顶山、南阳6个方向，徐兰、焦洛平、洛阳至南阳铁路，陇海、焦柳、洛宜铁路支线等干线，郑登洛、郑巩洛城际铁路引入的现代化大型铁路枢纽。客运系统格局方面，维持洛阳站、洛阳龙门站为主要客运站的"两主"客运格局。货运系统格局方面，重点发展洛阳北物流中心（大宗货物）、洛阳西综合物流基地（集装箱、快运）、负庄仓储配送中心（仓储、配送）的建设，枢纽最终形成"三点并重"货运布局。

（4）南阳铁路枢纽米字形初步形成，支撑副中心城市建设。在总图格局与规模方面，形成衔接郑州、洛阳、西安、十堰、襄阳、信阳、阜阳、三门峡8个方向，衔接焦柳、宁西两条普速铁路，郑万、十堰经南阳至阜阳、南阳经信阳至合肥铁路、洛阳至南阳铁路、三门峡至南阳铁路5条高速铁路，客内货外的放射型区域性铁路枢纽。客运系统格局方面，维持"南阳+南阳东"两大客站格局。货运系统格局方面，构建"一主、两辅"的物流基地布局："一主"即南阳铁路物流基地，"两辅"即漯河货场和南阳国际陆港。

（5）商丘铁路枢纽地位提升，打造"双十字"发展格局。在总图格局与规模方面，形成衔接郑州、徐州、北京、阜阳、周口、菏泽、淮北7个方向，衔接陇海、京九两条普速铁路，郑徐、京港台高速铁路及郑开商、菏泽经商丘至周口、商丘至宿州城际铁路的放射型铁路枢纽。客运系统格局方面，形成商丘、商丘东为主要"两主"客运格局，商丘南为辅助客站。货运系统格局方面，规划商丘高铁物流基地。

（6）进一步对接优势再造战略，完善区域枢纽。依托地级市铁路主客站和交通汇聚集散的场站，紧密衔接干线铁路、城际铁路、市域（郊）铁路、城市轨道交通中的"两网"或4条骨干轨道交通线路，打造漯河、信阳、安阳等区域枢纽（见图13-9）。

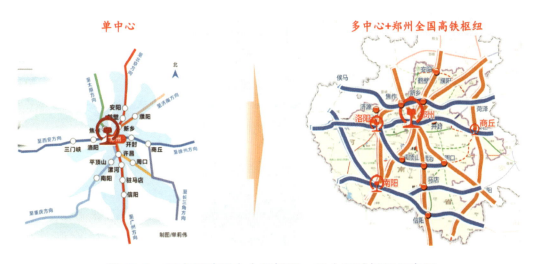

图13-9　河南打造四大全国枢纽、三大区域枢纽示意图

第四节　推动服务质量再上新台阶

（1）从骨干覆盖到四网融合。打通干线通道，实现区域内互联互通，着力建成五纵五横高铁网络。在抓好高铁干线建设的同时，加快发展城际、市域（郊）铁路，积极完善枢纽场站及集疏运系统，构建布局合理、高效便捷、功能完善、融合衔接、一体高效的多层次轨道交通网络，为提供高品质客货运服务打好基础。河南多层次轨道交通网络规划示意图如图13-10所示。

图 13-10　河南多层次轨道交通网络规划

资料来源：中原城市群（河南）多层次轨道交通规划研究课题组。

　　（2）从运输服务新需求出发，实现高铁旅客、货物运输服务多样化、差异化。为进一步增长的客流提供更加便捷、舒适、安全的高铁客运服务，完善各层次服务质量，满足不同层次和类型的旅客需求，旅客与客户服务质量和水平进一步提高。进一步优化高铁运营管理体系，聚力提升运输服务供给质量，实现人享其行、物畅其流，安全优质、人民满意。

　　基于人口及 GDP 预测情况，结合现状客流量调查，基于阻抗分析与交通模式分担预测，预计 2025 年全省铁路客运量达 2.6 亿人次，全省高铁客运量达 1.82 亿人次（铁路出行量的 70%），年均增长率 6.2%，增速显著高于全国平均水平。预计 2035 年全省铁路客运量可达 3.3 亿人次，全省高铁客运量达 2.34 亿人次。2025~2035 年均增长率 2.4%，与全国平均水平基本持平。预计到 2025 年人均出行率 2.67 次/年，2035 年全省人均乘车率 3.3 次/年，较现状有较大幅度提升。预计 2025 年、2035 年全省对内铁路客运量分别达 1.44 亿人次、1.83 亿人次，高铁对内客运量分别达 1.0 亿人次、1.28 亿人次，以郑州为中心，沿陇海、京广主轴城市间分布最为集中，相邻地市间的交流也相对比较密切。预计 2025 年、2035 年全省对内铁路客运量分别达 1.16 亿人次、1.47 亿人次，高铁对内客运量分别达 0.81 亿人次、1.03 亿人次，占比由 2019 年的 43.16% 逐渐上升至 2025 年的 44.61%、2035 年的 44.54%，流向以华东、华北和中南地区为主。为更好地服务急速增长的客流，需推动高铁服务质量再上新台阶，相关规划信息如表 13-3 和图 13-11 至图 13-14 所示。

表 13-3　河南米字形高铁拓展成网客流情况预测

年度	全国铁路客运量（万人次）	全国增速（%）	河南铁路客运量（万人次）	河南增速（%）	河南高铁客运量（万人次）	人均出行率（次/人·年）	
						全国	河南省
2025 年	500000	5.30	26000	6.20	18200	3.48	2.67
2035 年	700000	3.40	33400	2.40	23400	4.88	3.3

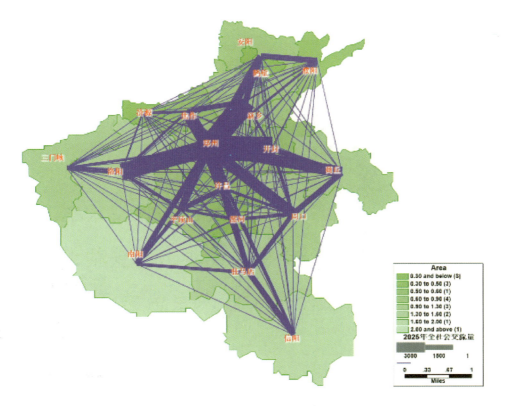

图 13-11　2025 年河南省内全社会出行期望线

资料来源：中原城市群（河南）多层次轨道交通规划研究课题组。

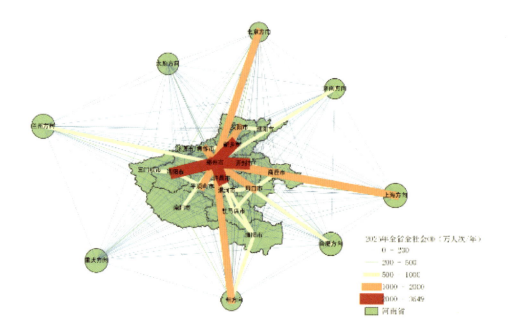

图 13-12　2025 年河南省外全社会出行期望线

资料来源：中原城市群（河南）多层次轨道交通规划研究课题组。

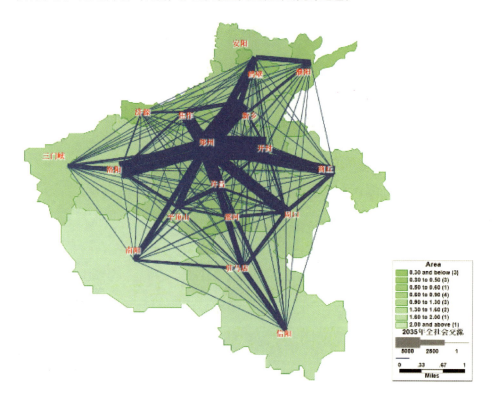

图 13-13　2035 年河南省内全社会出行期望线

资料来源：中原城市群（河南）多层次轨道交通规划研究课题组。

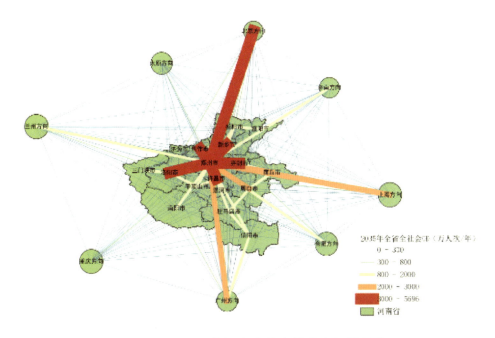

图 13-14　2035 年河南省外全社会出行期望线

资料来源：中原城市群（河南）多层次轨道交通规划研究课题组。

第五节　拓展"高铁+"融合业态

（1）拓展高铁服务新业态新模式新领域，大力发展高铁物流、高铁+文旅、高铁+产业园等示范业态。扩大高铁服务经济社会发展的作用，全面提升高铁应对突发事件及自然灾害、完成急难险重任务、服务重大战略、维护国家安全的能力，使高铁成为中国式现代化河南实践的重要支撑。

（2）打造高铁物流示范业态。"十四五"快递业发展规划中明确指出，为增强综合运输效能，鼓励高铁快递发展，推动配套设施建设、流程对接与信息共享。立足河南高铁物流网络优势，充分发挥高铁速度快、覆盖广、网络密、运力足、运量大、排放少、准时性强、受天气影响小等优势，可进一步拓展高铁运输功能，探索高铁物流规模化发展路径，打造高铁物流发展"河南样板"，释放高铁的经济价值和社会价值，畅通生产、流通、消费链条，助力河南构建现代化物流体系。一是要进一步优化联合运输组织方案，完善货物进出站、装卸车作业流程等，保障高铁快运安全平稳有序。

河南省高铁货运网络体系整体形成"一主两辅多节点"格局，其中郑州市定位为全国性高铁货运基地载体城市，洛阳市、商丘市定位为区域性高铁货运基地载体城市。高铁快运发展处于起步阶段，其将主要吸引来自航空及部分公路的货源，考虑到河南省的地理位置以及其发达的高铁网，预计2035年河南省高铁快运发送65.5万吨，到达63.8万吨；2050年发送117.8万吨、到达114万吨。二是要强化本地高铁快运与空高联运模式联动。空高联运主要依托郑州新郑机场及郑州南站实现国际货物在郑州的中转。结合郑州机场的吞吐量，以及机场货邮流向分布，预测近期联运量为21万吨，其中发送量8.1万吨、到达量12.9万吨；远期联运量为27.3万吨，其中发送量为10.6万吨、到达量为16.7万吨[①]。相关规划信息如表13-4、图13-15和图13-16所示。

表13-4　河南省高铁物流网络体系规划

节点类型	城市	定位	载体	业务类型
一级	郑州	全国性高铁货运基地载体城市	郑州东、郑州南（含空高联运）高铁货运基地	办理整列大批量的高铁货运
二级	洛阳、商丘	区域性高铁货运基地载体城市	洛阳龙门高铁货运基地、商丘高铁货运基地	办理大批量的高铁货运
三级	其他城市	地区性高铁货运基地载体城市	各高铁车站	办理零散、小批量的高铁货运

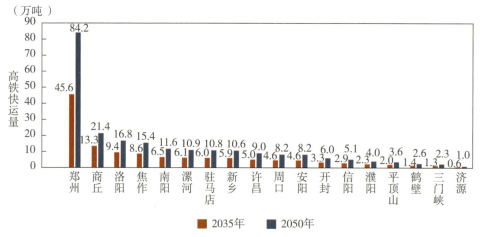

图13-15　规划年度河南省各城市高铁快运量预测

资料来源：《河南省高铁货运发展规划研究报告》。

---

① 资料来源：2019年河南省发展改革委委托铁四院开展的相关研究。

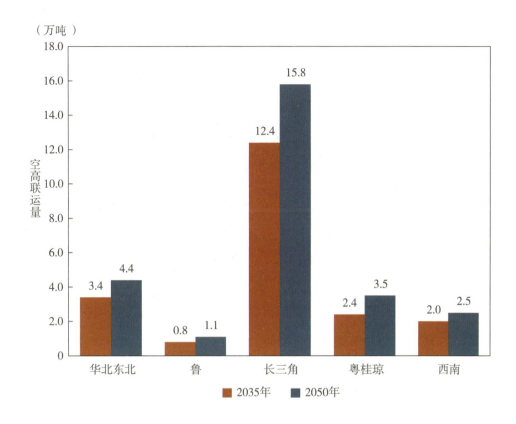

图 13-16　规划年度航空高铁联运量预测

资料来源：《河南省高铁货运发展规划研究报告》。

（3）深化高铁与旅游、文化等产业融合发展。米字形高铁拓展成网后，以黄河文旅走廊为样本，至少打造 1 条高铁文旅示范通道，建设高铁+文旅河南样板。以小浪底交通与文化旅游融合发展示范区为示范，打造至少 1 个高铁文旅产业园，推动高铁文旅产业融合发展。新建高铁线路进一步加强省内文旅景点可达性与连通性，通过"一日一图"、开通旅游专列、开发旅行线路、创新旅行向导等，进一步丰富完善"高铁+文旅"业态，让高铁为文旅发展插上"新翅膀"，使高铁效能与产业升级紧密结合（见图 13-17）。例如，焦作深耕高铁沿线客源市场，打造高能级文旅，做好黄河文章，做强云台山品牌，做大太极拳产业，加快文旅文创融合发展，着力打造"1+8"郑州都市圈休闲目的地。

（4）发展"高铁+航空+商务"等一站式服务。结合互联网打造新经济业态，着力推动以高铁为核心，集高铁、航空、共享汽车、住宿旅游等综

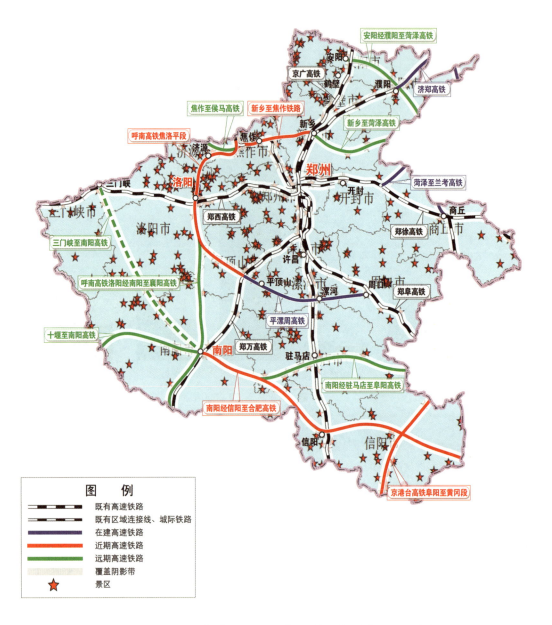

图 13-17 新建高铁项目进一步串联河南 "高铁+文旅"

资料来源：铁四院绘制。

合集成出行联程联运服务模式进一步发展。依托郑州航空港站与郑州机场空铁双核驱动的优越格局，实现高铁与航空运输与服务一体化，提供更便利、高效、令人满意的商旅服务。高铁与航空公司进一步联动，探索推出"机票+高铁票"组合票等一体化销售空铁联运产品，提升商务订票便利性和客户服务满意度。着力推动发展郑州航空港站区周边商务建成，郑州航空港站集高铁、地铁、空铁、物流、旅游集散、长途、公交、出租、社会车辆于一体，是融合高铁、城际、航空、地铁等诸多功能的站城融合、高质出行的特大型的"五位一体"现代综合交通枢纽，为游客尤其是飞机抵/离豫的商务旅客提供极大出行便利，提升商务出行效率。依托郑州会展中心建设，进一步带动周边商贸、酒店等配套产业发展，进一步延伸商务产业链。

（5）引导"高铁+产业园"落地。围绕高铁枢纽布局，进一步发挥各类枢纽优势，统筹发展现代商贸、会展、电子商务等枢纽经济，推动枢纽建设与高端制造、现代服务等产业深度融合，着力打造"高铁+枢纽商务"产业园。着力产业引育集聚助推高铁经济，打造各类要素充分流通的新经济业态，依托高铁物流建设发展进一步拓展"快递+"产业集群，培育"高铁+快递"产业园。配合制造业高质量发展，探索打造千亿级轨道交通装备产业基地，发展"高铁+制造"产业园。

第十四章　高铁拓展成网：
发展蓝图与远期成效

第一节　高铁拓展成网：发展蓝图

未来米字形高铁拓展成网后将实现具备六大显著特征的宏伟蓝图（见图 14-1）。这六大特征分别是：线路强网、双链强网、物流强网、绿色强网、开发强网、创新强网。更加密集的高铁网将更好地支持中国式现代化建设河南实践。

新投资

新科技　　　　　　　　　　　　新应用

新模式　　　　　　　　　　　　新乘客

新货物

图 14-1　米字形高铁拓展成网后的高铁强网蓝图

一、线路强网

现代化河南的高铁网必然是线路强网，将呈现出"四强一优"的显著特点：

（1）网络强。五纵五横现代化高速铁路运输网络全面形成，路网规模大幅增长，路网覆盖面大幅拓展，干线能级持续提升，全省高铁路网结构实现"多枢纽网络化"，达成更高水平的互联互通。到 2035 年，全省高速铁路（含城际）规划规模达到 6000 公里左右，实现县/区层面 90%覆盖。

（2）枢纽强。郑州高铁枢纽首位度持续攀升，跃至中部第一、全国前列。洛阳、商丘、南阳等高铁枢纽能级跟进提升，核心枢纽个数由 1 个增加至 3 个。功能层级合理、辐射效应强的高铁枢纽体系成功打造，枢纽新优势显著增强。

（3）衔接强。以高铁为引领的交通基础设施一体化基本形成，高铁与公路、航空、港口等高效衔接，为河南打造国内大循环和国内国际双循环大枢纽提供关键支撑。

（4）韧性强。运营体系韧性、总量进一步提升，高铁运营韧性和总量全国领先，"一日一图"列车运行方案精准实施，设备隐患 100%排除。

（5）服务优。提供便捷、舒适、安全的高铁客运服务与流畅、经济、高效的高铁货运服务，高铁准点率和服务水平居中部第一、全国前列，旅客满意度达到 90%以上。基础公共服务均等化水平持续改善，人民美好出行需求充分满足，高铁服务中国式现代化河南实践的能力持续增强。

二、双链强网

为服务河南建设立足中部、辐射全国、链接全球的现代供应链资源配置中心，现代化河南的高铁网必然是供应链、产业链强网，推动产业链供应链大规模深层次重构，将呈现出"三强一多"的显著特点：

（1）引领强。高铁网络引领的现代化经济轴带全面形成，产业发展引领能力大幅提升，实现 10 余个由高铁客货运引领的产业，打造 10 余个基于高铁物流的核心供应链。

（2）辐射强。高铁网络覆盖、辐射的经济腹地全面形成，经济促进辐射能力强，建成 10 个以上高铁经济产业园/开发区，使脱贫攻坚、均衡发展成果得到有效夯实和持续增强。

（3）韧性强。高铁管理、调度能力显著增强，应急预案完备，应对突发状况恢复速度快、能力强，应急保障能力全国领先，以高铁韧性增强提升河南产业链供应链风险免疫力、风险抵御能力和恢复能力，使全省产业链供应链畅通稳定安全得到有效保障。

（4）业态多。"高铁+"业态创新涌现并持续发展，"高铁+物流""高铁+文旅""高铁+产业园"等新业态充分融合发展，成功打造河南"高铁+"发展样板，丰富河南高铁上下游关联产业内涵。

三、物流强网

随着高铁+物流功能的不断拓展，在服务建设现代化河南的过程中，拓展成网的高铁网必然是物流强网，并呈现出"两强两高两优"的显著特点：

（1）网络强。建成覆盖面广、网络密的铁路快捷货运网络，形成"一主两辅多节点"的高铁货运网络体系，高铁货运能力显著改善，服务支撑强供应链体系的建成。

（2）枢纽强。以高铁快运为特色的一批物流枢纽与高铁物流基地建成落地，电商、快递等仓储基地、分拨配送和中转中心布局合理、成规模、数字化程度高，以郑州、洛阳、商丘等高铁物流枢纽为中心的功能完善的高铁物流生态圈基本形成。

（3）标准高。高铁货运动车组技术先进，高铁物流的装卸装备、作业流程、运行机制标准化，高铁物流标准体系建成完善，形成1条高铁物流示范通道。

（4）效率高。准点率和稳定性显著强于其他运输方式，货物出库、中转效率高，数字化技术赋能货物出库、中转效率提升，物流效率大幅提升，运输时效保障可靠，生产、流通、消费链条更加畅通。全省高铁快运发送/到达于2035年超120万吨、2050年超230万吨。

（5）模式优。形成成熟的高铁物流运营模式，"国内航空货运+国内高铁分拨"的空铁联运模式做大做强，"高铁+冷链+快递"等运作模式持续创新，多式联运的"港区模式、河南范本"成功打造，运输、仓储、中转、代理等集成服务模式成功实践，高铁资产利用的充分性和有效性显著拓展，促进航空、高铁、公路运输协同发展。

（6）服务优。高铁货运及服务一体化全面实现，传统铁路货运转型升级为现代铁路物流。货物运输更流畅、更高效、更经济。预计到2035年，全省高铁货运占总体货运份额达10%。①

---

① 根据本书编写组研究预测。

四、绿色强网

拓展成网的高铁网必将充分发挥高铁绿色、低碳的特点，成为有力支撑生态强省建设的绿色强网，并呈现出"三强一优"的显著特点：

（1）节能强。通过节能技术改进和运营优化，高铁生产服务空间更加安全高效，资源和能源集约节约利用程度大幅改善，高铁运行和高铁枢纽运营节能成效更加显著。实现高铁客运替代航空客运节省燃油量到2025年超3万吨、到2035年超7.5万吨的显著节能优势。

（2）减碳强。高铁运输比例进一步提升，高铁对航空、公路等客货运输的替代作用进一步增强，高铁单位能耗低的优势充分显现，碳减排贡献显著增加。实现高铁客运替代航空客运减排量到2025年达9.5万吨、到2035年超21万吨，替代公路运输减排量到2035年超202万吨的巨大减排优势。

（3）示范强。成功打造外美内实、人与自然和谐共生的示范性绿色低碳客货运输通道与智慧、绿色、低碳的示范性高铁枢纽。围绕高铁物流的绿色货物运输示范模式全面形成，实现到2035年减排达11.8万吨、到2050年减排超21万吨的巨大环境效益，成为全国生态环境新标杆和绿色高铁新示范。

（4）体验优。绿色高铁发展理念优、乘坐体验优，乘客在乘坐过程中潜移默化受到节能减碳与生态保护教育，绿色环保理念深入人心，绿色高铁特色品牌全面打响。

五、开放强网

拓展成网的高铁网必然具有更强的对外连通性，加速现代化河南开放强省的建设，并呈现出"两强两多一高"的显著特点：

（1）联通强。跨省客货运输通道数量显著上升，与京津冀、长三角、成渝等国家重点区域的互联互通、协作发展全面实现，高铁对外开放国际大通道功能显著增强。

（2）融资强。在高铁通道的集聚效应下，融资渠道不断拓宽，民营资本不断引入，开放优势显著增强，进一步助力全省招商引资、吸引社会资本投资的成效，铁路系统混改能力大幅提升。

（3）中转多。河南区位交通、开放通道等优势显著放大，途经河南中转人流、货流显著增加，中原核心枢纽与网络地位充分彰显。

（4）模式多。"公铁联运""铁水联运""陆空联运"等模式协同发展，提供一站集成式运输与物流服务，高铁开放通联效能大幅提升。

（5）能级高。河南内陆开放平台成功打造，高铁经济国际大平台成功搭建，以高铁为中心的国际陆港体系成功构建，国际陆路运输通道更加畅通。

六、创新强网

创新是整个中国式现代化河南实践中十分重要的要素，因此现代化河南的高铁网也必然是集成科技创新的重要载体，并呈现出"三强一广"的显著特点：

（1）科技强。应用于米字形高铁拓展成网的科技更加先进，围绕米字形高铁拓展成网的科技创新能力进一步提升。重点领域技术装备全国领先，驱动技术、电力技术、数字化管理等技术水平全国先进。

（2）创新强。围绕高铁网络建设这一重要载体，若干技术创新、模式创新都得到开花落地，例如技术的集成创新、商业模式创新、投融资模式创新等。

（3）示范强。人才、技术、资金等核心要素充分集聚，跨专业、跨领域深度协同、融合创新全面实现，与创新型产业实现联动发展，河南高铁科创高地成功打造。技术落地与成果转化的示范效应强，新技术、新模式、新业态持续推动高铁行业进步。

（4）应用广。各类新兴技术都可以在高铁中找到应用场景并开展实践，例如区块链、元宇宙等可在赋能高铁服务运营和管理中得到探索。

第二节　高铁拓展成网：远期成效

一、进一步带动全省经济发展

米字形高铁拓展成网，将进一步带动全省经济发展。高铁网络的不断完善能够缩短区域空间距离，对地区经济增长产生积极作用，具体体现在增加资本投入、促进人口迁移、提高全要素生产率和产生城市扩散效应等方面。高铁建设对经济增长的刺激作用会受到经济溢出效应的影响，进一步优化城市产业结构，调整经济活动的空间布局。

　　相比于当下以郑州为中心的米字形高铁，拓展成网可以进一步增强区域尤其是各市县间的互联互通，降低运输成本，加速区域内市场的一体化，这样的一体化势必有助于市场内部各种要素的流动，从商品和人员到技术和资本，将更加顺畅地在各个区域之间流转，进而推动整体经济的增长。随着高铁网络的拓展，城市之间的格局也将发生更为显著的变化。新的高铁线路和站点的建设将会影响不同城市之间的地理位置竞争力，从而进一步塑造城市的功能和特色，推动高铁新城的建设和高铁经济的发展。这种变化将直接影响劳动力、资本和技术等要素在城市之间的空间成本，为要素的跨城流动提供更加灵活和优化的环境。因此，高铁网络的持续拓展将使得城市间的要素流动变得更加高效、智能化，进而提升整体经济的竞争力。高铁站点作为网络中的重要节点，在促进经济要素流动方面发挥着关键作用。站点周边地区的交通可达性的提升不仅带来了旅客的聚集，同时也刺激了对各种服务和功能的需求。这种需求的增长催生了站点周边场所功能的更新和完善，进一步加强了经济要素在这些区域的集聚趋势。高铁站点所带来的人流和资源流将持续推动周边地区的经济活力，从而形成更为繁荣和可持续的发展格局。高铁网络的拓展将逐渐由"米"字形向网络化发展（见图14-2）。新的高铁线路将不仅是简单的单向连接，而是在多个城市之间构建起更加密集和多样的连接关系。这将在更大程度上促进区域之间、城市之间以及不同站点之间的经济要素流动。这种多维度的连接将进一步加强全省范围内的协同发展，为经济要素的自由流动提供更广阔的舞台。

　　高铁拓展成网后将有效带动河南经济社会发展，有力支撑2035年人均GDP的增长目标。基于多元线性回归模型测算，每增加1%的高铁营业里程，人均GDP将增加0.26%，按照河南高铁拓展成网后6000公里总里程测算，河南省人均GDP将从2021年的6.21万元/人达到9.6万美元/人。从产值角度看，据测算，我国高铁每1亿元投资，对建筑、冶金、制造等上下游关联产业拉动产值10亿元以上，河南省高铁"十四五"至"十六五"总

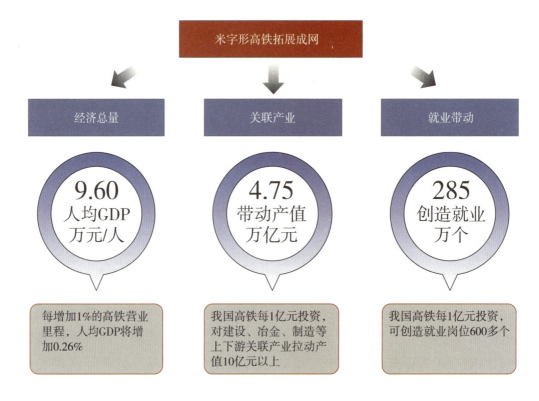

图 14-2　米字形高铁拓展成网带动经济发展

投资为 4750 亿元，带动产值规模近 5 万亿元。从就业层面看，据测算，我国高铁每 1 亿元投资，可创造就业岗位 600 多个，预计至 2035 年末，"十四五"至"十六五"期间河南高铁网建设累计创造就业岗位近 300 万个。

二、进一步促进区域协调发展

米字形高铁拓展成网，将进一步促进区域协调发展。作为黄河流域生态保护和高质量发展的重要战略交汇地，河南省在新时代推动中部地区高质量发展的国家战略中担当着关键角色。与京津冀、长三角、粤港澳大湾区等国内主要增长极相连接，河南成为这些地区间重要的链接枢纽，其战略地位备受重视。在河南省第十一次党代会中，深化区域合作被明确视为锚定实现"两个确保"目标、全面实施"十大战略"的重要举措之一。在制度型开放战略的指导下，河南对区域合作进行了全新的谋篇布局，强调了与其他战略增长区域的合作，致力于构建更加紧密的合作网络。

在这一战略框架中，高铁网络的拓展与加强成网变得尤为关键。高铁不仅是现代交通的重要组成部分，更是区域合作的有力支撑。通过不断拓展高铁线路，河南将进一步巩固与京津冀、长三角、粤港澳大湾区等地区的紧密联系。这不仅会促进人员流动和经济要素的交流，还将为不同地区间的合作提供更加便捷的条件。高铁物流的发展也将成为不同区域间产业协同发展的又一重要推动力。高铁的发展将使得郑洛西高质量发展合作带的构建更加顺利，加强晋陕豫黄河金三角区域合作的深入推进，协同推动淮河生态经济带、汉江生态经济带的建设，同时打造起中原—长三角经济走廊的雄心计划。这种高铁网络所带来的连接将不仅是地理上的连通，更是经济、文化、人才等各个层面的紧密联系。

河南还将加强毗邻地区的省际合作，进一步拓展区域合作的广度和深度。高铁作为连接不同省份的重要纽带，将有助于促进毗邻地区的合作与协同发展（见图14-3）。这种合作不仅将在经济上实现优势互补，还会在科技、创新、文化等领域创造更多合作机会。高铁的便捷连接将为不同省份的合作提供更多可能性，进一步推动中部地区的整体发展。河南省在深化区域合作、推动中部地区高质量发展的战略中，高度重视高铁网络的拓展成网。这将为与京津冀、长三角、粤港澳大湾区等国内增长极的链接提供有力支撑，促进区域经济的互利共赢和协同发展。同时，高铁的成网将使得河南省与毗邻地区的合作更上一层楼，进一步推动中部地区的融合与崛起。

图 14-3 米字形高铁拓展成网促进区域协调发展

三、进一步赋能城乡融合发展

米字形高铁拓展成网，将进一步赋能城乡融合发展。目前已实现"市市通高铁"，随着米字形高铁拓展成网，越来越多的县级市将加入"高铁朋友圈"，城市与城市、城市与乡村之间的时空距离将进一步拉近，提高了可达性，便利了农村与外界的信息交流。高铁以其快速、便捷的特点提升了农村产品的运输速度、减少了农村产品在运输过程中产生的损耗，不断地突破保质期的限制、拓宽了农产品销售的渠道、打开了农产品的市场，从而进一步提高了农村居民的收入，城乡收入差距得以缩小。

同时，区域间高铁设施的修建有利于削减城镇和农村区域间劳动者的转移成本。相较于城市地区的地租价格，农村的土地成本较低吸引了大量厂商改变生产区位，为农村地区带来更多的投资机会，企业建厂和后续的运作也为当地居民提供了就业机会，农村地区劳动力剩余的问题在一定程度上得以解决，居民获得了除农业生产经营外的其他收入来源，增加了农村地区的整体收入，城乡收入差异因而缩小。最后，高铁网络的加密布局和其高时效的特征将加强区域间的联系，降低区域间要素流动的转移成本，削弱要素的转移障碍，而这也将产生间接效应，促使区域间的要素和经济活动的重新配置，从而改变城市和农村的产业结构，进而影响城市和农村居民的收入，缩小城乡收入差距。

高铁拓展成网后将有效推动河南城镇化发展的进程，基于多元线性回归模型测算，每增加1%的高铁营业里程，城镇化率将增加0.03%，根据米字形高铁拓展成网的里程数测算，米字形高铁拓展成网释放城镇化潜力（城镇化率预测值达61%），有力支撑新型城镇化战略72%的城镇化战略目标。

四、进一步助力全省脱贫攻坚成果

米字形高铁拓展成网，将进一步助力全省脱贫攻坚成果（见图14-4）。首先，米字形高铁网络在不断拓展运输帮扶方面展现出了强大的推动力。这一网络的持续扩张不仅是为了提供高效的出行方式，更是在努力为当地居民提供便捷的出行服务，使他们享受到高品质的交通体验。通过精心设计的列车开行方案和定点服务，高铁不仅实现了城市之间的紧密连接，还注重在公益性服务中支持乡村地区的出行需求。这种具有社会责任感的服务方式，为欠发达地区的人民打通了致富之路。其次，高铁车站和列车成为消费帮扶产品的重要宣传平台。通过展播消费帮扶产品的宣传视频，高铁为各地的"土特产"品牌打造了广阔的市场舞台。这种创新的宣传方式，不仅促进了消费者对地方特色产品的认知和兴趣，也为欠发达地区的产品销售提供了新的渠道。高铁网络不仅是交通通道，更成为连接地方特色产业和全国消费市场的桥梁，为区域经济的发展注入新的活力。此外，米字形高铁的开通还在时空距离上带来了巨大的压缩效应。特别是对于欠发达地区而言，过去与外界的联系受限，旅游市场开发和产品出口困难重重。然而，高铁的运营使得地区间的联系变得更加紧密，时空成本大幅减少。这为欠发达地区的旅游市场开发提供了更为广阔的机遇，同时也为当地产业结构的调整提供了可能性。这种积极影响不仅有助于地区经济的增长，还进一步巩固了脱贫攻坚所取得的成效，使得欠发达地区在高铁连接下迎来更加光明的未来（见图 14-5）。

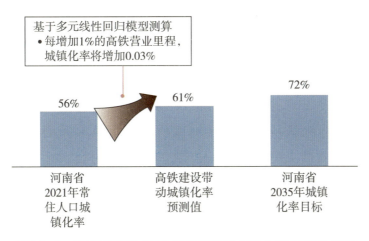

图 14-4　米字形高铁拓展成网赋能城乡融合发展部分指标

五、进一步夯实全省交通基础

米字形高铁拓展成网，将进一步夯实全省交通基础。米字形高铁建设完善了河南省交通网络，通过加密铁路站点和线路提升了铁路交通的可达性，"市市通高铁"提升了铁路交通的公平性，通过铁路运输服务质量的提高提升了铁路交通的满意度，从而提升了人民出行的便捷性和效率。

图 14-5　米字形高铁拓展成网助力巩固全省脱贫攻坚成果

　　值得强调的是，米字形高铁的全面建设和完善为河南省交通网络带来了深远的影响（见图 14-6）。通过铁路站点的加密布局和线路的扩展，整个铁路交通系统得以更为广泛的覆盖，进一步提升了铁路交通的可达性。而"市市通高铁"的构想更是将铁路交通的便利性推向了新的高度，确保了不同城市之间的铁路连接，有效地提升了铁路交通的公平性。这种全面建设也带来了铁路运输服务质量的明显提升，使乘客能够享受更加舒适、高效的出行体验，进一步提高了人们对铁路交通的满意度。通过这些措施的综合影响，人民出行的便捷性和效率得到了显著提升。高铁的建设也带来了明显的时空压缩效应，这对于河南省的发展具有重要意义。这种时空压缩不仅体现在物理上的距离缩短，更体现在人力资本、技术传播和知识溢出方面。高铁的运营使得不同地区之间的联系更加紧密，有助于人才的跨地区流动，推动了人力资源的合理配置。同时，高铁的开通也有利于促进新的科技和知识的传播，从而进一步推动地区之间的合作与创新。这种时空压缩的效应还在旅游业发展中得以体现，各地区的旅游资源可以更加便捷地互通有无，为经济增长提供新的动力。此外，高铁的建设也有望促进城镇化进程发展，通过连接不同城市，提高了城市间的交流和合作，从而为全省城镇化的高质量发展提供助力。

　　高铁的建成不仅扩大了劳动力的就业范围，还在更大程度上推动了产业结构的优化。高铁的运营和维护需要大量的人力资源，这为当地提供了新的就业机会，促进了就业需求的增加。与此同时，高铁的发展也对产业结

图 14-6　米字形高铁拓展成网夯实全省交通基础

资料来源：笔者自绘。

构进行了积极的引导，推动了以高铁产业为代表的先进制造业的发展，从而实现了产业的升级和转型。这种产业结构的优化将进一步加强河南省在国内产业链中的地位，为经济的可持续发展打下坚实基础。米字形高铁的全面建设为河南省的发展带来了多重积极影响。这一过程也紧密关联着高铁网络的拓展成网，其不断完善的网络将进一步加强区域之间的联系。

六、进一步促进全省绿色转型

米字形高铁拓展成网，将进一步促进全省绿色转型。米字形高铁网对全省绿色低碳发展的促进作用，主要体现在改善能源结构、降低单位能耗、提升资源配置效率等方面（见图14-7和图14-8）。

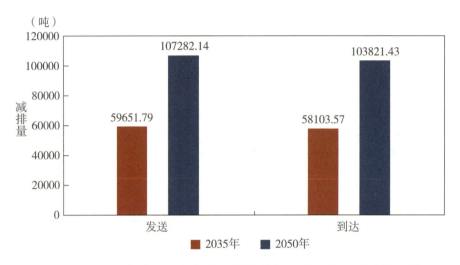

图 14-7　基于高铁物流发展情况的高铁拓展成网货运减排量测算

资料来源：由《河南省高铁货运发展规划》高铁物流预测数据计算所得。

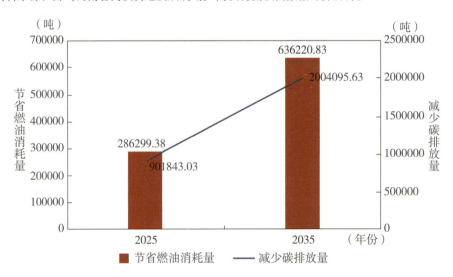

图 14-8　基于替代效应的高铁拓展成网客运减排测算

资料来源：基于新郑机场 2050 年规划吞吐量预测数据计算所得。

高铁作为一项现代交通工具，在其建设过程中充分采用电气化技术，这也是米字形高铁网络的显著特点之一。这种技术的广泛运用使得铁路电气化率大幅提升，从而有力地改善了能源结构，减少了对传统燃煤等高碳能源的依赖。这无疑是推动绿色低碳发展的积极举措，有助于减少环境污染和碳排放。

此外，高铁的普及也在不断促使交通运输结构的变革。与传统运输方式相比，高铁的单位能耗更低，这不仅体现在具体的能源消耗上，更体现在对环境的影响上。高铁的运营过程中产生的噪音、尾气等污染较少，这有助于改善生态环境质量，推动绿色发展理念的落地。通过高铁的普及，人们也逐渐转向更环保、低碳的出行方式，从而在个体层面促进了绿色低碳生活方式的形成。

同时，高铁网络的建设也为区域内外的资源配置效率提升带来了有力支持。高铁的快速连接效应使得不同地区之间的距离被极大压缩，这进一步削弱了地理和行政界限对资源要素流动的限制。不论是人才、技术、资本还是商品，高铁的快速通达都使得区域内的资源交换更为迅捷高效。这也促使各地区在经济发展中能够更灵活地进行合作，优势互补，提升整体效益，为绿色低碳发展创造了有利条件。与高铁网络的不断扩展成网相关联，这种资源流动的便捷性也将得到进一步加强。高铁网络从"米"字形逐步拓展成更为复杂的"网"字形，将不仅实现主要城市之间的连接，更将覆盖更多中小城市和地区。这种成网化的发展将更全面地促进区域内外资源的流动，进一步推动绿色低碳发展战略的实施，为经济和社会的可持续发展注入了新的活力。

据测算，米字形高铁拓展成网后，河南省高铁物流业替代快件货运预计2035年其发送和到达总量可减排约11.8万吨[1]，2050年预计减排21.1万吨，发送和到达减排占比相近。河南省高铁客运替代飞机预计减少燃油消耗量2025年可达28.6万吨，2035年可达63.6万吨；预计减少碳排放量2025年可达90万吨，2035年可达200万吨。米字形高铁拓展成网后，其对应新开通线路对公路等效替代碳减排量到2035年预计可达202万吨/年[2]。

---

[1] 每件快递按2千克计算，高铁快运发送和到达量预测值同图14-7。
[2] 假设米字形高铁拓展成网规划新建线路到2035年全部建成通车，客运量预测同图14-8。

七、进一步加速全省对外开放

米字形高铁拓展成网，将进一步加速全省对外开放。河南高铁的快速发展带动了省内深化改革加速推进与对外开放的发展步伐。习近平总书记在二十大报告中强调，推进高水平对外开放，依托我国超大规模市场优势，以国内大循环吸引全球资源要素，增强国内国际两个市场两种资源联动效应，提升贸易投资合作质量和水平。结合河南地处连接东西、贯通南北的战略枢纽优势，河南省委提出了内陆大省开放带动的第三条新路子，提出要乘势发力促开放，推动经济发展质量更高。

作为串联东南西北中的骨干网络，米字形高铁拓展成网建设必须要服务现代化河南对外开放的重大战略，在河南内陆开放高地建设中起到更大作用，把"传送泵"建的更长、更密。高铁拓展成网将有效助力高铁物流的发展，成网物流产业继续快速发展的重要驱动力，也将助力河南进一步深度融入"一带一路"建设。此外，通过加密铁路站点和线路，将为多式联运的发展提供更多机遇和可能性（见图14-9）。

图 14-9　高铁从郑州铁路枢纽出发驶向各地

资料来源：河南铁建投集团。

八、进一步增进群众民生福祉

米字形高铁拓展成网，将进一步增进百姓民生福祉。伴随高铁拓展成网，站点线路将不断完善，运输能力的不断提高。高铁对整体交通运输结构的积极影响逐渐显现。高铁的持续发展和不断增加的运输能力，使得交通运输结构不断优化。人们在面对出行选择时，更倾向于选择高铁这种快速、便捷的交通方式，从而有效减轻了传统交通方式的负担。这不仅使人们的出行更加高效，同时也推动了交通运输效率的显著提升。高铁的高速运营和频次的增加，使得人们的出行意愿不断提高，高铁出行次数明显增加。这种情况进一步反映在人民对高铁出行的满意度上，持续提升的满意度体现了高铁作为现代交通方式的受欢迎程度。

此外，基础设施能力的完善也在加强区域间的互联互通能力，从而为全域交通公平性的提升做出了显著贡献。高铁网络的拓展和成熟使得不同区域之间的联系变得更加紧密。无论是发达地区还是欠发达地区，都能够享受到高铁的便利，进一步消除了地域之间的交通壁垒。这种互联互通的能力提升不仅使得交通更为便捷，还有助于实现全域交通公平性的目标。通过高铁网络的覆盖，一方面能够补齐区域间交通发展的不平衡和不充分问题，另一方面也加强了区域间的流通往来，为经济社会发展创造了更多机会。

高铁的便捷性和高效性使得人们的出行更为灵活，更有时间和机会去享受生活。同时，高铁的普及也为人们创造了更多的旅游机会，促进了文化交流和地域发展。这一系列变化进一步凸显了高铁拓展成网对增进民生福祉的积极影响。随着高铁网络的不断扩张，其对民生福祉的促进作用将会更加显著。这不仅有助于进一步拉近地域之间的差距，还将在更大程度上推动人们的生活水平和生活品质的提升。

第四篇

高铁赋能现代化建设路径

　　米字形高铁拓展成网，建立完善的"五纵五横"高铁网络，需要从"线网、效率、能级、质量、功能"五大方面持续发力。政策体系也需要从顶层机制、规划协调、资金保障、资源保障等多方面改革创新，以充分保障米字形高铁拓展成网的顺利实施，更加有效地赋能中国式现代化建设河南实践。

第十五章　推进方向

本章基于现代化河南建设背景下米字形高铁拓展成网的发展目标与蓝图，系统阐述如何实现新发展格局背景下米字形高铁拓展成网。米字形高铁拓展成网的路径可大致分为五个方面的内容：线网延展方面：需积极构造高铁通道网络，进一步扩展线网空间，支撑综合立体交通网络体系建设；效率优化方面：需进一步提升网络通达性，提高交通运输组织效率，拉近城市群、都市圈与国家重要战略区域的时空距离，提高高铁网络运行效率；枢纽能级提升方面：需进一步巩固郑州铁路枢纽地位，完善郑州高铁枢纽布局，还需进一步推动洛阳、南阳、商丘等副中心城市、重点城市高铁枢纽升级，支撑完善多枢纽网络化高铁网格局；质量提升方面：需积极助力干支网络融合升级，强化四网融合，还需进一步提升客运服务质量，为乘客提供差异化服务；功能拓展方面：应积极探索高铁融合模式，在发展高铁物流的基础上，协同推进高铁+新业态产业服务布局，助推内循环核心网络构造。

第一节　线网延展

当前河南省支撑参与国内大循环的主要通道能力仍有不足，路网分布尚不够均匀和充分，河南省综合交通运输总体发展状况同交通强省相比仍有一定差距。面向河南省高铁拓展成网的实际需要，进一步强化高铁的交通属性，发挥高铁连通境内外、辐射东中西的通道辐射作用，加快高铁融入河南省综合交通运输网络（见图15-1），服务现代化河南立体综合运输网络体系构建，推动高铁线网通道建设是实现高铁拓展成网的坚实基础。

（1）支撑综合交通运输网络，需积极参与国家综合立体交通网主骨架

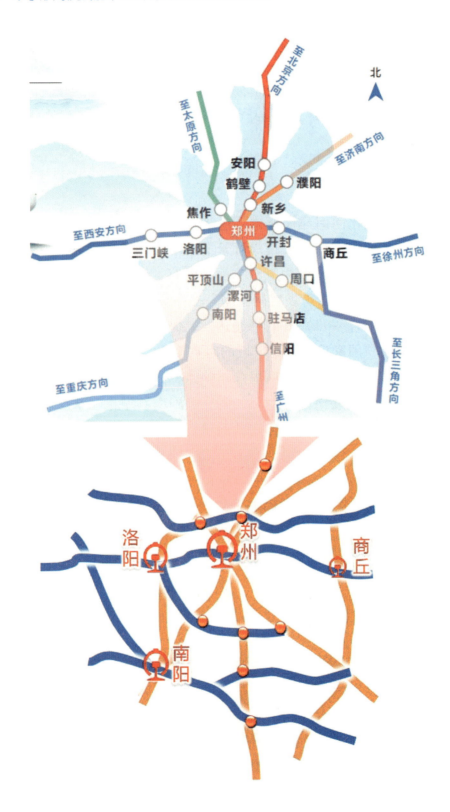

图 15-1　米字形高铁线网延展示意图

建设。加快京津冀—粤港澳主轴、大陆桥走廊、二湛通道等国家综合立体交通网主骨架河南段建设，提升河南省与京津冀、长三角、粤港澳大湾区和成渝地区双城经济圈四极及其他城市群互联互通水平，畅通资源要素循环通道。优化京港澳、大广等综合运输通道交通资源配置，支撑建设综合性、多通道、立体化、大容量、快速化的京津冀—粤港澳主轴。推动新亚欧大陆桥、沪陕、宁洛等综合运输通道协同发展，助力构建多方式、多通道、便捷化的大陆桥走廊。强化二湛通道内各种运输方式一体化融合，促进京津冀—粤港澳主轴和大陆桥走廊协调衔接。

（2）支撑综合交通运输网络，需建立健全"五纵五横"高铁综合运输通道布局。基于前文的河南省出行期望预测分析，为进一步支撑河南省综合交通网络建设，建议强化米字形运输通道功能。提升新亚欧大陆桥、京港澳等综合运输通道交通承载力，合理建设分流路线，促进南北互动、东西交融。建议推动地市由"一字形"向"十字形拓展"，进一步对接长三角经济走廊。着力加强洛阳、南阳区域副中心城市及主要地级城市多方向高铁便捷联通，加快东西向高铁布局，进一步推动高速铁路拓展成网。最终，在米字形高铁基础上，对主通道提质补强，完善洛阳、南阳省外连接通道，打通省内横向运输瓶颈，拓展区域高铁连接线，贯彻落实国家战略需要。

具体来说，要建立以从安阳经鹤壁、新乡、郑州、许昌、漯河、驻马店至信阳（即京哈—京港澳通道），从聊城经菏泽、商丘、阜阳至潢川（即京港台通道），从焦作经洛阳、南阳至襄阳（即呼南通道），从济南经濮阳、郑州、许昌、平顶山、南阳至襄阳，从太原经长治、焦作、郑州、周口至阜阳五条通道形成的"五纵"通道，以及从三门峡经洛阳、郑州、开封至商丘（即陆桥通道），从洛阳经平顶山、漯河至周口，从侯马经焦作、新乡至菏泽，从三门峡经南阳（泌阳）、驻马店至阜阳，从十堰至南阳、信阳到合肥五条通道构成的"五横"通道，最终形成"五纵五横"的高铁通道布局。基于当前高铁网络建设情况，可以对未来河南高铁建设的线网规划进行科学的目标设定。其中，至2035年高速铁路建设规划如图15-2所示，对应的项目规划客运量如图15-3所示。近期高速铁路建设规划如图15-4所示，具体项目信息如表15-1和表15-2所示。

图 15-2　米字形高铁拓展成网规划拟新建项目图示

资料来源：《中原城市群（河南）多层次轨道交通规划》。

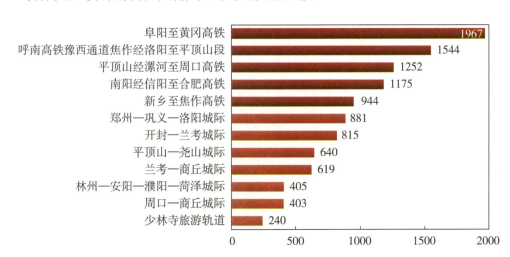

图 15-3　河南高铁规划项目预测客运量

资料来源：中原城市群（河南）多层次轨道交通规划研究课题组。

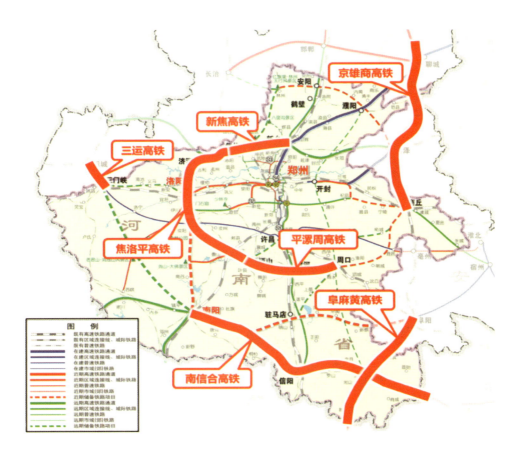

图 15-4　河南高铁近期规划落地项目图示

资料来源：中原城市群（河南）多层次轨道交通规划研究课题组。

表 15-1　米字形高铁拓展成网规划新建项目

序号	项目名称	省内规模（公里）
	规划高速铁路合计	1746
1	京雄商高铁雄安新区至商丘段	26
2	京港台高铁阜阳至黄冈段	135
3	呼南高铁焦作至平顶山段	255
4	南阳经信阳至合肥高铁	366
5	平顶山经漯河至周口高铁	200
6	新乡至焦作高铁	62
7	三门峡至运城高铁	4
8	南阳经驻马店至阜阳高铁	170
9	呼南高铁洛阳至南阳段	180
10	呼南高铁南阳至襄阳段	76

续表

序号	项目名称	省内规模（公里）
11	南阳至十堰高铁	130
12	新乡至菏泽高铁	107
13	焦作至侯马高铁	35
	规划研究高速铁路合计	260
1	三门峡至南阳高铁	260

表 15-2　河南高铁近期规划建设项目

序号	项目名称	省内规模（公里）
	规划高速铁路合计	1048
1	京雄商高铁雄安新区至商丘段	26
2	京港台高铁阜阳至黄冈段	135
3	呼南高铁焦作至平顶山段	255
4	南阳经信阳至合肥高铁	366
5	平顶山经漯河至周口高铁	200
6	新乡至焦作高铁	62
7	三门峡至运城高铁	4

　　高速铁路主要承担中长途区际客流，在具备条件的情况下可兼顾沿线城际客流。建议有关当局加速实施米字形高铁拓展成网工程，协同推进城际铁路建设，实现与全国主要经济区高标准快速通达，围绕"十字主轴，象限放射，相连成环，区域多联"完善城际铁路。在全面建成米字形高铁基础上，2027 年末高速（含城际）铁路营运里程突破 3000 公里，新增营运里程 1000 公里以上。着力推进城区 50 万人口以上城市全部实现高铁覆盖，地级以上城市基本实现高铁（含城际）通达数量大于等于两条。

第二节　效率优化

　　中国式现代化河南实践强调依托现代交通基础设施，推动运输全链条一体化组织，完善现代综合交通网。当前河南省综合交通网络结构性矛盾依然存在，交通运输组织有待进一步优化。对接河南省综合立体交通运输需求，加快高铁网络韧性建设、提升高铁网络通行运营效率，实现交通运输组织进一步优化完善，有力支撑米字形高铁拓展成网的实现（见图 15-5）。

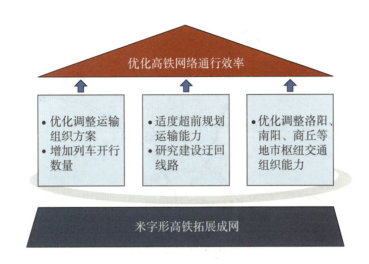

图 15-5　高铁拓展成网效率优化示意图

（1）提升高铁网络通行效率，建议不断优化调整运输组织方案，增加列车开行数量。2019 年 10 月，郑州枢纽开行始发客车 148 对，通过客车 250 对，共计 398 对，至 2020 年 4 月，上述数据分别增长到 177 对、265 对、442 对，明显高于武汉枢纽、西安枢纽、合肥枢纽等，在全国铁路枢纽中的地位不断增强，对郑州枢纽的压力也进一步增大。同时，郑州枢纽部分区间（如郑州至圃田西区间）客货列车行车量较大，线路能力趋于饱和态势，列车运行调整困难。郑州站客车到发线能力较为紧张，郑州站南咽喉能力紧张。未来建议进一步优化运输组织方案，优化调整列车开行布局，进一步提升以郑州为核心的高铁网络通行效率。

（2）提升高铁网络通行效率，建议适度超前规划运输能力，在郑州等重点铁路枢纽周边地区研究建设迁回线路，纾解郑州枢纽运输压力。当前，省会郑州高速铁路主通道已基本完善，根据边际效应递减规律，继续加密以郑州为中心的高铁对外通道，对于进一步提升通道运输能力和质量已无显著效果。与此同时，郑州枢纽压力依然较大，根据《郑州铁路枢纽总图规划》，2030 年、2040 年郑州枢纽办理列车分别为 579 对/日、698 对/日。建议积极推进临近城际、市域（郊）铁路建设，促进新型城镇化进程，支撑引领新时代中原城市群、郑州都市圈高质量发展，保障在特殊情况、应急情况下的铁路通过性与网络通行效率。相关示意图如图 15-6 所示。

图 15-6　米字形高铁拓展成网缓解郑州枢纽压力

资料来源：中铁第四勘察设计院集团有限公司。

（3）提升高铁网络通行效率，建议优化调整洛阳、南阳、商丘等地市枢纽交通组织能力，从全省尺度全面提升网络通行效率。优化调整洛阳、南阳、商丘等区域高铁枢纽的运营组织，结合新线引入调整枢纽布局，动态调整始发、经行高铁数量，进一步提高枢纽通达性。结合干线铁路、城际铁路、市域（郊）铁路、城市轨道交通四网布局，在考虑与既有高铁良好衔接的基础上，预留相关通道建设余地，考虑未来发展潜力以分流或引导交通需求，力争中原城市群相邻城市间半小时通达。

第三节　能级提升

中国式现代化河南实践聚焦强化综合交通枢纽功能地位，引领枢纽功能地位显著提升。当前河南省综合交通枢纽布局不够完善、功能不够强大的问题尚未充分解决。从高速铁路网来看，除郑州、许昌和商丘外，省内大多地级市为"一"字形高铁连接，尚未形成多方向枢纽格局。为巩固提升交通区位优势，推动枢纽布局由核心引领向多层协作转变，加快交通运输网络节点功能建设，打造河南省现代高速铁路交通枢纽体系，完善高铁枢纽能级体系布局，有利于进一步支撑完善米字形高铁拓展成网（见图15-7）。

图 15-7　高铁拓展成网能级提升示意图

（1）为强化高铁网络"一体衔接"，推动高铁枢纽能级提升，建议着力打造多元融合的交通网络与枢纽体系，服务城市群都市圈多元客流。注重多层次轨道交通互联互通与融合发展。坚持"一张网"规划，集约利用通道和土地资源，统筹规划建设由多种交通方式组成的城际综合运输通道，充分发挥各种运输方式的组合效率和整体优势，提升一体化运输服务水平。持续打造以国际性综合交通枢纽为核心，以全国性综合交通枢纽为支撑，以功能性、特色化重要区域性综合交通枢纽为补充的枢纽集疏运体系，实现高铁网络的优势再造。着力推进枢纽节点能级提升，强化高铁枢纽功能完善。建议重点依托郑州、洛阳主副城市的重点大型铁路客站，推动干线铁路、城际铁路、市域（郊）铁路、城市轨道交通至少"三网"或8条以上骨干轨道交通线路高效衔接。合理选择贯通运营与便捷换乘等可能方案，根据客流特征，从标准制式、车辆选型、车站引入、一体运营等方面综合分析，提出互联互通方案。

（2）推动高铁枢纽能级提升，建议进一步巩固郑州铁路枢纽地位（见图15-8），建设全国高铁枢纽心脏，打造世界级综合交通枢纽。郑州铁路枢

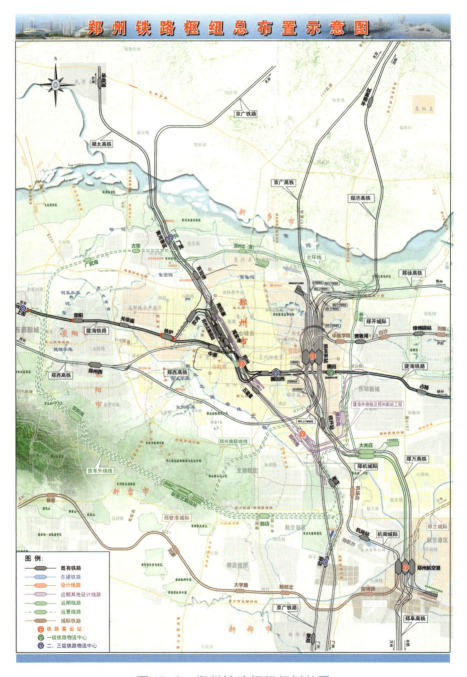

图15-8　郑州铁路枢纽规划总图

资料来源：中铁第四勘察设计院集团有限公司。

纽是郑州都市圈及中原城市群的定心盘，需着力打造"多站布局、多点到发，客内货外、互联互通"的枢纽格局。建议着力打造"四主"铁路客运枢纽布局，优化城市内干线铁路线路走向。以郑州、郑州东、郑州南、郑州航空港站四站为核心打造"四主"客站格局，预留郑州北（规划客站）、大关庄、岗李站发展为重要客运节点的条件。建议适时拓展货运枢纽建设，规划形成"1+2+N"三级物流节点网络。其中圃田（含占杨）为一级物流基地；上街、薛店为二级物流基地；广武为三级物流基地，规划圃田西等城区内既有铁路货场转型升级为城市物流配送中心，郑州东、郑州南等动车段所预留办理高铁快运作业条件。建议推动郑州铁路场站同步建设综合性进出境快件处理中心与快递海关监管作业场所，力争建成郑州高铁快运物流集散中心。建议加快推进中国（河南）自由贸易试验区郑州片区多式联运国际物流中心建设，推进中欧班列郑州集结中心建设，建设国际陆港及第二节点，建成中欧班列集结调度指挥中心。

（3）推动高铁枢纽能级提升，建议增强洛阳、南阳、商丘枢纽服务功能，完善全国性综合交通枢纽建设。建议结合"十"字形高速铁路骨架建设，完善洛阳铁路枢纽布局，承接中原城市群副中心城市功能（见图15-9）。以"双十"字现代化大型铁路枢纽为发展目标，引入焦洛平高铁、郑巩洛城际、郑登洛城际等线路，着力打造以洛阳站、洛阳龙门站为主要客运站的"两主"客运格局，进一步支撑洛阳副中心城市功能。重点发展洛阳北物流中心（大宗货物）、洛阳西综合物流基地（集装箱、快运）、员庄仓储配送中心（仓储、配送）的建设，推动货运铁路枢纽最终形成"三点并重"货运布局。规划预留洛阳动车所高铁快运基地，建设完善铁路物流基地，加强大型工矿企业、物流园区铁路专用线建设，规划预留焦柳（洛宜）铁路改线和枢纽货车外绕线建设条件。

（4）适度发展南阳铁路枢纽米字形建设，对接副中心城市发展需要。建议省政府着力推进南阳枢纽能级提升工作，发挥衔接"一带一路"和京津冀、长三角等沿线沿海沿江地区多方面的作用。规划引入南信合高铁、南驻阜高铁、十南高铁、洛阳经南阳至襄阳高铁等铁路线路，最终形成衔接七个方向，包括焦柳、宁西两条普速铁路，郑万、十堰经南阳至信阳、洛阳至南阳、三门峡至南阳四条高速铁路的放射型区域性铁路枢纽（见图15-10）。建议拓展南阳枢纽发展空间，适时启动城市轨道交通规划建设，

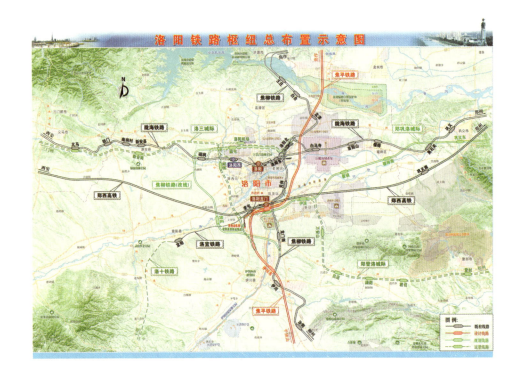

图 15-9　洛阳铁路枢纽规划总图

资料来源：中铁第四勘察设计院集团有限公司。

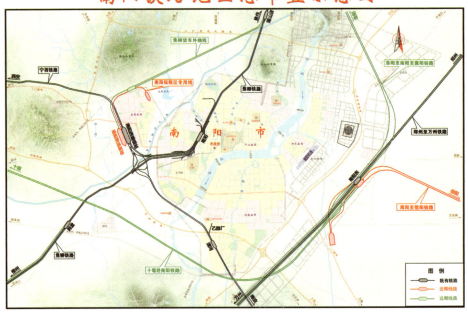

图 15-10　南阳铁路枢纽规划总图

资料来源：中铁第四勘察设计院集团有限公司。

支撑完善南阳站、南阳东"两站并立"的客运格局。建议继续完善货运枢纽体系建设,形成以南阳物流基地为主、漯河货场和国际陆港为辅的"一主两辅"货运布局,加快建设铁路物流基地,建设具备多式联运功能的物流园区,强化各种运输方式一体衔接,着力实现资源要素优化重组。结合枢纽内存车场的建设,预留高铁快运专用作业基地。

(5)根据河南省委关于"对外开放桥头堡、枢纽经济新高地"的定位,进一步提升商丘枢纽能级,建设商丘高铁货运基地。围绕商丘东站、商丘机场等,预留多层次轨道交通接入条件,加快建设集城市公交、长途客运等多种运输方式于一体的综合交通枢纽,加强"十"字形高铁衔接通道建设,提升对外交通能力。助力打造以商丘、商丘东为"两主",商丘南为辅助客站的客运格局,形成衔接7大方向的放射状铁路枢纽。完善货运枢纽布局,整合铁路物流基地、公路港、保税中心等物流资源,加快建设商丘商贸服务型国家物流枢纽,全面融入国家物流枢纽网络,预留区域性高铁物流基地规划余地,结合整列大批量高铁货运业务引入,力争到2025年全市货物吞吐量超过2000万吨。

(6)推动高铁枢纽建设,逐步建成现代综合交通枢纽体系,实现地区性高铁枢纽场站"市市全覆盖"。以地级市铁路客站和中心城市铁路中间客站为重点,主要衔接干线铁路、城际铁路、市域(郊)铁路、城市轨道交通中的"两网"。对接综合交通枢纽建设需要,以高铁枢纽能级提升为抓手,支撑完善安阳陆港型国家物流枢纽功能,强化信阳大别山革命老区交通枢纽地位,提升漯河全国性邮政快递枢纽功能。进一步推进地区性高铁枢纽能级提升,支撑地区性高铁货运基地载体建设需要,为办理零散、小批量的高铁货运服务提供必然支撑。

第四节 质量提升

中国式现代化河南实践以推动高质量发展为主题,着力全面提升运输服务品质。当前河南省区域城乡发展尚不均衡,旅客联程运输发展水平有待提高。面向米字形高铁拓展成网的实际需要,积极推动高铁、城际、市域(郊)铁路网和轨道交通网四网融合、协调发展,统筹推进干支协调和点线配套融合升级，提升客运服务质量，便于巩固完善米字形高铁拓展成网核心成果（见图 15-11）。

图 15-11 高铁拓展成网质量提升机制示意图

（1）为助推干支网络融合发展，建议构筑与城市群、都市圈城镇发展主轴、产业布局、人口分布相适应的网络布局，促进、引导区域协同发展。根据河南省最新城镇体系规划，将重点建设郑州都市圈（1+8）、洛阳副中心、南阳副中心、各地级市，以及 10 个县级中等城市，构建多枢纽网络化的发展格局。建议在空间格局、需求分析基础上，构建城市群高铁城际客运网，积极推动高铁、城际、市域（郊）铁路网和轨道交通网四网融合、协调发展。统筹考虑高铁、城际铁路的关系，积极利用高铁承担城际客流；统筹考虑城际铁路、市域（郊）铁路、城市轨道交通快线的关系，利用城际铁路承担市域（郊）通勤客流，推进线路互联互通。统筹干线、城际、市域（郊）铁路以及城市轨道交通功能与供给条件，在确有通勤客流需求支撑且干线、城际铁路无法有效利用的廊道方向，审慎规划布局市域（郊）铁路新线。以充分满足人民出行需求为目标，构建布局合理、衔接顺畅、安全高效的中原城市群轨道交通网，从而打造轨道上的中原城市群。

（2）为完善客货运服务质量，建议以增强运输能力、满足人民群众需要为目标，完善城际铁路布局、提高运输服务品质，助推区域融合发展。目前，仍有诸多人口大县缺乏高铁/城际覆盖，区域发展不平衡不充分问题较为突出，特别是豫东（周口、商丘）、豫南地区（驻马店）、豫中（新乡）等。为缓解区域公路客运压力，计划铁路承担中原城市群 2% 以上的营

运旅客运输比重，发挥轨道交通在综合交通体系中的骨干作用。强化交通
经济社会发展先行官作用，构建城市群区域城际网及都市圈轨道交通网，
覆盖郑州及周边地区主要城镇组团，以及区域 20 万以上人口城市，促进区
域协调发展。按照"强心、聚轴、融合"的发展理念，以郑州都市圈为重
点，完善全省市域（郊）铁路网布局，到 2035 年，形成"四纵四横"城际
铁路网和"三主两联"都市圈市域（郊）铁路网，营业里程达到 1500 公
里。结合城际铁路成网运营的需要，统筹考虑城际铁路与市域（郊）铁路
的相互关系，适应多层次轨道交通网络变化、推进"四网融合"的需要。
相关铁路网规划示意图如图 15-12 和图 15-13 所示。

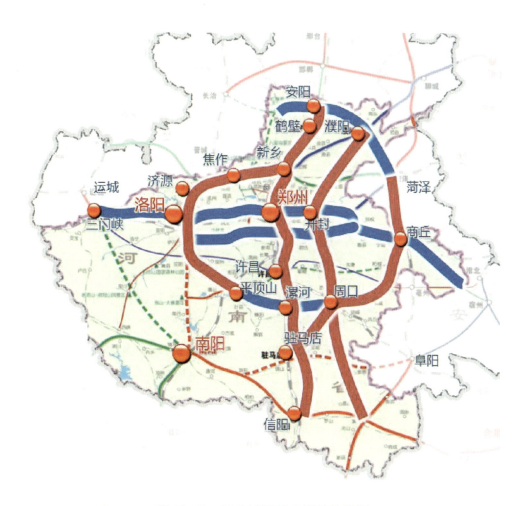

图 15-12　河南城际铁路网总体格局

资料来源：中原城市群（河南）多层次轨道交通规划研究课题组。

图 15-13　河南省市域（郊）铁路网总体格局

资料来源：中原城市群（河南）多层次轨道交通规划研究课题组。

（3）为完善客运服务质量，建议加强枢纽无缝衔接，推动多元交通方式一体化服务，提升人民群众满意度。加快建设"一核多极"的多式联运枢纽体系，着力打造郑州国际门户枢纽，加快推进国家级多式联运枢纽建设，积极培育多式联运新兴枢纽。建议打造一体化出行服务链，完善品质化旅客运输。积极推进客运枢纽空间共享、立体或同台换乘，提升智能化水平，加强安检互认，改善旅客出行体验。着力发展旅客联程运输，积极建设"空铁通"等"一站式"服务平台建设，发展便捷化品质化旅客运输服务。以郑州、洛阳、南阳为重点，提供大站快车、站站停等模式相结合的多样化、高频通勤客运服务，着力打造现代化河南服务新品牌。积极推行"公共交通+定制出行+共享交通"发展模式，打造个性化、多元化、品质化运输服务，助力中国式现代化河南实践又快又好发展。

第五节　功能拓展

当前河南省交通运输与经济发展的协同不畅，枢纽经济承载平台的引流、驻流能力不足，货物多式联运发展水平有待提高。特别地，当前高铁网络服务以客运为主，受客流分布及季节性波动等因素影响，河南省大多高铁线路利用效率不高。为进一步疏通货物流通环节堵点，积极发挥铁路干线优势能力，建议构建高铁快递物流服务网络，通过优化高铁物流运行路径，形成面向不同时间层级的货运服务产品，有效适应电商物流、快递市场多元化需求，提升高铁服务网络的运用效率。围绕"高铁+新业态"积极布局，拓展高铁融合模式，是夯实米字形高铁拓展成网的必然要求。

（1）为发展高铁物流网络服务，建议对接国家战略规划要求，加速构建高铁物流枢纽，打造综合立体高铁物流网络体系。建议在对接"十纵十横"交通运输通道、国家物流大通道、国家物流枢纽布局和建设规划、中长期铁路网规划等国家上位规划的基础上，结合中原城市群、河南省高铁网规划、河南省物流规划、各地级市国土空间规划以及铁路枢纽总图规划等相关规划，综合考量河南省各城市经济发展水平、货运市场需求、快递市场供给能力、高铁路网供给能力以及主要快递企业的网点层级结构，结合枢纽辐射式网络的相关理论，以最大覆盖城市快递业务量为目标，构建"全国性—区域性—地区性"三级结构的高铁物流服务网络。加快探索建设郑州国家高铁物流发展实验区，充分依托郑州空间区位优势，推动郑州市先行开展高铁物流业务试点探索，创新高铁物流规模化发展路径，形成高铁物流引领示范效应试点。

（2）为发展高铁物流网络服务，建议统筹规划整体安排，基于市场供需情况分批布设节点，优化高铁物流节点布局。现代综合交通枢纽体系"十四五"发展规划明确的100个枢纽城市中，河南共有1个国际性综合交通枢纽，3个全国性综合交通枢纽。对规划的全国性、区域性网络节点，需要办理整列大批量的高铁物流业务，拟新建高铁物流基地。对于规划的地区级网络节点，可充分利用既有高铁设施，办理零散业务。利用高铁快运高效集疏的优势，让特色产品"跑起来"，加速高铁快件物流发展，努力打造全国快件中转集散中心。图 15-14 为成昆高铁示范线双流西站高铁物流作业图。

图 15-14　成昆高铁示范线双流西站高铁物流作业图

资料来源：河南铁建投集团。

（3）为拓展高铁融合模式，建议强化"高铁+文旅"深入发展，围绕高铁通道和枢纽建设，打造经济发展新业态。加快形成"港产城"融合和"站城一体"开发模式，提升交通经济融合发展治理能力。围绕高铁枢纽布局发展现代物流、商贸、会展、电子商务等枢纽经济。高水平打造郑州国家级高铁（枢纽）经济区，建设集商务、会展、金融、旅游、物流等于一体的高铁经济区，形成全省辐射带动效应。以洛阳、南阳、商丘等枢纽城市为重点，积极发展贸易物流、高端商务、文化创意等高铁关联性产业，做大高铁经济。科学确定其他地市高铁新城规模和开发时序，有序推进高铁新城建设。加强高铁新城与城市主城区、城市组团便捷交通联系和功能合理分工，因地制宜发展办公、商业、会展、教育等业态，实现交通、产业和城市有机融合发展。例如，依托郑州东站的吸引力，站区以发展商业商贸、高新技术产业和居住为主，打造高铁站前集交通集散、商业商务、高新技术产业和生活居住区于一体的新型片区。

（4）为拓展高铁融合模式，加强铁路及关联行业发展战略谋划，着力产业引育集聚助推高铁经济。以郑州至北京、上海、西安、广州、重庆等示范线路为重点，探索"航空+高铁"联运形式，打造河南省陆空高效联运服务品牌。依托高铁拓展成网，推动产业发展与高铁建设协同互促，引导先进制造业集聚集群发展，培育壮大战略性新兴产业。加快布局制造物流园、商贸商务园和现代服务业集聚园，拓展"快递+"产业集群，在现代供应链领域培育新增长点。以陆港、生产服务型枢纽为重点，推进电气装备、农机装备、工程机械等特色装备制造产业集群发展，建设高端装备制造基地，巩固客车生产优势，发展中高级轿车等家用车型和冷藏保温车、物流、特殊应急等专用车型，加快建设全国重要的专用汽车研发制造基地。推进中车郑州生产基地建设，吸引电子信息、机电设备、高端合金等关联配套产业集聚，逐步形成高铁装备"河南造"。以商贸服务业为重点突破口，引进和培育全球供应链组织服务主体，服务于产业转移和跨国企业全球布局，大力发展总部经济和楼宇经济，构建高铁高端商务商业圈。引导洛阳、南阳加快布局专业型产业创新基地，支持其他重要节点城市夯实产业基础，加大产业创新资源引进力度，打造新兴产业创新发展策源地，持续推进国家创新型城市建设。

第十六章　重要举措

本部分提出高铁拓展成网的推进举措，结合现代化河南建设需要，进一步提出高铁赋能中国式现代化建设河南实践的推进举措。

第一节　强化顶层机制设计

强化顶层机制设计如图 16-1 所示，具体内容如下：

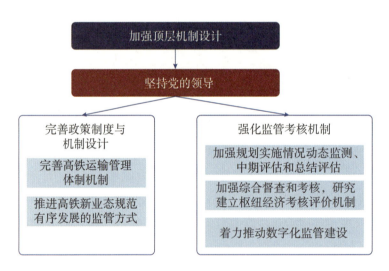

图 16-1　加强顶层机制设计图析

一、坚持党的领导

坚持和加强党的全面领导，充分发挥党总揽全局、协调各方的作用，增强"四个意识"、坚定"四个自信"、做到"两个维护"，确保党中央、国务院以及河南省委、省政府重大决策部署落到实处。加强党对高铁运输和枢纽经济发展的全面领导，着力发挥各级党组织在推进河南高铁拓展成网建设发展中的作用。

加强高铁行业高素质专业化干部队伍建设，优化干部队伍结构，激励干部担当作为，不断提高贯彻新发展理念、服务构建新发展格局的能力和水平，为实现中国式现代化河南实践提供坚强政治保证。

建议省委、省政府研究成立推动枢纽经济高质量发展协调机构，统筹协调重大问题、重大事项。建议郑州市、洛阳市、南阳市成立枢纽经济高质量发展工作推进协调机构，统筹推进全市枢纽经济工作。同时，建议各级政府建立统一的枢纽经济区运行管理体制。

二、完善政策制度与机制设计

完善高铁建设运营管理体制机制，健全跨方式、跨区域、跨部门综合建设运营协调机制。在要素统筹、综合开发、扩大开放、投融资、人才保障等领域，探索推进体制机制改革和政策创新。

积极稳妥推进高铁新业态等行业改革，形成促进网络货运等新业态规范有序发展的监管方式。推动高铁基础设施发展向规划、设计、建设、运营、监管等全生命周期协同转变，强化常态化预防性养护，加强公共设施养护管理。

三、强化监管考核机制

建议省发展改革部门会同有关部门，加强规划实施情况动态监测、中期评估和总结评估，对规划明确的发展目标、重大政策、重点任务、重大工程项目等落实情况加强跟踪和监督，对规划适时进行动态调整和修订，确保规划目标任务如期完成。

建议加强综合督查和考核，研究建立枢纽经济考核评价机制，研究适时将枢纽经济考核指标纳入高质量发展指标体系，论证考核结果与年度综合考评考核挂钩的可行性。建立健全规划评估制度，鼓励公众参与规划实施的监督，确保规划目标任务落实到位。

着力推动数字化监管机制建设。加强高铁运行智能监测，利用物联网、大数据、建筑信息模型（BIM）等技术，推行关键基础设施及安全设施动态监控和项目全生命周期监管，提升监管效能。

第二节　加强规划落实和协调

加强规划落实和协调举措如图 16-2 所示，具体内容如下：

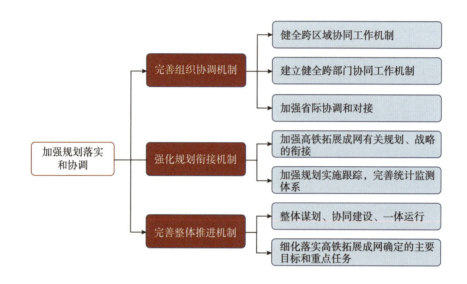

图 16-2　加强规划落实和协调举措图析

一、完善组织协调机制

健全中原城市群、郑州都市圈、黄河流域生态保护和高质量发展、枢纽经济先行区等跨区域协同工作机制，支持通道经济带、枢纽经济协同发展区、跨省毗邻地区等相关基础设施、产业布局、经贸合作等重大项目对接，协同推进实施。建议各主管部门加强沟通协调，加大对高铁客运、物流基础设施和枢纽经济区发展的政策支持力度，加强资金、人才等要素保障，确保规划有效实施。

建议发展改革部门加强同自然资源、财政、生态环境等部门沟通协调，建立健全跨部门协同工作机制，重点抓好重大政策、重大项目、重大工程落实。注重加强省际协调和对接，加强在跨省项目路线、建设标准、建设时序等方面的衔接，协同推进项目实施，力争实现同步建设。按照规划目标和重点任务的要求，统筹协调推进高铁拓展成网高质量发展全局性工作。

二、强化规划衔接机制

加强高铁拓展成网规划与国民经济和社会发展规划，国土空间规划，新时代推动中部地区高质量发展、黄河流域生态保护和高质量发展等有关规划、战略的衔接。按照规划时序和规划范围，分阶段、分梯次、分类别推进规划实施，加强各地、各类型规划编制与铁路发展规划的衔接，确保在主要目标、发展方向、总体布局、重大政策等方面协调一致。

加强规划实施跟踪，完善统计监测体系，及时把握高铁拓展成网发展中出现的新情况、新问题，适时调整优化相关内容，增强指导性、操作性和时效性。在基础设施建设、产业转移承接、对外开放、生态环境保护等相关领域，对规划编制、政策实施、项目安排、体制创新等方面给予支持。

三、完善整体推进机制

各相关部门要加强沟通协调，加大对高铁基础设施和枢纽建设经济区发展的政策支持力度，加强资金、人才等要素保障，确保规划有效实施。建议省委省政府统筹存量和增量、传统和新型、国内和国际，推进高铁设施、服务体系与产业链布局、城镇布局和对外开放体系整体谋划、协同建设、一体运行，促进要素高效流动和产业分工协作，积极向上营销，争取国家层面规划支持与保障。

建议各级政府要紧密结合发展实际，细化落实高铁拓展成网确定的主要目标和重点任务，加快推进枢纽经济区示范项目建设。按照制定的规划目标与重点任务，重点实施任务分工方案，将规划确定的主要指标、重点任务分解纳入年度计划，明确规划落实责任主体。

第三节　创新资金保障体系

创新资金保障体系如图 16-3 所示，具体内容如下：

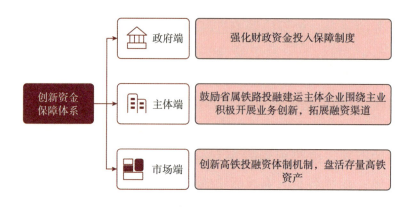

图 16-3　创新资金保障体系图析

一、政府端强化财政投入

建立健全与高铁建设运营发展阶段相适应的资金保障制度，完善铁路建设资本金筹措机制，明确省级、地市级财政支持。

深化铁路投融资改革，发挥政府主导作用，建立完善"政府主导、分级负责、多元筹资、风险可控"的资金保障和运行管理机制。积极争取中央财政转移支付、专项建设基金等支持，建立健全铁路运营亏损补贴制度，加大对铁路项目的补助力度，增强铁路项目的资金保障。

重视项目投资决策监管制度建设，建立和完善促进合资铁路发展的法规体系，保障政策性资金的合理利用，以及国有资产的监督管理。健全高铁基础设施分级分类投入机制，用好"债贷组合"模式。制定公开透明、公平合理的路网使用、车站服务、委托运输等费用清算和收益分配规则，保障路网资源统筹配置、公平共享，确保投资者参与项目决策、建设、运营的合法权益。

推动建立以公共财政为基础、各级政府责任清晰、财力与事权相匹配的高铁投融资长效机制，创新投融资政策，健全与项目资金需求和期限相匹配的长期资金筹措渠道。借鉴城市轨道交通开发模式，加强土地综合开发，既有可开发用地可依法依规变更用途，通过转让、出租等方式加快盘活存量项目，新增铁路综合开发用地要遵循国土空间规划，与城市建设统一规划、统筹建设、协同管理。

二、主体端拓展融资渠道

巩固省属铁路投融资建设主体企业投融资体制改革成果，聚焦主责主业，发挥骨干、带头和表率作用。继续发挥铁路投融建运企业主力军作用，鼓励通过设立铁路投资基金、发行企业债券等方式拓宽投融资渠道。用好省属铁路投融建运主体企业信用评级高的优势，支持企业积极对接国有大型政策性银行以及相关大型银团，用足用好政策性开发性金融工具。

鼓励省属铁路投融建运主体企业聚焦主责主业之外，大力发展与主业具有强关联性的经营性开发业务与高铁物流业务，例如，高铁站点综合开发、房地产综合开发、高铁物流等业务，大力拓宽企业收入、利润来源，打造铁路投融资的自我造血机制。

以高铁枢纽为核心合理构造站前经济圈，积极打造枢纽型、商圈型和产业型三类站前经济圈，加快发展高铁经济，引导总部办公、现代金融、科技服务、信息服务、商务会展等产业在高速铁路枢纽周边聚集，形成高铁特色的枢纽经济布局。

三、创新投融资体制机制

创新高铁投融资体制机制，盘活存量高铁资产。探索以市场化方式设立高铁运输高质量发展产业基金。研究土地收益补偿支持政策，在风险可控的前提下设计出适应不同项目特点和阶段的金融产品，例如开展高铁领域不动产投资信托基金（REITs）、绿色债券试点，提升资金保障能力。

拓宽社会资本参与高铁投融资途径，创新利益分配和风险分担机制，鼓励社会资本参与铁路客运、物流枢纽及综合开发、枢纽经济承载平台等项目投资、建设、运营和开发。推动以股权、债权等方式进行混合所有制改革，在符合条件的情况下，探索支持省属铁路投融建运主体企业上市或引入战略投资者。

第四节　完善资源保障体系

完善资源保障体系如图 16-4 所示，具体内容如下：

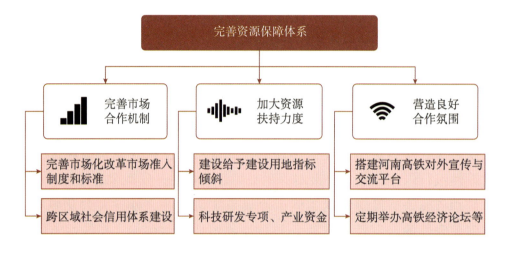

图16-4 完善资源保障体系图析

一、完善市场合作机制

推进要素配置市场化改革，完善市场准入制度和标准，清理和废除妨碍统一市场和公平竞争的各种规定和做法，打破地区封锁和行业垄断，优化资源要素配置，促进资本、劳动力、土地等各类要素有序自由流动。

推动建立健全高铁沿线及枢纽经济区跨区域信用信息采集、评价和共享机制，促进跨区域社会信用体系建设。研究制定枢纽经济区人才政策，采取科研合作、技术投资等多种方式柔性引进紧缺人才和高科技人才。

二、加强资源扶持力度

积极推进与高铁沿线城市建立人才市场联动机制，定期举办专业技术人才、职业技能人才、企业管理人才等专场招聘会。省级各类科技研发专项、产业资金加大对高铁拓展成网及枢纽经济区重大产业项目的支持力度。

加强对高铁建设的政策支持，将其用地纳入国土空间规划进行统筹考虑，加强重要通道、重大设施和重大项目的空间预控，规划战略性空间储备用地，切实保障建设用地需求。强化规划、建设过程中的用地控制，突出立体、集约、节约思维，提高用地复合程度，盘活闲置高铁枢纽用地资源。

探索和建立高铁拓展成网存量建设用地盘活利用代替增量供给的土地供应新机制。对高铁沿线重点项目建设给予建设用地指标倾斜，在符合国家和省相关准入规定的前提下，允许以国有土地租赁、国有土地使用权作价出资或入股等方式供地。

三、营造良好合作氛围

借助媒体、网络平台等宣传渠道，积极搭建对外宣传与交流平台，及时宣传河南省高铁拓展成网与枢纽建设的重大事件和进展。定期举办高铁经济论坛和企业家经济贸易联谊会、关联产业招商推介会等，促进沿线城市在产业定位、重大投资、旅游合作、物流发展等领域加强交流合作，实现错位融合发展。借鉴国内其他区域高铁发展先行区建设的成功经验，为促进河南省高铁经济带建设营造良好的环境。

第五节　推进"高铁+"融合发展体系

推进"高铁+"融合发展体系如图 16-5 所示，具体内容如下：

高铁物流
- 打造"一主两辅多节点"的高铁物流网络
- 推动传统铁路货运向现代铁路物流方式转变

"高铁+"融合发展

高铁+文旅
- 促进交通与生态、旅游深度融合，推进沿黄复合型生态廊道全境贯通
- 串联安阳、新乡、焦作、鹤壁、济源等沿线重点文化和旅游资源

高铁+产业园
- 推动枢纽与高端制造、现代服务、农业等产业深度融合
- 打造千亿级轨道交通装备产业基地
- 建设高品质枢纽经济新区新城

图 16-5　加快"高铁+"融合发展图析

一、加快高铁物流发展

以郑州为全国性高铁货运基地载体，洛阳、商丘为区域性高铁货运基地载体，其他高铁车站为地区性高铁货运基地载体，打造"一主两辅多节点"的高铁物流网络。探索以郑州为试点，建立郑州国家高铁物流发展实验区，进一步释放郑州现代化、国际化、世界级物流枢纽辐射效能，探索创新高铁物流规模化发展示范路径，形成经验借鉴和政策优化依据，打造河南示范样板，形成全国示范引领。

推动传统铁路货运向现代铁路物流方式转变，提升跨境货运能力，放大"一带一路"流通叠加效力，支撑"全球123快货物流圈"建设。加强与电商平台等客货源主体的合作，为高铁物流发展引入持续货运需求。积极引入先进技术和管理模式，开发智能化、信息化的高铁物流装备和系统。

加强高铁物流领域的专业人才培养，拓宽高铁物流人才培训的渠道和途径，提高人才的综合素质和专业技能水平。加强高铁物流领域的人才引进和流动，优化人才结构，通过与高校和科研机构合作等方式，引入一批兼具专业知识和实践能力的高铁物流人才。建立完善高铁物流人才激励机制，提供良好的职业发展空间和晋升机会，吸引和留住优秀的高铁物流人才，为高铁物流领域的长期发展提供有力的人才支持。

二、打造"高铁+文旅"特色

统筹推进黄河文旅走廊建设，以郑汴洛为核心，以三门峡、焦作、新乡为重点，促进交通与生态、旅游深度融合，推进沿黄复合型生态廊道全境贯通。

促进生活性服务业发展。围绕打造国际文化旅游目的地，完善高速铁路车站等旅游服务功能，打造小浪底交通与文化旅游融合发展示范区。

推动高铁与旅游产业融合发展。依托太行山国家旅游风景道，打造一体化旅游交通体系，串联安阳、新乡、焦作、鹤壁等沿线重点文化和旅游资源，统筹沿线交通、生态、农业、乡村发展，提升红旗渠、太行山等自然生态与红色文化内涵，打造交通与生态旅游融合发展样板。

三、推动"高铁+产业园"落地

依托郑州东站高铁枢纽经济区、郑州国际性综合交通枢纽，以郑州航空港经济综合实验区、国际陆港、经济技术开发区等为重点，探索创建国家枢纽经济示范区。

充分发挥各类枢纽经济承载平台优势，推动枢纽与高端制造、现代服务、现代农业、商务贸易等产业深度融合，持续引聚总部经济、就业人口、金融资本、科研平台等产业发展要素，提升产业发展质量，扩大枢纽综合竞争优势和规模经济效应。

建设高品质枢纽经济新区新城，统筹交通物流和产业、城镇发展，以枢纽城市、枢纽场站为依托，打造形成各种要素大聚集、大流通、大交易的枢纽经济业态，培育发展增长极。

参考文献

一、中文文献—政府文件

［1］新华社．习近平：高举中国特色社会主义伟大旗帜　为全面建设社会主义现代化国家而团结奋斗——在中国共产党第二十次全国代表大会上的报告［EB/OL］．［2022-10-16］．https：//www.gov.cn/xinwen/2022-10/25/content_5721685.htm.

［2］中共中央，国务院．国家综合立体交通网规划纲要［EB/OL］．［2021-02-08］．https：//www.gov.cn/gongbao/content/2021/content_5593440.htm.

［3］中共中央，国务院．交通强国建设纲要［EB/OL］．［2019-09-19］．https：//www.gov.cn/zhengce/2019-09/19/content_5431432.htm.

［4］国务院．"十四五"现代综合交通运输体系发展规划［EB/OL］．［2022-01-18］．https：//www.gov.cn/zhengce/content/2022-01/18/content_5669049.htm.

［5］国务院．关于支持河南省加快建设中原经济区的指导意见［EB/OL］．［2011-10-07］．https：//www.gov.cn/zwgk/2011-10/07/content_1963574.htm.

［6］国务院．国务院关于中原城市群发展规划的批复［EB/OL］．［2016-12-30］．https：//www.gov.cn/zhengce/content/2016-12/30/content_5154781.htm.

［7］国务院．国家发展改革委关于印发郑州航空港经济综合实验区发展规划（2013—2025年）的通知［EB/OL］．［2013-04-22］．https：//www.ndrc.gov.cn/xxgk/zcfb/ghwb/201304/t20130422_962136.html.

［8］国家发展改革委．国家中长期铁路网规划［EB/OL］．［2004-01-

21〕．https：//www.ndrc.gov.cn/fggz/zcssfz/zcgh/200507/t20050720 _ 11456 46.html.

〔9〕国家发展改革委．中长期铁路网规划（2008年调整）〔EB/OL〕. 〔2008-10-08〕. https：//www.ndrc.gov.cn/fggz/zcssfz/zcgh/200906/t20090 605_1145670.html.

〔10〕国家发改委．中原城市群城际轨道交通网规划（2009-2020）通 过批准〔EB/OL〕.〔2009-11-26〕. https：//www.ndrc.gov.cn/fzggw/jgsj/ zcs/sjdt/201008/t20100813_1144997.html.

〔11〕交通运输部，国家铁路局，中国民用航空局，国家邮政局，中国 国家铁路集团有限公司．加快建设交通强国五年行动计划（2023—2027年） 〔EB/OL〕.〔2023-03-31〕. https：//www.gov.cn/lianbo/2023-03-31/con- tent_5749421.htm.

〔12〕中共河南省委，河南省人民政府．河南省加快交通强省建设的实 施意见〔EB/OL〕.〔2022-07-25〕. https：//www.henan.gov.cn/2022/07- 25/2492826.html.

〔13〕中共河南省委，河南省人民政府．河南省综合立体交通网规划 （2021—2035年）〔EB/OL〕.〔2022-07-25〕. https：//www.henan.gov. cn/2022/07-25/2492826.html.

〔14〕河南省人民政府．河南省"十四五"现代综合交通运输体系和枢 纽经济发展规划（豫政〔2021〕57号）〔EB/OL〕.〔2022-01-26〕.

〔15〕河南省人民政府．河南省国民经济和社会发展第十四个五年规划 和二○三五年远景目标纲要（豫政〔2021〕13号）〔EB/OL〕.〔2021-04- 13〕. https：//www.henan.gov.cn/2021/04-13/2124914.html.

〔16〕河南省人民政府．河南省新型城镇化规划（2021—2035年）（豫 政〔2021〕55号）〔EB/OL〕.〔2022-02-16〕. https：//www.henan.gov. cn/2022/02-16/2399795.html.

〔17〕河南省人民政府．支持现代物流强省建设若干政策（豫政 〔2022〕27号）〔EB/OL〕.〔2022-07-29〕. https：//www.henan.gov.cn/ 2022/07-29/2550955.html.

〔18〕河南省人民政府．中国共产党河南省第十一次代表大会隆重开 幕，楼阳生代表中国共产党河南省第十届委员会作报告〔EB/OL〕.〔2021-

10-26］. https：//www. henan. gov. cn/2021/10-26/2335037. html.

［19］河南省人民政府. 河南省人民政府关于印发河南省"十二五"现代综合交通运输体系发展规划的通知［EB/OL］.［2012-12-31］. https：//www. henan. gov. cn/2013/02-07/238478. html.

［20］河南省人民政府. 河南省人民政府关于进一步加快推进铁路建设的意见［EB/OL］.［2015-02-15］. https：//www. henan. gov. cn/2015/03-05/239155. html.

［21］河南省人民政府. 河南省人民政府关于印发河南省"十三五"现代综合交通运输体系发展规划的通知［EB/OL］.［2017-03-06］. https：//www. henan. gov. cn/2017/04-11/248859. html.

［22］河南省人民政府. 河南省人民政府办公厅关于印发郑州航空港经济综合实验区"十三五"发展规划的通知［EB/OL］.［2017-03-17］. https：//www. henan. gov. cn/2017/04-01/248874. html.

［23］河南省人民政府办公厅. 河南省全面加快基础设施建设稳住经济大盘工作方案（豫政办〔2022〕67号）［EB/OL］.［2022-08-08］. https：//www. henan. gov. cn/2022/08-08/2556706. html.

二、中文文献—期刊论文

［24］孙枫，汪德根，牛玉. 高速铁路与汽车和航空的竞争格局分析［J］. 地理研究，2017，36（1）：171-187.

［25］文婧，韩旭. 高铁对中国城市可达性和区域经济空间格局的影响［J］. 人文地理，2017，32（1）：99-108.

［26］孟德友，魏凌，樊新生等. 河南"米"字形高铁网构建对可达性及城市空间格局影响［J］. 地理科学，2017，37（6）：850-858.

［27］殷为华，杨洪爱. 山东省中小企业对区域经济增长贡献度的实证研究［J］. 中国人口·资源与环境，2017，27（S2）：128-131.

［28］侯志强. 交通基础设施对区域旅游经济增长效应的实证分析——基于中国省域面板数据的空间计量模型［J］. 宏观经济研究，2018（6）：118-132.

［29］郭军华，赖军. 高铁对江西省城市经济发展质量的影响［J］. 华东交通大学学报，2018，35（4）：47-52.

［30］马威，张天伟，商霖．混合铁路网下的京津冀重要城市节点通达性分析［J］．石家庄铁道大学学报（社会科学版），2020，14（1）：41-48.

［31］李建明，王丹丹，刘运材．高速铁路网络建设推动中国城市产业结构升级了吗？［J］．产业经济研究，2020（3）：30-42.

［32］张永庆，刘聪．高铁建设对江苏沿线区域发展影响研究——基于双重差分模型的估计［J］．物流科技，2021，44（1）：85-88.

［33］李胜利，纪文渤，王磊．区域经济发展与交通需求关系研究［J］．交通科技与经济，2021，23（1）：74-80.

［34］郭鑫颖，王亚红，王春杨．高铁网络下中国城市可达性演变特征——基于铁路客运旅行时间的分析［J］．地域研究与开发，2021，40（4）：51-56+62.

［35］陆东福．打造中国高铁亮丽名片［J］．一带一路报道（中英文），2021（5）：93-97.

［36］任亚婕，林佩芸，刘伟．四川省旅游经济发展因素贡献度分析［J］．北方经贸，2021（9）：155-157.

［37］张黠黠，来逢波，许冰．基于双重差分模型的高铁建设对山东区域发展的影响估计［J］．山东交通学院学报，2022，30（3）：71-77.

［38］孙义荣，来逢波，黄玉娟．山东省省会经济圈高铁可达性测度与空间联系［J］．交通科技与经济，2022，24（6）：67-74.

［39］孔令章，李金叶．高铁开通、时空收敛效应与城市绿色经济效率——基于核心-边缘的异质性视角［J/OL］．软科学：1-13.［2023-08-22］．http：//kns.cnki.net/kcms/detail/51.1268.G3.20230203.1051.007.html.

［40］何雄浪，李俊毅．长江经济带高铁开通能促进城市绿色发展吗？［J］．西南民族大学学报（人文社会科学版），2023，44（2）：131-143.

［41］徐玉萍，苏方轶．高铁开通对浙江省城乡居民收入差距的影响［J］．华东交通大学学报，2023，40（3）：116-126.

［42］侯文星，许宁，李学鑫等．高速铁路对中原经济区经济联系强度影响的时空变化分析［J］．商丘师范学院学报，2023，39（6）：58-63.

［43］王春杨，兰宗敏，张超等．高铁建设、人力资本迁移与区域创新［J］．中国工业经济，2020（12）：102-120.

［44］刘志红，王利辉．交通基础设施的区域经济效应与影响机制研

究——来自郑西高铁沿线的证据 [J]. 经济科学，2017（2）：32-46.

[45] 周丰，孙洪涛. 新时代背景下中长期规划高速铁路网适应性探讨 [J]. 铁道标准设计，2019，63（11）：30-34.

[46] 孟德友，魏凌，樊新生等. 河南"米"字形高铁网构建对可达性及城市空间格局影响 [J]. 地理科学，2017，37（6）：850-858.

[47] 梁雪松，王河江，邱虹. 旅游空间区位优势转换发展机遇的再探讨——基于"武广高铁"与"郑西高铁"视阈 [J]. 西安财经学院学报，2010，23（3）：26-31.

[48] 邓涛涛，闫昱霖，王丹丹. 高速铁路对中国城市人口规模变化的影响 [J]. 财贸研究，2019，30（11）：1-13.

[49] 崔莉，厉新建，张芳芳. 郑西高铁乘客行为偏好与旅游发展分析 [J]. 地域研究与开发，2014，33（2）：94-98.

[50] 张诚，刘敏，严利鑫. 高速铁路对我国区域经济影响的研究 [J]. 华东交通大学学报，2020，37（2）：64-71.

[51] 陆军. 高铁时代的中国区域发展研究 [J]. 人民论坛·学术前沿，2016（2）：21-30.

[52] 同世隆，赵守国，王晗. 高铁开通与外资风险投资流入：基于中国城市面板数据 [J]. 中国软科学，2021（1）：32-43.

[53] 王洁洁. 高铁对河南旅游产业集聚区规划的影响 [J]. 资源开发与市场，2014，30（1）：101-104.

[54] 杨桂凤，梁婧，罗阳等. 我国高铁旅游运输现状、问题、发展模式与建议 [J]. 铁道经济研究，2019（1）：28-34.

[55] 李文静，薛桢雷，吴朋飞. 高铁对中原经济区交通可达性的影响 [J]. 河南科学，2017，35（2）：299-307.

[56] 周新军. 高铁经济带的内涵外延、发展路径与合作机制 [J]. 经济研究参考，2017（11）：70-74+84.

[57] 王璐. 我国高铁对经济发展与居民福利的影响研究 [J]. 价格理论与实践，2019（6）：149-151.

[58] 杨有国. 高速铁路对区域人才流动的叠加效应研究 [J]. 铁道运输与经济，2019，41（3）：12-17.

[59] 汪德根，徐银凤，赵美风. 长江经济带城市高铁枢纽接驳—集疏

运绩效空间分异及机理 [J]. 地理学报，2021，76（8）：1997-2015.

［60］刘好正. 京沪高速铁路绿色通道设计 [J]. 山西建筑，2010，36（16）：345-348.

［61］马旭，李峥. 道路景观的绿化设计策略——以商丘市高铁新城片区十一条道路为例 [J]. 江西农业，2018（14）：93-94.

［62］王文生. 建设高铁文化　推动高铁发展 [J]. 中国职工教育，2011（3）：49-50.

［63］杨鞼鞼，平红. 高铁建设对沿线地区经济发展的影响研究——以京广高速铁路河南段为例 [J]. 科技促进发展，2018，14（8）：780-788.

［64］曹阳，李松涛，孙伟等. 以修整行动为框架的洛阳龙门高铁枢纽片区空间规划策略 [J]. 城市发展研究，2019，26（3）：15-20.

［65］马婧妍，欧蕾. 高铁促进河南区域经济创新发展的探究——基于郑州城市变化 [J]. 中国市场，2020（1）：30-31.

［66］李明超. 高铁时代文化产业城市空间重构与应对策略 [J]. 中国科技论坛，2018（5）：41-48.

［67］田召圣. 中国高速铁路绿色通道建设目前存在的问题和合理化建议 [J]. 铁道标准设计，2015，59（10）：46-49.

［68］陈亮恒. 中国高速铁路发展的经济效应分析 [J]. 全国流通经济，2021（22）：125-127.

［69］毛琦梁，颜宇彤. 高铁开通、风险投资与文化企业选址 [J]. 产业经济研究，2021（6）：29-43.

［70］张清兰，程钢，杨杰. 高铁—人口—经济耦合协调的空间联系研究 [J]. 测绘科学，2020，45（7）：190-198.

［71］何楠，闫宇飞. 河南公路交通与区域经济发展协调性评价 [J]. 河南科学，2017，35（6）：1000-1004.

［72］徐可. 高铁对中原城市群人口流动与分布的影响 [J]. 特区经济，2019（9）：50-52.

［73］张慧，田韫智. 高铁效应对旅游产业集聚区规划建设影响探析——以河南省高铁为例 [J]. 技术与市场，2013，20（5）：366-367.

［74］曹自印，王珊，贾华强. 中原地区高速铁路绿化设计及建设管理——以郑万高铁为例 [J]. 铁路技术创新，2021（2）：125-130.

［75］祝延波．基于图论的中国高铁网节点中心性进化研究［J］．兰州理工大学学报，2021，47（3）：97-104.

［76］闫超，陈硕，龚露阳．高速铁路客运枢纽综合运输服务水平提升对策建议［J］．交通世界，2021（14）：1-3.

［77］牛树海，张可欣．高铁网络化对区域经济及差距影响研究［J］．河北经贸大学学报（综合版），2021，21（3）：55-63.

［78］易文．中国高铁的周边传播功能初探［J］．中国广播电视学刊，2019（12）：11-13.

［79］蒋飞翔．基于绿色经济的高速铁路潜在价值研究［J］．交通节能与环保，2020，16（1）：141-145.

［80］陈楠枰．智慧化高铁正当时［J］．交通建设与管理，2020（2）：27-29.

［81］徐可，安巧枝．高铁对中原城市群人口流动与分布的影响［J］．新乡学院学报，2020，37（10）：13-16.

［82］贺卫华．河南省经济发展的路径选择探析［J］．牡丹江师范学院学报（哲学社会科学版），2017（5）：32-38.

［83］宁大鹏，韩静，李益军等．谈高速铁路绿色通道植物景观生态优化设计［J］．工程建设与设计，2017（22）：138-139.

［84］袁玲巧，王若飞，张超．基于"一带一路"战略的河南大交通、大物流建设研究［J］．产业与科技论坛，2018，17（23）：20-22.

［85］张辉．我国高速铁路设计时速对城市经济增长的异质性影响探析［J］．新经济，2019（Z1）：32-41.

［86］雷菁，王致富．高铁的开通对河南旅游经济的影响与对策思考［J］．旅游纵览（下半月），2015（12）：148-149.

［87］张爱萍．外部性视角下空铁枢纽促进城市产业发展研究［J］．技术经济，2022，41（12）：134-143.

［88］孟德友，陈层层，柯文前．网络化视阈下区域空间结构演化特征及基本分析法则——以河南省为例［J］．地理研究，2023，42（5）：1307-1325.

［89］江婧雯，李卫东，肖永青．高铁网络对郑州经济发展影响分析［J］．综合运输，2022，44（1）：139-144.

[90] 唐晓灵，刘弋锋．高速铁路对城市群经济发展的空间溢出效应研究——基于关中平原城市群数据的实证分析 [J]．南京理工大学学报（社会科学版），2022，35（2）：52-58.

[91] 姚永鹏，陈文杰，莫琪江．基于 DID 模型的宝兰高速铁路对甘肃省沿线县域经济的影响研究 [J]．铁道运输与经济，2022，44（10）：70-76.

[92] 郭小壮，龙志刚．河南省综合交通运输网络的发展基础 [J]．综合运输，2020，42（12）：139-142.

[93] 李娟，黎明，王有为．基于"交通、产业、空间"耦合协调的高铁枢纽选址研究 [J]．中国铁路，2021（2）：107-116.

[94] 侯文星，许宁，李学鑫等．高速铁路对中原经济区经济联系强度影响的时空变化分析 [J]．商丘师范学院学报，2023，39（6）：58-63.

[95] 李帅，刘斌，李可等．高铁枢纽站设施设备布局研究 [J]．铁道运营技术，2023，29（2）：4-8.

[96] 周俊华．我国城市中心高铁客运站周边地区规划策略 [J]．投资与合作，2020（11）：192-193+196.

[97] 梁红艳．基于河南旅游业发展的高铁物流网络演化研究 [J]．物流科技，2023，46（6）：67-70.

[98] 孟德友，陈层层．铁路客运导向下河南城市省内外联系网络时空格局新特征 [J]．经济地理，2023，43（6）：85-94.

[99] 王晨，刘军胜．高速铁路建设对城市旅游经济的影响研究——以西成高铁为例 [J]．现代商业，2023（12）：26-30.

[100] 黄世玉，杨敏，王哲源等．高铁枢纽衔接城市交通网络的动静态可达性分析 [J]．交通运输研究，2023，9（3）：57-72.

[101] 轨道集团领导走访河南铁建投集团 [J]．铁路采购与物流，2021，16（12）：23.

[102] 英国《自然·气候变化》杂志：中国高铁网助力交通业减排 [J]．黑龙江金融，2021（10）：9.

[103] 宣磊，杨春玲．高铁片区发展枢纽经济为核心的产业体系思考 [J]．山西建筑，2022，48（8）：29-33.

[104] 滕飞．高速铁路对区域经济发展的影响研究——以郑开城际铁

路为例 [J]．中国物流与采购，2022（12）：67-71.

[105] 郑州至太原高速铁路全线贯通中原三晋再添新通道 [J]．铁路采购与物流，2020，15（12）：20.

[106] 胡绍海．平顶山西站的地域文化与人性化设计表达 [J]．铁路技术创新，2021（2）：17-22.

[107] 凝心聚力建设开通中原高铁干线　优质高效打造精品绿色人文工程——郑万、郑阜、商合杭高铁河南段同期建成开通侧记 [J]．铁路技术创新，2021（2）：1-8.

[108] 郭煦．高铁助力乡村振兴跑出加速度 [J]．小康，2021（21）：64-65.

[109] 周超．郑州铁路局高铁文化建设的调查报告 [J]．理论学习与探索，2011（2）：60-62.

[110] 苗娟．焦作市高铁经济带建设的前瞻性研究 [J]．科技创新与生产力，2019（8）：20-22.

[111] 宋华东．河南如何建设交通强国示范省？[J]．中国公路，2019（20）：32-35.

[112] 河南预赛：技兴中原工匠　赋能河南智造 [J]．运输经理世界，2019（5）：64.

[113] 李小朋，王景．谈高铁对河南旅游业规划建设的影响与对策 [J]．现代经济信息，2013（8）：225-226.

[114] 本刊编辑部．为中原经济腾飞　国土人砥砺前行 [J]．资源导刊，2015（10）：8.

[115] 何天祥，黄琳雅．高铁网络对湖南区域经济协同发展影响 [J]．地理科学，2020，40（9）：11.

[116] 王姣娥，焦敬娟，金凤君．高速铁路对中国城市空间相互作用强度的影响 [J]．地理学报，2014，69（12）：14.

[117] 郭立宏，冯婷．高铁开通能促进区域技术创新吗——基于 255 个地级市面板数据的实证分析 [J]．现代经济探讨，2019，000（002）：127-132.

[118] 徐旭，俞峰，钟昌标．人力资本流动视角下高铁与城市创新关系的研究 [J]．软科学，2019（5）：6.

［119］余泳泽，潘妍．中国经济高速增长与服务业结构升级滞后并存之谜——基于地方经济增长目标约束视角的解释［J］．经济研究，2019，54（3）：16．

［120］杨思莹，李政．高铁开通与城市创新［J］．财经科学，2019（1）：13．

［121］叶德珠，潘爽，武文杰，等．距离、可达性与创新——高铁开通影响城市创新的最优作用半径研究［J］．财贸经济，2020，41（2）：16．

［122］王丽，曹有挥，仇方道．高铁开通前后站区产业空间格局变动及驱动机制——以沪宁城际南京站为例［J］．地理科学，2017，37（1）：9．

［123］黄振宇，吴立春．京沪高铁对沿线城市经济的影响——基于空间经济学理论的实证分析［J］．宏观经济研究，2020（2）：11．

［124］李祥妹，刘亚洲，王君．基于偏离—份额分析法的区域制造业发展态势评估［J］．中国人口·资源与环境，2014（S1）：5．

［125］颜银根，倪鹏飞，刘学良．高铁开通，地区特定要素与边缘地区的发展［J］．中国工业经济，2020（8）：19．

［126］张梦婷，俞峰，钟昌标，等．高铁网络、市场准入与企业生产率［J］．中国工业经济，2018（5）：20．

［127］唐宜红，俞峰，林发勤，等．中国高铁、贸易成本与企业出口研究［J］．经济研究，2019，54（7）：16．

［128］盛丹，包群，王永进．基础设施对中国企业出口行为的影响："集约边际"还是"扩展边际"［J］．世界经济，2011（1）：20．

［129］白重恩，冀东星．交通基础设施与出口：来自中国国道主干线的证据［J］．世界经济，2018（1）：22．

［130］孙浦阳，张甜甜，姚树洁．关税传导、国内运输成本与零售价格——基于高铁建设的理论与实证研究［J］．经济研究，2019，54（3）：15．

［131］梁莹莹．中国物流企业对外直接投资绩效影响机理与传导路径——基于制度环境和金融发展的双调节效应［J］．中央财经大学学报，2017（9）：11．

［132］刘芳，刘颖，高奇正，等．交通基础设施、农业机械化与我国水稻生产［J］．农业现代化研究，2020，41（4）：9．

[133] 韦朕韬,孙晋云.高铁开通能否促进我国中西部地区吸引 FDI? [J].南方经济,2020(1):13.

[134] 张光南,周华仙,陈广汉.中国基础设施投资的最优规模与最优次序——基于 1996—2008 年各省市地区面板数据分析 [J].经济评论,2011(4):8.

[135] 卞元超,吴利华,白俊红.高铁开通、要素流动与区域经济差距 [J].财贸经济,2018,39(6):15.

[136] 陈明生,郑玉璐,姚笛.基础设施升级,劳动力流动与区域经济差距——来自高铁开通和智慧城市建设的证据 [J].经济问题探索,2022(5).

[137] 祝树金,尹诗姝,钟腾龙.高铁开通抑制了城市环境污染吗? [J].华东经济管理,2019,33(3):52-57.

[138] 范小敏,徐盈之.交通基础设施建设是否具有减排效应——来自中国高铁开通的证据 [J].山西财经大学学报,2020,42(8):56-70.

[139] 李凯,陈珂.高铁开通、减排效应与城市经济发展 [J].统计与决策,2022,38(6):124-128.

[140] 胡煜,李红昌.交通枢纽对城市集聚经济的影响研究——基于中国地级市数据的实证研究 [J].经济问题探索,2017(2):8.

[141] 曹小曙,徐建斌.中国省际边界区县域经济格局及影响因素的空间异质性 [J].地理学报,2018,73(6):11.

[142] 高尚,薛东前.高铁背景下河南省铁路交通可达性与经济潜力格局 [J].经济经纬,2017,34(2):6.

三、中文文献—报纸

[143] 河南省林业局.高质量发展的底色 [N/OL].河南日报,[2022-06-20].http://newpaper.dahe.cn/hnrb/html/2022/06/20/content_573414.htm.

[144] 郭北晨,肖培清,赵钰佩.高铁,为河南带来了什么 [N].河南日报,2022-07-03(001).

[145] 悦国勇.努力在服务地区高质量发展中担当作为 [N].人民日报,2023-03-14(011).

[146] 悦国勇.高铁经济如何赋能河南 [N].河南日报,2023-03-

02（008）.

四、中文文献—学位论文

［147］楚洋洋．高速铁路开通对城市绿色全要素生产率的影响研究
［D］．上海财经大学，2022.

［148］李睿．山东省会经济圈高速铁路互联互通建设问题与对策研究
［D］．山东财经大学，2023.

［149］赵鹏．高速铁路动车组运用与日常检修作业效率优化研究［D］.
北京交通大学，2022.

［150］张天天．成网条件下高速铁路对区域经济差距的影响研究［D］.
北京交通大学，2022.

［151］杨文斌．基于开行效能的高速铁路列车开行方案综合评估与优
化研究［D］．北京交通大学，2022.

［152］梁智．基于复杂网络理论的高速铁路网可靠性研究［D］．石家
庄铁道大学，2022.

［153］韩旭．高铁对中国城市可达性及区域经济空间格局的影响［D］.
湖南大学，2016.

［154］马晓元．高速铁路全寿命周期能耗及碳排放研究［D］．石家庄
铁道大学，2016.

［155］刘建军．高铁网络结河南交通可达性的影响分析［D］．广州大
学，2017.

［156］马荣．高铁建设对城市产业结构升级的影响研究［D］．西北大
学，2019.

［157］曹苗．高铁开通对我国城乡居民收入差距的影响研究［D］．山
西财经大学，2020.

［158］赵芩．高铁开通的减贫效应研究［D］．合肥工业大学，2021.

［159］黄娅．高铁联网背景下成渝城市群可达性及空间公平演化研究
［D］．重庆交通大学，2021.

［160］常晓莹．高速铁路、城市网络及其对城市增长效应研究［D］.
哈尔滨工业大学，2022.

［161］陈俊杰．高速铁路对经济韧性的影响机制研究［D］．云南财经

大学，2022.

［162］朱琳. 轨道交通装备制造业并购重组绩效评价研究——以中国南车并购中国北车为例［D］. 江苏大学，2017.

［163］岳明珠. 交通基础设施建设对区域经济差距的影响效应与机制研究［D］. 山西财经大学，2023.

五、中文文献—科技报告

［164］郑州局集团公司. 铁路边建设"绿色廊道"！高铁沿线环境安全治理可以借鉴这经验［R］. 人民铁道，2019.

［165］清华大学能源经济研究所. 中国高速铁路发展对交通方式转变的影响与二氧化碳减排潜力研究［R］. 北京：德国国际合作机构，2022.

六、英文文献—期刊论文

［166］Kim H，Sultana S. The impacts of high-speed rail extensions on accessibility and spatial equity changes in South Korea from 2004 to 2018［J］. Journal of Transport Geography，2015（45）：48-61.

［167］Hansen W G. How accessibility shapes land use［J］. Journal of the American Institute of Planners，1959，25（2）：73-76.

［168］Gutiérrez J，González R，Gomez G. The European high-speed train network：Predicted effects on accessibility patterns［J］. Journal of Transport Geograpy，1996，4（4）：227-238.

［169］Holl A. Twenty years of accessibility improvements［A］//The case of the spanish motorway building programme［J］. Journal of Transport Geography，2007，15（4）：286-297.

［170］Ureña J M，Menerault P，Garmendia M. The high-speed rail challenge for big intermediate cities：A national，regional and local perspective［J］. Cities，2009，26（5）：266-279.

［171］Vickerman R. High-speed rail in Europe：Experience and issues for future development［J］. The Annals of Regional Sciences，1997，31（1）：21-38.

［172］Wu J H，Nash C，Wang D. Is high speed rail an appropriate solution to China'rail capacity problems？［J］. Journal of Transport Geography，2014

（40）：100-111.

［173］Litman T. Evaluating transportation equity：Guidance for incorporation distributional impact ［J］. World Transport Policy & Practice，2002，8（2）：50-65.

［174］Song M，Zhang G，Zeng W，et al. Railway transportation and environmental efficiency in China ［J］. Transportation Research Part D：Transport and Environment，2016（48）：488-498.

［175］Dobruszkes F. High-speed rail and air transport competition in Western Europe：A supply-oriented perspective ［J］. Transport Policy，2011，18（6）：870-879.

［176］Guo X，Sun W，Yao S，et al. Does high-speed railway reduce air pollution along highways? —Evidence from China ［J］. Transportation Research Part D：Transport and Environment，2020（89）：102607.

［177］Sun X，Yan S，Liu T，et al. High-speed rail development and urban environmental efficiency in China：A city-level examination ［J］. Transportation Research Part D：Transport and Environment，2020（86）：102456.

［178］Zhang F，Wang F，Yao S. High-speed rail accessibility and haze pollution in China：A spatial econometrics perspective ［J］. Transportation Research Part D：Transport and Environment，2021，94（6）：102802.

［179］Yue Y，Wang T，Liang S，et al. Life cycle assessment of High Speed Rail in China ［J］. Transportation Research Part D：Transport and Environment，2015，41（DEC.）：367-376.

［180］Park Y，Ha H K. Analysis of the impact of high-speed railroad service on air transport demand ［J］. Transportation Research Part E，2006，42（2）：95-104.

［181］Zhang Z X，Nie L. Is High Speed Rail heading towards a Low Carbon Economy? Evidence from a Quasi Natural Experiment in China ［J］. Social Science Electronic Publishing，2023，72：101355.

［182］Nepal K P. Environmental impacts of proposed high speed rail in Australia ［J］. Environmental Science，2013.

［183］Lin Y，Qin Y，Wu J，et al. Impact of high-speed rail on road traffic and greenhouse gas emissions［J］. Nature Climate Change, 2021（11）: 952-957.

［184］Lawrence M, Bullock R, Liu Z. China's high-speed rail development［M］. World Bank Publications, 2019.

［185］Frédéric Dobruszkes. High-speed rail and air transport competition in Western Europe: A supply-oriented perspective［J］. ULB Institutional Repository, 2011, 18（6）: 870-879.

［186］Chester M, Horvath A. Life-cycle assessment of high-speed rail: The case of California［J］. Environmental Research Letters, 2010, 136（1）: 123-129.

［187］Shen Q. Spatial technologies, accessibility, and the social construction of urban space［J］. Computers Environment and Urban Systems, 1998, 22（5）: 447-464.

［188］Garrison W, Souleyrette R. The Relationship Between Transportation and Innovation［J］. Transportation Quarterly, 1994.

［189］Gao L, An B, Xin T, et al. Measurement, analysis, and model updating based on the modal parameters of high-speed railway ballastless track［J］. Measurement, 2020（161）: 107891.

［190］Dong X, Li D, Yin Y, et al. Integrated optimization of train stop planning and timetabling for commuter railways with an extended adaptive large neighborhood search metaheuristic approach［J］. Transportation Research Part C Emerging Technologies, 2020（117）: 102681.

［191］Pol P. The Economic Impact of the High-Speed Train on Urban Regions［J］. General Information, 2003.

［192］Giroud X. Proximity and Investment: Evidence from Plant-Level Data［J］. Quarterly Journal of Economics, 2013（2）: 861-915.

［193］Dong H, Lin X, Yao X, et al. Composite Disturbance-Observer-Based Control and Control for High Speed Trains with Actuator Faults［J］. Asian Journal of Control, 2018, 20（2）: 735-745.

［194］Lin Y. Travel costs and urban specialization patterns: Evidence from China's high speed railway system［J］. Journal of Urban Economics, 2017

（98）： 98−123.

［195］ Fan P， Communications I O M， University S J. Advances in broad-band wireless communications under high−mobility scenarios ［J］. Chinese Science Bulletin， 2014 （59）： 4974−4975.

［196］ Dong H， Zhu H， Li Y， et al. Parallel intelligent systems for integrated high−speed railway operation control and dynamic scheduling ［J］. IEEE Transactions on Cybernetics， 2018 （48）： 3381−3389.

［197］ Michaels J. Mediating brazilian culture： Richard katz's travel writing about brazil ［J］. American Journal of Psychology， 2016 （3）： 217−226.

［198］ Xu P， Corman F， Peng Q， et al. A timetable rescheduling approach and transition phases for high − speed railway traffic during disruptions ［J］. Transportation Research Record： Journal of the Transportation Research Board， 2017， 2607 （1）： 82−92.

［199］ Sun Y， Zhang Q， Yuan Z， et al. Quantitative analysis of human error probability in high−speed railway dispatching tasks ［J］. IEEE Access， 2020， 8： 56253−56266.

［200］ Zhang J M， Zhang J R. Comprehensive evaluation of operating speeds for high−speed railway： A case study of China high−speed railway ［J］. Mathematical Problems in Engineering， 2021， 2021 （1）： 1−16.

［201］ Yang Y， Huang P， Peng Q， et al. Statistical delay distribution analysis on high − speed railway trains ［J］. Journal of Modern Transportation， 2019， 27 （10） .

［202］ Shen Y， Silva J D A E， Martinez L M. Assessing High−Speed Rail's impacts on land cover change in large urban areas based on spatial mixed logit methods： a case study of Madrid Atocha railway station from 1990 to 2006 ［J］. Journal of Transport Geography， 2014， 41 （12）： 184−196.

［203］ Mellat P， Andersson A， Petterson L， et al. Dynamic behaviour of a short span soil−steel composite bridge for high−speed railways−Field measurements and FE − analysis ［J］ . Engineering structures， 2014， 69 （15）： 49−61.

七、英文文献—电子文献

［204］ UIC – International Union of Railways. Intercity and High – Speed ［EB/OL］．［2023-02-07］．https：//uic.org/passenger/highspeed/．

后　记

　　交通强国、铁路先行。高铁作为一种重要基础性、战略性的交通基础设施，是服务构建新发展格局，促进国内国际双循环的重要支撑，也是促进中国式现代化建设的重要抓手。河南抢抓高铁时代发展机遇，从 2005 年启动郑西高铁建设开始，到 2023 年率先在全国全面建成米字形高铁，河南铁路系统在党中央、国务院和河南省委、省政府的坚强领导下取得了令人瞩目的成就。尽管米字形高铁在促进河南全省经济社会发展方面贡献了举足轻重的作用，但对照服务构建新发展格局与中国式现代化建设的总体要求，高铁经济理论体系以及高铁赋能中国式现代化建设的理论体系仍未系统化建立。如何运用相关理论体系指导河南米字形高铁进一步发展，为中国式现代化河南实践贡献更大的力量也是亟须研究的问题。这些相关问题的提出，为本书的研究开展提供了基本方向，也为本书提供了主题和研究脉络。

　　我在铁路等交通领域工作多年，先后在河南航投公司、河南铁建投集团等省管国企工作，深知交通基础设施建设，尤其是高铁建设对于经济社会发展的重要性，对这一领域也产生了浓厚兴趣，并随着工作的开展和深入，逐渐对高铁规划设计、高铁建设运营、高铁经济、高铁物流等研究有着诸多涉及。2020 年初到河南铁建投集团工作，我有幸参与了河南系列铁路规划建设项目，也在铁路土地综合开发、高铁物流等业务领域有着深入参与，成为河南铁路建设和铁路产业发展的亲历者、见证者、参与者。2023 年 12 月，随着济郑高铁全线建成运营，河南在全国率先全面建成米字形高铁网，这是河南发展史上的重大成就。那么，在"后米字时代"，河南高铁建设如何谋划、如何推进建设，高铁关联产业价值如何挖掘，高铁所蕴含的潜在社会价值如何最大限度发挥，高铁如何更好地服务于中国式现代化河南实践，等等，这些问题都值得我们系统思考、认真探索。本书正是在此工作背景和研究基础上形成的，立足高铁规划和建设成果研究，既重点吸纳和探究了高铁赋能经济社会发展理论，又对高铁经济发展的实践进行梳理总结，还对高铁经济、高铁物流等发展政策和高质量发展新路径进行有益的探索。

本书将研究重点放在对河南米字形高铁建设对全省经济社会发展贡献以及服务中国式现代化河南实践的分析和论证上。以米字形高铁谋划、建设的基本历程和现实情况梳理为基础，研究提出米字形高铁赋能中国式现代化河南实践的理论体系和评估框架体系，系统论证了米字形高铁建设对中国式现代化河南实践在经济发展、民生服务、脱贫攻坚、绿色发展等方面的促进作用。本书还分析了当前高铁发展的政治、经济、技术环境，找准米字形高铁发展的优势与短板，提出未来米字形高铁拓展成网、进一步赋能中国式现代化河南实践的发展方向和重点路径。在此基础上，更进一步提出保障河南铁路高质量发展的政策建议和对策路径。本书以党的二十大精神为指引，紧扣服务构建新发展格局与中国式现代化建设要求，以理论创新和实证研究为基础，基于河南米字形高铁建设的实践和探索，对米字形高铁赋能中国式现代化河南实践开展了系统性、全方位的分析论证，提出了米字形高铁高质量发展的战略定位、基本方向和实现路径，希望可以对其他地区高铁建设以及高铁经济的发展提供有益借鉴和思考。

本书是在我主持的河南省社科规划委托重点项目"新发展格局下米字形高铁拓展成网助推现代化河南建设研究（2022DWT014）"的基础上形成的。在研究和写作过程中，充分借鉴和学习了高铁规划建设、高铁经济、高铁物流等领域相关研究成果，上海交通大学和中铁第四勘察设计院集团有限公司对本研究的开展提供了大量理论创新与基础研究材料等的宝贵支持，尤其在理论研究、资料收集整理和写作思路探讨等方面帮助很大。在课题研究中，我们充分依托课题研究团队力量，成立联合课题组，上海交通大学胡昊教授、戴磊副教授，中铁第四勘察设计院集团陶志祥、李建斌、陈旭等同志，河南铁建投集团孙伟良、晏仁先、乔柱、齐键旭、郭帅新、王梦珂、景礼等同志，在课题研究过程中均结合业务特长承担了相应研究任务，保证了课题研究的顺利进行，也为本书的写作提供了基础支撑。在本书写作过程中，胡昊、孙伟良、晏仁先、陶志祥、李建斌同志对高铁规划建设、枢纽经济发展等内容做了大量专业性指导性工作，为研究的开展提供了方法指引和思路参考。上海交通大学戴磊、陶钰、王玉冰、郭思清、王奕曾等同志协助开展了全部章节内容的研究，陈旭博士提供了大量翔实的专业资料，郭帅新同志协助开展了绪论部分的研究，陈旭同志协助开展了第一篇内容的研究，景礼、王梦珂同志协助开展了第二篇内容的研究，乔柱、齐键旭同志协助开展了第三篇内容的研究，郭帅新同志协助开展了第四篇内容的研究。河南铁建投集团王飞、李坤坤、李闫闫、李晓龙、赵越超等同志对研究内容做了大量核对工作。同时，本书的出版得到了经济管理出版社的大力支持，杨雪编辑及其他同志对本书内容做了大量编校、审核等工作，确保了本书的规范化呈现。在此一并表示感谢！

　　鉴于本人和课题组在高铁规划建设、高铁经济等相关领域的认识不可避免存在局限，书中的部分内容可能存在偏差乃至谬误，恳请读者批评指正。

悦国勇

2023 年 12 月

于河南郑州